УЗНИКИ СЛАВЫ

Из послесмертия говорят
Марлен Дитрих,
Николай Гоголь,
Владимир Высоцкий,
Элвис Пресли...

Таника Пальм

**Узники славы: из послесмертия говорят
Марлен Дитрих, Николай Гоголь,
Владимир Высоцкий, Элвис Пресли**

© 2013 Таника Пальм

ISBN 9780976453888

УЗНИКИ СЛАВЫ

Из послесмертия говорят Марлен Дитрих, Николай Гоголь, Владимир Высоцкий, Элвис Пресли...

Посвящается

Александре, Софии и Полине

Таника Пальм

Не сотвори себе кумира

Содержание
Из послесмертия говорят...

Вступление **6**
Марлен Дитрих (1901-1992) **10**
Николай Гоголь (1809-1852) **44**
Хамфри Богарт (1899-1957) **51**
Рут Монтгомери (1912-2001) **60**
Лесли Флинт (1901-1992) **66**
Кэри Грант (1904-1986) **84**
Андрей Тарковский (1932-1986) **129**
Мирна Лой (1905-1993) **135**
Уильям Пауэлл (1892-1984) **161**
Владимир Высоцкий. (1938-1980) Часть 1 **173**
Борис Березовский (1946-2013) **187**
Элвис Пресли (1935-1977) Часть 1 **191**
Вольфганг Амадей Моцарт (1756-1791) **237**
Бете Дейвис (1908-1989) **246**
Парамаханса Йогананда (1893-1952) **263**
В гостях у вечности Элвис Пресли и Владимир Высоцкий, звезды эры цифровых технологий **280**
Элвис Пресли. Часть 2 **282**
Владимир Высоцкий. Часть 2 **297**
О некоторых эзотерических понятиях **319**
Избранная литература **323**
Об авторе **325**

Символы

Т: — автор обращается к спириту

Т: автор обращается к читателю с комментарием

Имена спиритов даются полностью во время первого появления, например, Лесли Флинт, а далее, в диалоге с автором, появляются сокращенно как ЛФ.

Вступление

Книга «Узники славы» — сборник спиритических сообщений от бывших звезд. Из послесмертия говорят Марлен Дитрих, Николай Гоголь, Владимир Высоцкий, Элвис Пресли, Андрей Тарковский, Борис Березовский, легендарный английский медиум Лесли Флинт; автор и журналист, представлявшая Белый Дом, Рут Монтгомери; звезды экрана Бете Дейвис, Хамфри Богарт, Кэри Грант, Мирна Лой, Уильям Пауэлл. Парамаханса Йогананда, автор книги "Автобиография йога", объясняет многое из того, чем спириты делились откровенно, и о чем читатели знают мало, или ничего не знают.

Владимир Высоцкий говорит: "Здесь у нас есть все, о чем мы, дуралеи, мечтали на земле — водка, коньяк, папиросы и бабы, бабы, бабы. Здесь и складчины, драки, переговоры, соглашения и предательства; дружба и любовь, ненависть и надежда. Физические законы астрального мира поразительно отличаются от законов земного мира. Но великий переход плавен, и мы все свои гадости (отрицательные мыслеформы, или *imprints of the mind, or scales with some life in them, or coat on the mental body, то есть, следы наших отрицательных мыслей*) сюда сваливаем. Но мы меняемся и растем, ой, как медленно, и иное будут говорить только те, кто в этом деле ничего не понимают". Нужно добавить, что в среде с иной частотой вибрации "гадости", то есть следы наших негативных состояний, слов, и мыслей, «материализуются», то есть становятся видимыми. Спириты буквально несут их на себе, как бы публично расписываясь в том, кто они есть на самом деле. Но разговаривая с землянами во время сеансов спиритической коммуникации, спириты обходят этот феномен молчанием. Исторически, традиция спиритического общения сложилась таким образом, что об этом не принято говорить публично, в основном, чтобы не пугать близких и не гневить власть имущих. В XIX и XX столетиях медиумы, заговорившие вслух о существовании тонких миров в пору победы научно-атеистического мировоззрения и кризиса официозных вероисповеданий, подвергались жестоким унижениям. Их не жгли на кострах, но уничтожали морально. Отцы церкви, полиция, ученые и скептики, не считаясь с правилами элементарного приличия, не стесняясь, пытались уличить любого и каждого медиума в мошенничестве. Как известно, лицензия на избиение медиумов выдана книгой Левит Старого Завета, без какого либо учета условий, когда и зачем эта книга была написана. Она сложилась в ярой борьбе единобожия с невыносимым рабовладением и притягательным многобожием. Языческие цивилизации — египетская, греческая, римская — стояли на спиритической коммуникации. Вспомните Дельфийский оракул, храм Аполлона, подземелье Байи в Италии. Следовательно, спиритическая коммуникация и ее «инструменты», медиумы, люди, способные общаться с духами, виделись злейшими врагами, препятствием в установлении новой веры — единобожия. Медиумы подвергались избиению камнями, а знания о человеке, добытые язычеством, забывались.

Видимо, сегодня настало время припоминать утерянное, как знания о последствиях загрязнения тонких тел, так знания о «распространителях славы» или «космических двойников» знаменитостей. О последних говорят Владимир Высоцкий, Хамфри Богарт, Элвис Пресли и Уильям Пауэлл. Как и мы, бывшие звезды не ведали о их существовании, и встретив их в послесмертии, пережили испуг, гамму отрицательных эмоций, о чем и рассказывали медиуму. Спириты звезд говорили также открыто о проблеме перегруженного ментального тела, о чем знали спокон веков на Востоке, но мы забыли, подвергая себя лишним испытаниям. Показания спиритов об отложениях «духовных нечистот» в тонких телах бесценны, потому что они раскрывают истинные корни болезней и трудностей жизни как на земле, так и в тонком мире.

Есть в этой книге и нечто, претендующее на откровение — рассказ о появлении нового типа звезд, возведенных на Олимп эрой электронно-цифровых технологий. Современные средства аудио- и видеозаписи, копирования, тиражирования, воспроизведения и распространения раздувают славу популярных артистов, певцов, музыкантов в сотни раз. Не трудно сосчитать, сколько раз Элвис исполнял на концертах *"Love me tender"*, песню, завоевавшую сердца американских девушек-подростков. Но как сосчитать, сколько тысяч, если не миллионы раз, эта песня прослушивалась в магнитных записях, на пластинках, дисках, на радио и в телевизионных передачах, «пускалась» в эфир, включалась в документальные фильмы? Воображения не хватит предположить, сколько раз Россия слушала любительские записи запрещенных "Охоты на волков", и вовсе непонятно почему запрещенных «Коней моих привередливых» Высоцкого? Вне зависимости от политических систем, которые раскручивали одного и запрещали другого, возник неслыханный перекос в соотношении славы и эстетического результата.

Эстетическую ценность художественного произведения определяет уровень вибрационных частот излучаемых волн. Нынче «эффект Моцарта» установлен учеными: слушание его музыки лечит человека. Мне посчастливилось наблюдать за изменениями в восприятии мира и развитии подростка, который прочел «Войну и мир» в 13-летнем возрасте. В нем открылось что-то, он справлялся с домашними заданиями в средней школе, сдавал выпускные и вступительные в высшее учебное заведение практически одновременно, поступил, всюду успевал, и далее, работал успешно по специальности в Соединенных Штатах Америки. Иными словами, из сонного троечника, он у меня на глазах превратился в пятерочника. Правда, подросток читал Толстого на даче с испорченным телевизором, неработающим приемником, без кинотеатра, друзей в течении целого месяца, когда произошло чудо – невероятный скачек в умственном и духовном развитии.

И Пресли и Высоцкий имели огромное влияние на массовую аудиторию. В обоих случаях вибрационный уровень эманаций исполнения соответствовал стандартам развлекательной индустрии, но оказался недостаточным для уравновешивания их сумасшедшей славы, раздутой современными технологиями. Возможно

— человек вообще не в состоянии нести вес подобной славы. Под ее давлением духовная структура артиста ломается еще при жизни на земле и нещадно "доламывается" в послесмертии. Вспомните Майкла Джексона, Джеймса Дина, Джимми Хендрикса, всмотритесь в фотографии Джастина Бибера, опустошенного до того, как он успел повзрослеть! Чтобы показать распад личности в тонком мире, в книгу включена главы о бытовой жизни Элвиса Пресли и Владимира Высоцкого в астрале. Иными словами, читатель сможет оценить, насколько Йогананда Парамаханса прав, утверждая, что смерть не тормозит развития души, а наоборот, предоставляет возможность более интенсивного развития... в любую из сторон, негативную или позитивную, в сторону более высоких или более низких вибраций многослойной среды тонкого мира.

Возможно, вы спросите, кто такая Таника Пальм и с чего бы, например, прекрасной Марлен Дитрих говорить с ней? "Вас выбрали по простой причине: как бывший кинокритик вы не больны звездной болезнью, вы не впадаете в экстаз при виде звезд, и поэтому нам было легко работать с вами, несмотря на ваш ограниченный английский язык", — сказала Мирна Лой, звезда Голливуда 30-х годов, ныне пребывающая в астральном Голливуде. Действительно, спиритам нужен медиум, который находится в ровном душевном состоянии, чтобы волны восторга или, наоборот, раздражения, не рвали каналов связи и, буквально, не сбивали спиритов с ног.

Спиритические сообщения для этой книги накапливались более пятнадцати лет. Постепенно я стала задавать спиритам вопросы не о том, как им жилось на земле, а как им живется на том свете. Неожиданные ответы звезд и составляют содержание этой книги.

Таника Пальм

Марлен Дитрих
(1901-1992)

Ищу в моем прошлом кого либо, кого мне предстоит полюбить в последующих воплощениях, но не нахожу никого, кроме...

Я крошила мою окаменевшую депрессию

8 августа, 2000

Таника: На речном причале я вижу Кэри Гранта. Он в элегантном костюме, будто вышел из фильма "Шарада". Помогая даме в вечернем туалете выйти из причалившей к берегу лодки на пристань, он подает ей руку. В неверном свете заходящего солнца, я узнаю ее. Боже мой, это Марлен Дитрих! Неужели она будет говорить с нами? Да, она заговорила с нами по-английски.

Марлен Дитрих: — Добрый вечер, дамы и господа. Имею честь приветствовать вас в тихом местечке Коста-Меса. Мне жаль нынешнюю голливудскую молодежь, потому что их Голливуд резко отличается от нашего. Вы лишены той праздничности, которая жила в наших песнях, фильмах и мечтах. Вы уже не мечтаете, потому что вы торопитесь жить. Я убеждена, попади я сегодня в Голливуд, мне не досталось бы ни единой роли. Я никогда не согласилась бы на скоростной бег в толпе претендентов на звание голливудской звезды. Я казалась бы им слишком гордой, капризной и требовательной. Ни Грета (Грета Гарбо), ни я не были бы востребованы нынешним Голливудом. Тем не менее, в вашей жизни есть нечто, чего не было у нас. Вы лишены уверенности в завтрашнем дне. Вы не знаете даже того, что будет с миром завтра, потому что мир теряет свой баланс...

Вы оказались балансирующим поколением. Мы жили в цветущем саду, а вы зарабатываете на жизнь хождением по канату, который натянут через пропасть. Вы изобрели "Нью Эйдж" для развития интуиции. Мы были слишком эгоистичными, чтобы прислушиваться к внутренним голосам. Мы забыли Бога. Мы не нуждались в Нем. Нам было безразлично, какими Он нас видит. На нашем доморощенном Олимпе мы сами мнили себя богами. Есть ли предел человеческой глупости? Мы мнили себя богами, принимая из рук продюсеров роли, которые определяли наш звездный статус.

Вы носите маску Вечного Безвестного. Но за этой маской вы ищете вашу внутреннюю вселенную. Найдете ли вы ваш Сад Эдема, или тратите время впустую? Я желаю вам успеха в ваших поисках.

Кэри Грант: — Марлен Дитрих — дама совершенно особенная, и я жалею, что мне так и не удалось работать с ней в постановках, навеянных венской опереттой, миром, из которого мы оба вышли. Возможно, наш внутренний ритм не всегда совпадал, но думаю, в ее глазах я лишь бедный цирковой артист. Ее звезда сияла слишком ярко для меня. Ее красота перехватывала дух. Кому удалось хоть раз взглянуть на нее, был очарован ею всю оставшуюся жизнь. Насколько хватило бы меня, такого обыкновенного человека, на подобное сияние, чтобы не сгореть?

МД: — Татьяна, видели ли вы меня в моих фильмах? Смотрели ли вы "Голубого ангела?" или "Дестри снова на коне?" Да, вы видели эти фильмы. Видели ли вы меня "В свидетеле обвинения"? Да, вы видели все это, но вы не помните меня. Время приносит и время уносит. Посмотрите на меня сегодня? *Auf Wiedersehen* — прощай красота, слава, блеск, великолепные костюмы, сияющие камни *(rocks)*, как ныне называют бриллианты. Прощай белый мех, шелковые вечерние туалеты, запах дорогих духов, сигареты в длинных мундштуках. Прощай сонм слабых и недалеких мужчин, увивающийся вокруг слишком сильной и тщеславной женщины, стремящейся стать звездой.

За закрытой дверью

МД: — Я не знаю, с чего начать мой рассказ. Настал день, когда я приняла решение более не сниматься и захлопнула входную дверь моей парижской квартиры. Так началось мое одиночество. За закрытыми дверьми оно только прогрессировало. Дело дошло до того, что я лишила себя моих единственных спутников — зеркальных отражений моего прекрасного лица. Потому что то, что смотрело на меня из зеркал, заставляло меня плакать, ненавидеть себя и кричать на прислугу.

Я ощущала пустоту и умирала от отсутствия движения, в конце я не могла даже пошевелиться. Мое тело было отравлено, оно отказывалось переваривать пищу, даже простую питьевую воду. Наконец, уже не было иного выхода, кроме как покинуть тело и выйти в неизвестность. Я поняла, что нахожусь в туннеле и иду к свету. Но я так и не дошла до конца туннеля, потому что я потерялась на полпути.

МД: — Вы спросили меня о переходе от жизни к смерти. Я принимала много медикаментов и буквально вытолкнула свою душу вон из тела. Я находилась в летаргическом сне. И поэтому сам переход оказался легким. Трудности начались после перехода. Джозеф фон

Штернберг, кинорежиссер, который не только привез меня в Голливуд, но научил всему, что мне надо было знать о кино, встретил меня, и мы отправились в центр очистки.

Джосеф фон Стернберг

Сначала меня очищали от огромного количества лекарств, которые я принимала. После этого я встретилась с моим ангелом хранительницей, Святой Сесилией, существом света.

Т: — Кто она?

МД: — Покровительница музыкантов и артистов.

Т: — Передала ли Сесилия и вам способность общаться с ангелами? Источники говорят, что это было в ее силах.

МД: — Самое интересное, что да, именно так она и поступила. Вспомните мою роль, которая вывела меня на международную арену кинозвезд. Вспомните, как эта роль называлась! Я сыграла ангела в образе, который приемлем для современного мира. Я имею в виду фильм "Голубой ангел". Зрители полюбили песню из этого фильма, которую "ангел", то есть Лола-Лола, пела: *"Falling in Love Again"* — "Я снова влюбилась". Кто же, как не Святая Сесилия, покровительница звезд и музыкантов, вывела меня в звезды? Но после перехода она заставила меня взглянуть на мои недостатки, мои *imbalances* — дисбалансы, то есть несбалансированные черты моей личности. Я не могла подняться на более высокие вибрационные уровни из-за тяжести депрессии во мне. Залежи депрессии скопились в течение последних десятилетий, которые я провела за закрытыми дверьми, не выходя из дома. Я добровольно отказалась от жизни, сидя перед зеркалом и разглядывая мое изображение часами. Я похоронила себя заживо на целых три десятилетия — а это довольно длительный срок времени. Я могла позволить себе сидеть дома, так как у меня было достаточно денег при условии, что я не буду тратить.

В какое-то мгновенье я перестала тратить! Когда я жила в полную силу и зарабатывала, я щедро тратила. Но когда я впала в уныние и перестала работать, я перестала тратить и заперла дверь изнутри и, так сказать, похоронила себя заживо.

Т: Пожалуйста, расскажите все по порядку. Вернемся к той точке, когда вы заблудились, не дойдя до конца туннеля. То есть, каким образом вы потерялись в прямом тоннеле?

МД: — После перехода мне пришлось буквально выкапывать себя из депрессии на свет Божий. В тонком мире мысли материализуются, превращаясь в реальность, в которой ты существуешь.

Т: Напоминаю, фраза "В тонком мире мысли материализуются, превращаясь в реальность, в которой ты существуешь" оказалась увековеченной во время записи слов спирита на одном из наших Вторников в 2000 году. В то время я понятия не имела, о какой такой материализации шла речь. Так как это утверждение может и читателю показаться странным, в конце этой книги приводится дополнение с краткими объяснениями малознакомых эзотерических понятий.

МД: — Я нашла в вашей памяти изображение буддистского храма, в котором вы побывали во время поездки в Тайланд. Там вас поразили гигантские статуи Будды, постарайтесь вспомнить!

Т: Действительно, в 1980 году я посетила Индию и Тайланд. В Тайланде мне запомнились поездка на слоновую ферму в джунглях с густой листвой, под которой царила абсолютная тишина, которой нет в наших шумных городах. Запомнилось также посещение храма с гигантскими статуями застывших и неприветливых Будд, столь далеких от живого учения Будды.

МД: — Представьте, что внутри одной из этих каменных статуй находится сплошной монолит твердого черного камня, внутри которого врезано небольшое пространство. В нем я, мир моего детства и моя милая мама. Мы с ней в саду, залитым солнечным светом... И вся эта красочная картина заперта в монолите моей депрессии. Я стала думать, как выйти из этой огромной буддистской фигуры?

Кстати, я не сказала вам, что когда я оказалась в столь ужасном положении, мистер Штернберг[1] нашел меня. Не знаю, как он пробрался в это пространство. Но именно он предложил действовать на подобие Берта Ланкастера или Клинта Иствуда в ролях узников тюрьмы Алкатрас[2], из которой, как считалось, убежать невозможно. Замыслив побег, они пробивали дыру в стене. Каждый день они отковыривали немного камня, прокладывая сквозь тюремную стену путь на волю.

Мы поступали так же. Отвоевывая у тверди крошку за крошкой, кусочек за кусочком, мы увеличивали островок света вокруг меня. Очень помогала память о моей матери. Я хотела встретиться с нею. Мне казалось, что она где-то там за пределами черноты и звала меня: "Марлен, Марлен, Магдалена, где ты?" Я была так уверена, что она там, что отвечала криком: "Мама, мама, я здесь!" Но монолит черноты заглушал мой голос. И мы продолжали звать свет и терпеливо крошили темноту. Мой проводник учил меня полагаться на силу мысли и крошить ею камень до истощения сил.

Силы восполнялись прощением. Мне было что прощать и кому прощать. В исчислении земного времени, мне понадобились годы для восстановления сочувствия к страдающему человечеству, к страданию другого человека. Потребовалось изрядное количество времени, пока я скопила силы взорвать остававшуюся темноту вокруг меня.

Информация эта дается вам, медиуму, чтобы вы поняли, какая борьба происходила во мне после моей смерти.

Последние 30 лет на земле я отдала мою личную волю депрессии. А после смерти, я вернула волю, высвободив ее из плена депрессии. Итак, я отдала волю, и вернула ее себе. Как билет на самолет или поезд туда и обратно!

1 Джосеф Фон Штернберг (1894-1969), кинорежиссер, который открыл Марлен Дитрих. После успеха первого совместного фильма "Голубой ангел" (1930), снятого в Германии, Штернберг поставил в Голливуде шесть фильмов с участием Марлен Дитрих.

2 *Burt Lancaster in "Birdman of Alcatraz" 1962; Clint Eastwood in "Escape from Alcatraz" 1979*

Итак, вы завершили переход

Т: — Прошу, вернемся еще раз к прошлому. Расскажите о той драматической точке, которая повернула вашу жизнь вспять. Когда и как это произошло? Как депрессия взяла власть над вами?

МД: — Это случилось давно в Париже, когда я встретила Жана Габена. Он был замечательным любовником и безупречным джентльменом, но он разлюбил меня из-за моего возраста. Других причин не было. Этого открытия было достаточно, чтобы остановить часы моего существования. Тупостью я никогда не отличалась, я поняла, что время мое вышло!

В ресторане

Т: — Был ли Жан Габен вашим последним близким человеком?

МД: — Нет, там были и другие любовники. В реальной жизни минуты слома не звучат так драматично, как в произведениях искусства. Как ваш Чехов говорил, что люди пьют чай, а в это время судьбы их рушатся. Жан Габен добил меня своей откровенностью. Он сказал мне: "Моя дорогая красавица, ты стара, а я люблю молодых женщин". Меня будто громом поразило. (*"This was it!"*) Мое время любить и быть любимой прошло. И я пила всю оставшуюся жизнь на земле.

Т: Тем не менее, Мария Рива, дочь Марлен Дитрих, рассказывает в своей книге о матери *Marlene Dietrich* другую историю. Она уверена, что не Жан Габен, а Марлен Дитрих решила, что хватит, и пора развязывать то, что слишком сильно завязывается. Привожу отрывок из книги:

"Всего несколько фраз из письма "необразованного мужика" как моя мать окрестила Габена:

"... Мое божество, повторю ноту, прозвучавшую тысячу раз: "Ты была, ты есть и ты навсегда останешься моей единственной настоящей любовью"... Я знаю, что тебе говорили это, и не раз, но поверь мне, на этот раз это говорит человек с опытом в подобных делах". (Riva, Maria, *Marlene Dietrich,* New York: Alfred A. Knopf, 1993, pp. 583-584)

Неужели Марлен лгала? Или наоборот, она прятала за слова истинное состояние дел?

МД: — Вы смотрите на меня и думаете, интересно, зачем она пришла? Моя "радиостанция" настроилась на ваши волны, когда вы читали Джозефа Кэмбелла, как американская культура, мифологизируя молодость, создала людей, которым хочется быть вечно молодыми, и как коллективная моложавость влияет на общество. Я вдруг "услышала", как вы читаете это, и поэтому я сегодня здесь.

В госпитале меня уложили спать, и я проспала целую вечность. Я проснулась в старомодном роскошном отеле для голливудских звезд вроде меня.

Я вышла погулять и, проходя гостиную, увидела Элвиса Пресли. Этот очаровательный молодой человек приветствовал меня серенадой. И каждый вечер, пока я там находилась, он провожал меня в мой номер.

В один прекрасный день появился мой другой проводник и спросил, чем я намерена заняться в будущем. Давайте назовем его Создателем звезд Астерториусом. Он велел мне подумать о моем будущем. Но я не хочу обратно на землю. Мне предлагают вернуться с другим лицом, не тем, которое было у Марлен Дитрих.

Я не уверена, что у меня хватит сил жить без моего лица. О нет!

Когда мои проводники просили меня взглянуть в мое будущее, я не знала, о чем мне думать, за что зацепиться. Я не могла найти ничего, что привязывало бы меня либо к этой, либо к другой стороне бытия. Я не могла найти ни единой души, которую я была бы в состоянии полюбить искренне и беззаветно.

Я решила разыскать, кого я буду любить или кто полюбит меня. И я стала вспоминать мои инкарнации после падения в надежде найти кого-либо, кто полюбит меня не за красоту, славу или еще за что-то внешнее и преходящее. Но я так и не нашла никого, способного на чистую и бескорыстную любовь.

Т: — Пожалуйста, остановимся на минутку. О каком падении вы говорите?

МД: — Идем в медитацию и смотрите...

Т: Я так и сделала. Внутреннему взору открылась дорога на краю оврага, по которой, как на известной картине Казимира Малевича "Скачет красная конница", мчались всадники. Чутьем угадывалось, что это атаман Тарас Бульба скачет со своим полком куда-то вдаль. Затем, как бы в подтверждение моей догадки, появились портреты Николая Гоголя.

В голове почему-то пронеслись слухи об открытии во время переноса праха Гоголя из Данилова монастыря на Новодевичье кладбище, что Николая Гоголя, скорее всего, похоронили живым в летаргическом сне. К такому выводу привело состояние подкладки внутри гроба.

МД: — Я была Гоголем. Он или я? Он рано умер, не дожив до международного признания. Скажите им, что это я достигла признания на международном уровне, которое заработал русский писатель. Скажите им, что имя Марлен Дитрих вполне заслужено.

Я понимаю, что все это звучит, как бред сумасшедшего, но именно из-за этого мне пришлось посетить Москву в 1968. Мне было противно петь партийной верхушке коммунистической партии, потому что мне было хорошо известно, кто сидел в зале, и что для нормального русского человека мои выступления были совершенно недоступны. Мой московский визит обернулся формальностью. Тогда они все еще жили за железным занавесом. Но с другой стороны, хотя не многие увидели меня в Москве (концерты происходили в залах творческих союзов Доме Кино и ЦДЛ, Центрального Дома Литераторов), люди знали, что я приехала в Москву. И я надеюсь, что с годами моя малая лепта чуть-чуть да помогла падению ненавистного политического режима.

Некто кинорежиссер, попавший на концерт, рассказывал, как Марлен Дитрих вышла на сцену в белой меховой шубе и стала рассказывать истории о своих внуках. "Затем она, вдруг, скинула шубу, и мы увидели ее ... ногу, знаменитую ногу Марлен Дитрих в прорезе ее вечернего платья! И зал сошел с ума, и взорвался аплодисментами. Для нас вид этой ноги стал символом той свободы, которой у нас не было!"

В книге *Marlene Dietrich* на странице 741 можно посмотреть на фотографию Марлен Дитрих в белой меховой шубе, снятой гораздо позднее, но дающей представление об эффекте, произведенным на московскую публику шестидесятых годов.

МД: — Гоголь и я... Настанет день, мы доберемся до моей египетской инкарнации, когда мои энергетические каналы были полностью открыты. К падению привела практика человеческих жертвоприношений и погребений заживо. Затем последовала цепь низких инкарнаций, и страшная смерть Гоголя в России.

МД: — Да, я была Николаем Гоголем. Пожалуйста, сделайте мне одолжение: вставьте в рукопись наши портреты, мой и Гоголя рядом, и вы увидите, что это одно и то же лицо.

Схожие черты

Марлен Дитрих (1901-1992) и Николай Гоголь (1809-1852) жили в разное время, родились в разных странах, но, действительно, в их лицах много схожего.

Т: Портретное сходство зыбко и спорно. Но бросаются в глаза и некоторые схожие черты в биографиях Гоголя, писателя, без которого невозможно представить русскую литературу, и Марлен Дитрих, известной актрисы, олицетворявшую божественную красоту женского облика. Я не претендую на доказательство чего-либо, но общие черты налицо. Наверное, не велик грех перечислить их, даже если они лишь случайные совпадения. Но с другой стороны, взялись же эти схожести откуда-то?

Николай Гоголь (1809-1852) не был женат, жил во времена, когда сексуальные ориентации не обсуждались публично. Сегодня русские СМИ открыто пишут, что Гоголь, Чаадаев и Чайковский были геями. Для Голливуда бисексуальность Марлен Дитрих никогда не являлась секретом.

Отец Гоголя писал пьесы и ставил их на домашней сцене в доме богатого родственника. Согласно мемуарам друзей Гоголя по неженской гимназии, будущий писатель обладал даром комического актера и участвовал в школьных постановках. Его исполнение роли Простаковой считалось непревзойденным. Однако в Петербурге, когда он в поисках работы попытался наняться в актеры, его не приняли. Судьба вела его в ином направлении. Но, безусловно, юношеский опыт лицедейства и знание сценических законов не помешали ему, когда он писал "Ревизора", пьесу, которая продержалась в репертуарах русского театра все последующие 170 с лишним лет. (Премьера "Ревизора" состоялась в мае 1836 года).

Актерские способности Марлен Дитрих очевидны.

Но на этом схожие факты в судьбах Гоголя и Марлен Дитрих не исчерпываются.

Марлен совершила великий переход в летаргическом сне. Гоголь, скорее всего, умер также в летаргическом сне.

"Энциклопедия смерти. Хроники Харона", Часть 2: "Словарь избранных смертей" сообщает о последней стадии смерти Гоголя:

"Гоголя похоронили на погосте Данилова монастыря, но в 1931 году прах писателя перенесли на Новодевичье кладбище. Перезахоронение породило легенду, что Гоголь умер дважды, и второй раз воистину ужасно — под землей, в темноте и тесноте гроба. При эксгумации обнаружили, что обшивка гроба изнутри была вся изорвана! Это значит, что, возможно, похоронили Гоголя живым — в состоянии летаргического сна. Он боялся этого всю жизнь и не раз предупреждал о том, чтобы его не хоронили поспешно, пока не убедятся в подлинности его смерти! Увы! Предупреждение не помогло".

Но так как существует и обратное, не менее страстно отстаиваемое мнение, что Гоголь умер не в летаргическом сне, обратимся к болезни, по поводу которой нет противоречащих мнений — депрессии, наблюдавшейся в обоих случаях. Как уже сказано, Марлен считает, что последние 30 лет на земле она, "отдав свою волю депрессии" похоронила себя в своей парижской квартире.

Литературовед В. Яковенко[1], биограф Гоголя, пишет в 1911, что уныние гасило творческую искру Гоголя постепенно; не внешние обстоятельства, а скапливавшиеся в течение последнего десятилетия разрушительные силы уныния, то есть депрессии, сгубили гения.

Гоголь умер в 1852, а первое издание "Мертвых душ" состоялось в 1842. Следовательно, депрессия "последнего десятилетия" стала скапливаться после завершения работы над рукописью "Мертвых душ".)

Марлен Дитрих только что рассказала нам, как она боролась с последствиями депрессии уже в послесмертии. В спиритическом сообщении Гоголь также расскажет о последствиях уныния, которые он встретил в послесмертии.

Еще одно совпадение черт обоих, на этот раз не такое мрачное. И тот и другой отличались острым обонянием, и оба проявляли почти профессиональный интерес к еде.

Короткая цитата из книги Марии Ривы о матери[2], как они однажды бежали от журналистов, обнаруживших присутствие звезды в одном из нью-йоркских ресторанов.

"*We took our subterranean escape through the Waldorf kitchens (Waldorf Astoria, New York) while the press lay in wait for Dietrich above. My mother sniffed the pungent aroma of garlic and thyme, calling to me over her shoulder:*

"*They have Lamb Provençal today. We have to order that! Smells good!" and disappeared into the service elevator.*"

"Когда пресса залегла в ожидании выхода Марлен Дитрих, мы бежали через кухни "Валдорфа" (ресторан "Валдорф Астории" в Манхэттене, Нью-Йорке), расположенные в подвале. Сбегая по лестнице и улавливая кухонные ароматы чеснока и трав, мать бросила мне через плечо: 'Готовят баранину провансаль, надо заказать, пахнет хорошо!' — и юркнула в служебный лифт".

Lamb Provençal... Дочь Марлен Дитрих вспоминает, что мать часто прельщалась картинками блюд на рассылаемой по домам рекламе; она звонила в рестораны и заказывала то, что выглядело аппетитно на бумаге. Иногда она ела то, что ей доставляли на дом, но чаще выбрасывала.

Во вступительной главе к книжке "Nikolai Gogol"[3], Владимир Набоков пишет об остром обонянии Гоголя, что по щедрости описаний запахов, окружающих человека в быту, можно подумать, что Гоголь "смотрит на мир ноздрями". Да и любому читателю "Мертвых душ" или, скажем, "Старосветских помещиков" трудно не заметить, как картины пахучей еды, окружающие гоголевских героев, раскрывают их красками, недоступными психологическим портретам. Чего стоит один поросенок, начиненный гречневой кашей на обеденном столе Собакевича, которым тот угощает Чичикова!

Как ни парадоксально, при столь живом интересе к кулинарии, еде, оба, именно оба, в определенный срок до кончины перестают принимать пищу. Дочь описывает маленький, ссохшийся до "желтизны пергамента" труп матери в день ее кончины. Аналогичный факт из жизни Гоголя хорошо известен русской читающей публике. Мария Рива описывает, как она варила супы матери, зная, что как только она выйдет за дверь, еще не остывший бульон, или горячая ирландская мясная солянка будут отданы либо привратнику, либо прислуге.

Но и на этом совпадения не исчерпываются.

Осталось отметить еще одно и, пожалуй, самое удивительное совпадение: неспособность любить никого, кроме себя.

В последнем разговоре с Марлен Дитрих она снова повторит то, о чем она уже ранее говорила — о любви.

МД: — Они (ангелы-хранители) велят мне найти кого-либо, кого я смогу полюбить кроме себя. Я ищу ребенка, мужчину, родственника, кого я полюблю на земле, а нахожу только поклонников и прислугу.

Гоголь говорит о том же иными словами, что не меняет сути сказанного: "Страшно вспомнить, как я расстался, наконец, с Акакием Акакиевичем, моим эгрегором, сотканным из моего несогласия с моей бедностью, из моего уныния и неспособности любить и быть любимым! Храните вашу любовь как зеницу ока, и не сомневайтесь, это вам подарок от Всевышнего. Только любовь все побеждает".

Мне кажется, что Марлен Дитрих не прочла и строчки прозы Гоголя, и говоря о нем сегодня, она смутно осознает уровень писателя, о котором она говорит. Тем не менее, из русской прозы, в немецком переводе, ей попался современный рассказ "Телеграмма" Константина Паустовского.

Когда в 1964 она давала концерты в Москве, она попросила о встрече с Паустовским, чтобы поблагодарить его за этот рассказ. События развивались следующим образом.

Концерты Дитрих проходили в Доме Кино и Центральном Доме Литераторов с 21 мая до 2 июня 1964, то есть в закрытых клубах для членов творческих союзов.

Во время ее второго концерта в ЦДЛ, в зале, на глазах у аудитории, состоялась встреча Марлен Дитрих с Константином Паустовским, вот она:

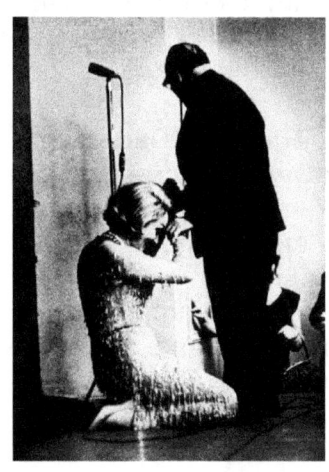

Марлен Дитрих поцеловала руку писателю, добавив, согласно легенде: "Успела!". Да, она успела. Константин Паустовский отошел в мир иной 14 июля 1968.

Можно, конечно, сказать, что все это было не более, чем *a publicity stunt*, прием для вызова шквала несмолкающих оваций, но можно и заглянуть в рассказ, послуживший первопричиной этого шквала.

Сюжет рассказа традиционен, обыгрываемый испокон веков в литературных произведениях всевозможных жанров. Вдова художника доживает свой век в деревне, в доме, который ее муж когда-то построил для их пенсионной поры, чтобы на старости лет жить на природе вдали от городской суеты. В Москве у нее живет ее замужняя дочь Настя, которая высылает матери денежные переводы, но не навещает ее из-за отсутствия времени. Вы уже догадываетесь, когда приходит телеграмма о приближающейся кончине матери, дочь срывается с места, едет к матери, но опаздывает. Мать уже преставилась и похоронена.

Но внутри этого нехитрого сюжета находится "вторая история" о работе Насти консультантом союза художников. Когда приходит письмо от матери, она сует конверт в сумку и мчится на расследование жалобы некого скульптора на невыносимые условия жизни в неотапливаемой студии. Там, среди его работ ее внимание привлекает бюст Гоголя. В рассказе эта сцена описывается следующим образом. Скульптор усаживает Настю в измазанное глиной кресло и говорит — цитирую:

— Ну вот он, Николай Васильевич! Теперь прошу!
Настя вздрогнула. Насмешливо, зная ее насквозь, смотрел на нее остроносый сутулый человек. Настя видела, как на его виске бьется тонкая склеротическая жилка.
"А письмо-то в сумочке нераспечатанное, — казалось, говорили сверлящие гоголевские глаза. — Эх ты, сорока!"
— Ну что? - опросил Тимофеев. — Серьезный дядя, да?
— Замечательно! — с трудом ответила Настя. — Это действительно превосходно.

Условия жизни в студии оказались, и вправду, невозможными, и чтобы помочь художнику, и вывести его из безвестности, Настя занялась устроительством его персональной выставки. Выставка прошла успешно, но Настя опоздала проститься с матерью, опоздала даже на ее похороны.

"Уехала Настя из Заборья крадучись, стараясь, чтобы ее никто не увидел и ни о чем не расспрашивал. Ей казалось, что никто, кроме Катерины Петровны (ее матери), не мог снять с нее непоправимой вины, невыносимой тяжести".

Неожиданная встреча с Гоголем в рассказе "Телеграмма" в поднебесье, во время авиационного перелета, чувство вины перед собственной матерью, которая переживала в Германии и голод и постоянные бомбардировки, пока дочь восходила в звезды мирового кинематографа в Америке, предчувствие ее собственной одинокой кончины, ошеломили ее. Возможно, именно тогда она действительно поверила, что Гоголь и она – это одна и та же душа, расколотая на две половинки. Не имеет значения, так это или не так. Но это предположение осветило неким высшим смыслом ее восхождение через ряд унизительных перевоплощений на Олимп полубогов нашей сумасшедшей цивилизации. И поэтому она поцеловала всенародно руку писателю, который, не думая, и не ведая, подарил ей образ Гоголя. Этот образ наполнил ее жизнь новым смыслом, раскрыв ей, отвергнутой ее родиной, Германией, в которую она даже доживать свой век не поехала, ее подлинное, как ей показалось, происхождение, ее "настоящую родину" — далекую звезду где-то там, на краю вселенной, отданной Богами на *development* — развитие!

1 В.И. Яковенко (1859-?), биограф Гоголя, литератор, земский статистик и один из душеприказчиков прогрессивного издателя Ф.Ф. Павленкова, зачавшего серию "Жизнь замечательных людей", здравствующую и поныне. Работа Яковенко о Гоголе опубликована в этой серии после смерти издателя Павленкова.
2 *Marlene Dietrich*. Автор Мария Рива, дочь Марлен Дитрих. Alfred A. Knopf, New York, 1993
3 *Nikolai Gogol* by Vladimir Nabokov, "New Direction" Publishing Corporation, 1962, New York, NY 10011

Когда умирали фараоны

9 августа 2000

Т: — Здравствуйте, Кэри! Вы одни? Давеча Марлен, получив задание найти, кого любить в своем следующем воплощении, употребила загадочное выражение "после падения". Мол, она просмотрела 54 последних инкарнаций, последовавших за падением и нашла в потемках тысячелетий ... Гоголя, то есть самое себя, то есть часть той души, из одной половинки которой, после ряда перерождений, получились Марлен Дитрих, а из другой половинки — Гоголь!

КГ: — Падение, о котором речь, началось после властной инкарнации одного египетского верховного жреца, имевшего власть над самим фараоном, огромной страной, тысячами и тысячами египтян, рабов, военнопленных. Когда происходили ритуальные жертвоприношения, он отдавал приказания закалывать людей, в основном, рабов и военнопленных, как скот. Обвиняемых же либо подозреваемых в инакомыслии приговаривал к погребению заживо. Когда умирали фараоны и его приближенные, человеческие жертвоприношения исчислялись сотнями загубленных душ. Имея высокоразвитую душу, жрец губил людей из страха и трусости оказаться самому в роли жертвы.

Т: Пока археологические находки не подтверждают предположения о погребении заживо. Но Википедия пишет, что отнюдь не редки находки, подтверждающие факт человеческих жертвоприношений богам во времена Первой и Второй египетской династии, в 2890-2686 годы до нашей эры. Об этом свидетельствуют правильные ряды захоронений, с одинаково повернутыми лицами к югу.

Среди моих знакомых с сильными экстрасенсорными способностями мне не раз приходилось встречать ясновидящих, которые верят, что в древнем Египте они пережили погребение заживо. Никто из них не вспоминали себя рабами, но участниками политических и религиозных распрей. Кстати, в опере "Аида" также заживо хоронят не раба, а оппонента фараона. В каком-то смысле, этот ужасный обряд жив и поныне.

В Википедии можно прочесть статьи о погребении людей заживо относительно недавно. "Историками древнего Рима записан случай погребения заживо Весталки, нарушившей обет безбрачия: ее замуровали в небольшой пещере, оставив при ней немного хлеба и воды на случай, если ее богиня Веста сочтет ее невиновной, и возьмется за ее спасение". В средневековой Италии не покаявшихся убийц хоронили заживо. В феодальной России 17 и 18 веков заживо хоронили женщин, осужденных за убийство мужей. Последний подобного рода случай зарегистрирован в

1937 году. В статье русскоязычной Википедии "Нанкинская резня" описывается беспрецедентная жестокость расправ японской армии с гражданским населением. "Огнестрельное оружие, бывшее на вооружении японских солдат, не применялось. Тысячи жертв закалывали штыками, отрезали головы, людей сжигали, закапывали живьём, у женщин вспарывали животы и выворачивали внутренности наружу, убивали маленьких детей. Насиловали, а потом зверски убивали не только взрослых женщин, но и маленьких девочек, а также женщин преклонного возраста".

В статье *"Prematurial Burial"* – "Преждевременные погребения" приводится и такой пример. В древнем Китае периода "Воюющих государств" (примерно 500-200 лет до нашей эры) известен случай погребения заживо 400,000 плененных солдат королевства Зао при битве Чангпинг в 260 году до нашей эры. А во время правления первого китайского императора Квин Ши Хуангти (259–210 до н.э.) жгли книги и хоронили заживо ученых (около 400-700 человек), осужденных за укрытие запрещенных по идеологическим соображениям книг и классических произведений.

В июле 2012, в Пакистане, отец похоронил заживо девочку, родившуюся с дефектами. Погребение младенцев с аномалиями (по племенным верованиям не имеющих души) живыми встречается и сегодня среди племен, обитающих на берегах Амазонки. Это стало известно из-за освящения прессой горячих дискуссий по этому поводу. Против запрещения подобных захоронений высказываются антропологи, считающие, что представителям цивилизованного мира не следует вмешиваться в местные обычаи. Однако, именно активисты коренного населения, представители этих племен, требуют закона, запрещающего подобные погребения.

Этот прискорбный список можно дополнить историей гибели 118 членов команды субмарины «Курск». Команда погибла, так как правительство медлило с разрешением приступить к спасательным действиям.

Прочитав такое, кто может с уверенностью сказать, как фараоны расправлялись со своими политическими противниками 6000-4000 лет до н. э.?

КГ: — Падение верховного жреца с его неограниченной властью началось после его смерти. Началась цепь трудных жизней Марлен Дитрих, полных унижений, которые нашли отражение в таких фильмах как "Марокко" и "Шанхайский экспресс". Страшные унижения выпали на ее долю на Диком Западе, где ей пришлось стать проституткой во времена ковбойских салунов и золотой лихорадки. Ей приходилось петь и плясать для убийц, грабителей, которые дрались, предавали и стреляли куда попало. Они спали с ней, не расплачиваясь, и покидали, не попрощавшись. Прозябая в темных углах в кухнях этих таверн, она продолжала петь и танцевать, не жалуясь, принимая любые условия. В конце концов, эта жизненная установка сделала из нее звезду. Ее статус международной знаменитости честно заработан и отработан ею. Но и это не конец истории. Ей надо подняться на более высокий уровень, соответствующий уровню верховного жреца, чтобы с честью вернуться домой на свою родную планету.

Но души погубленных ею рабов блокируют ее подъем на следующий уровень. Некоторые души умерщвлённых рабов находятся до сих пор в лимбо. Трудно поверить, но там пребывают застрявшие души, ждущие освобождения. Она просит помочь открыть ей путь к поиску любви и сочувствия.

Это будет нашим невероятным приключением! Нам предстоит спуск по лестнице времени в далекое прошлое, чтобы освободить эти страдающие души. Вскоре мы окажемся в древнем Египте. Тот молодой жрец, конечно же, существо мужского пола, наградил Марлен страстным стремлением к совершенной красоте. Это стремление хорошо послужило ей на актерском поприще, и оно живет в ней и сейчас. Она хочет сохранить это стремление и в ее следующем воплощении. Ей нужна помощь. Готовы ли вы помочь египетскому жрецу?

В эту минуту я почувствовала присутствие Марлен Дитрих. Она была в дурном настроении.

МД: — Мне не нравится то, что вы сказали ей. Кэри, больше я с этим медиумом работать не буду. Неважно, верно ли то, что вы говорили ей обо мне или нет. Раб не будет мне ... Кэри, я хочу вон отсюда.

Т: — О Боже! Сможем ли мы продолжить? "Рабыня не будет..." делать что?

КГ: — Прочтите о ритуалах погребения. Нам предстоит приступить к делу. Посмотрите на меня: вы увидите высокого бронзового мужчину в одной только набедренной повязке, готового приступить к раскопкам. Вы не пригодны для этой работы, часть вашей души все еще лежит там захороненной. Нам надо освободить застрявшие души как загубленных, так и губителей. Мне надо приготовить много золотой жидкости для этой работы. Нам нужно много света, чтобы рассеять темноту, которая уже поднимается из астральных гробниц.

Освобождение душ в лимбо

Т: Вчера субмарина "КУРСК" легла на дно Северного моря.

Спасатели бездействуют, русский люд молится за обреченных подводников.

Кэри Грант молится и просит защиты: "Бог с нами, мы трудимся на Божьей ниве, мы ищем Бога, Его лик на наших стягах. Бог с нами. Бог с нами. Бог с нами. Мы служим Богу и только Богу!"

Мы посланы светом на освобождение душ плененных теменью, чтобы вывести их к свету. Мы спускаемся в темноту к страдающим душам, застрявшим в древних погребениях. Мы ищем души, погребенные заживо, как русские подводники похоронены заживо сейчас. Я чувствую жар, жар прошлого. Вы, медиум, не видите интерьера гробницы; лучше вам и не видеть того, что вижу я. Разрешите мне связаться с жертвами прошлого через вас. Не раздумывайте, не критикуйте, не задавайте вопросов, записывайте то, что услышите.

КГ: — Архангелы Михаил и Гавриил, мы нуждаемся в вашей помощи: защитите наши души, потому что мы ищем тех, кто был когда-то погребен заживо. Пожалуйста, дайте больше света! Свет освещает темноту, свет крошит и распыляет камень. Камни тают и исчезают. Десятки душ освобождены, они более не на пути бывшего жреца. Посмертно он сам пленен правителями, фараонами, его приближенными, теми, для кого он губил бессчётное количество душ. А вот и он! Душа бывшего жреца, назовем его Д/Г — Дитрих/Гоголь!

Марлен плачет. Душа жреца выпущена на волю. Дорога к дальнейшему развитию открывается перед нею. Она никогда более не будет умирать в гробницах, выстроенных ее собственным воображением. Она никогда более не будет переживать страх материализации образов вины и насилия. Чувство вины высвобождается, вина уходит; аллилуйя, Всевышний! Благодарю тебя за твою благодать. Помоги русским, похороненным заживо в субмарине, застрявшей на дне морском. Помоги страдальцам, пожалуйста, сотвори чудо спасения или освободи их души без страдания.

Бывший жрец встречает своих бывших рабов, слуг, они узнают друг друга, они обнимаются, плачут, просят прощения, наши усилия по освобождению плененных душ не пропали даром, они свободны, они могут подняться к свету.

Т: Я вижу раскопку в пустыне, белые камни, светлый песок, развалины какой-то небольшой пирамиды. Кэри и Марлен вытягивают темный канат из развалин. Души находятся на этом канате. Появляясь на свет из темени гробницы, они оживают в лучах света... Яркий свет и дуновение озона сметают гробницу, она исчезает с лица земли.

КГ: — Марлен благодарит вас. Она плачет, и ее слезы высвобождают боль. Выходит боль Гоголя, уходят его кошмары. Ее красота восстанавливается до сияния в обоих мирах. Спасибо вам, медиум. Бог любит вас за жертвенность в прошлом. День придет, когда вы вспомните вашу жизнь, которая привела вас в эту гробницу. Застрявшая здесь часть вашей души освобождена. Отдохните!

Т: Вдруг совсем иное видение пронеслось в моем сознании. Конец Второй мировой войны. Марлен Дитрих в деловом костюме и берете стиля военных сороковых годов идет по улице Берлина. Город все еще в развалинах. Она ищет застрявшие в этих развалинах души. Я оставляю ее в Берлине и возвращаюсь к отчету о памятном Вторнике в Коста-Месе, небольшом городке в Южной Калифорнии. Там я получила следующее сообщение:

МД: — Мария прибудет скоро в наш мир, и мы обрадуемся друг другу. Она мне очень помогла на земле, но она еще не знает этого. Она была внимательна ко мне. Но и я ее не обидела, создав определенное материальное благополучие, а главное — имя для нее. Мое имя дало ей определённый статус, или место под солнцем, и она научилась работать на земле. Она также родом из древнего Египта. Если они дадут мне такую возможность, я дождусь мою дочь, и мы отправимся домой вместе. Я не хочу повторения моего опыта на земле.

Гоголь также не желает спускаться на землю, во всяком случае, не в наши дни, когда литература теряет свое значение. Общаясь, люди стали обмениваться скорее картинками, чем словами. Гоголю сейчас делать нечего на земле.

Может быть, мы вернемся еще один, и последний раз на землю и затем отправимся домой, после всего, что нам пришлось пережить на земле. Я надеюсь, нам позволят дождаться прибытия транспорта в тишине и покое. Мы будем дремать, и смотреть серебряные сны о нашей родине на далекой планете в иной и далекой Галактике, на самом краю пространства, отведенного для эволюции.

Инопланетяне

12 сентября 2000

Владимир: — Как вы помните то далекое прошлое, когда вы и Гоголь были одним существом?

МД: — Нет, Гоголь и я не одно и то же существо, как люди понимают реинкарнацию. Как я уже говорила, душу жреца поделили на две части. Это одна и та же душа, и в то же время это две разные души. Это чужие люди, близкие по духу, потому что в них заложены половинки одной и той же души. Я отрабатывала один потенциал той души, а Гоголь — другой. Но мы оба несли одну и ту же карму жреца. С помощью Кэри эта карма была, наконец, возвращена космосу.

ВЭ: — Знали ли вы о том раздвоении души, когда вы были на земле?

МД: — Конечно, нет. На земле я не знала об этом, но после перехода в тонкий мир я поняла, что легче освободить груз этих душ, Гоголя и моей, одновременно. Базовая душа, душа жреца, заработала свою карму, тяжелую вину, задолго до разделения души, когда он отдавал приказания умерщвлять сотнями рабов или подвергать людей мученической смерти во имя ритуальных жертвоприношений богам, или демонстрации мощи умерших фараонов. Жрец ясно понимал, что губить людей во имя подобных ложных целей — это смертный грех. К тому же он знал, что в ближайшем будущем людей заменят... shat... shuti

Т: Марлен употребила неизвестное мне слово на букву "ш", которое я так и не уловила в году 2000. Нынче, в году 2012, я решила взглянуть в описания древнеегипетских ритуалов. В той же Википедии, в статье о погребальном культе я нашла слово, которое вполне могло быть произнесено Марлен Дитрих. Вот оно:

During and after the annual flood of the Nile, the population was subject to compulsory labor on state projects such as building and maintenance of the irrigation system. In life it would be possible to avoid this by providing a substitute. During the Middle Kingdom (ca. 2040-1640 BC) in death, mummiform figurines or "Answerers" started serving the same purpose. The Egyptian words for these statuettes, (usually called shabtis in English), are ushabti and shawabti. These words are of uncertain origin but may have been derived from the Egyptian word wSb meaning "answer."

Во время ежегодных разливов Нила, население призывалось на принудительные государственные работы по восстановлению ирригационных систем. При этом призванный мог послать вместо себя "заместителя", то есть другого человека. Во времена Среднего царства (около 2040-1640 до н. э.) "замещение" стало возможным и в смерти. В гробницы стали класть фигурки мумий или "ответы", которые замещали живых приближенных, слуг и рабов. По-английски эти фигурки назывались шабтисы, по-египетски они назывались ушабти, или шавабти. Происхождение этого слова неизвестно, но не исключено, что оно происходит от египетского wSb, означающего "ответ".

Т: Вероятно, Марлен сказала слово "шабтисы", из которого я уловила только "ша..т...". Она сказала: "К тому же он (жрец – Т.П.) знал, что в ближайшем будущем людей заменят... *shat... shuti..*"

Т: —Марлен, ваши слова звучат, как некий рассказ Гоголя, в котором буйствовали потусторонние силы. В детстве эти рассказы наполняли мою душу ужасом, но бросить читать было совершенно невозможно, потому что эти рассказы не только пугали, но и притягивали.

МД: — Как жаль, что мне при жизни так и не удалось прочесть ни строчки из произведений Гоголя, в каком-то смысле моих собственных сочинений! Если вы сопоставите даты, вы еще раз убедитесь, что трагическая гибель субмарины "Курск" с его командой в 118 человек, оказавшихся похороненными заживо в морских водах, всколыхнуло соответствующие энергии. Трагедия стала международной новостью именно в то время, когда мы с вами решали наши личные проблемы, связанные с теми же энергиями. Это означает, что эти два события связаны между собой. Я не знаю как, но современные события растревожили энергии античных погребений. Крик о помощи погребенных заживо русских подводников открыло усыпальницы и гробницы пирамид, в которых души умерщвлённых жертв по сей день ждут освобождения из состояния лимбо. Сотни рабов приносились в жертву, когда умирали фараоны. ... Это жрецы посылали людей на страдание. И поэтому для эксперимента с разделением души выбрали душу грешного жреца.

ВЭ: — Кто проводил этот эксперимент?

МД: — Силы иерархий занимались этим в тонком мире. Таким опытам подвергались развитые души инопланетян, которых можно было найти в Атлантиде и

Древнем Египте. Такие души часто связаны с другими планами, планетами и галактиками. И ими легко управлять, они принимают легко изменения в судьбе. Вместо того чтобы решать задачу привоза на землю души инопланетянина с другого конца вселенной, они решили, что проще разделить продвинутую душу на две или более частей.

Если вы посмотрите внимательно на мой портрет, вы увидите в нем черты неземного происхождения, несмотря на множество инкарнаций на земле. Сколько — десятки, сотни перевоплощений? И, тем не менее, в моем лице, да и в лице Гоголя угадывается прозрачность, характерная для лиц инопланетян.

ВЭ: — Десятки инкарнаций или поколений?

МД: — Поколений... Звездная душа опускается в тело, и тело производит тело, тело, тело, и в один прекрасный день я возвращаюсь в тело той же самой линии крови, и результатом будет Марлен Дитрих с ее прозрачным лицом, прозрачными глазами и полным безразличием, с кем спать, с мужчинами или женщинами.

ВЭ: — Расскажите, как создается талант?

МД: — Таланта нет без присутствия капли души инопланетянина для памяти, внешности. Как объяснить зарождение и взлет таланта? До какой-то степени во всех людях есть инопланетянин. Посмотрите на Кэри. Его мама прибыла исключительно для того, чтобы дать тело Кэри, а далее ей было нечего делать на земле, и она не могла дождаться перехода в мир иной. Примесь инопланетного интеллекта помогает земле расти. Ниоткуда появляется Рублев, или созвездие замечательных русских писателей, или великие писатели западного мира, Шекспир! Никто не знает, кто он и откуда он взялся. Потому что он был инопланетянином в человеческом теле. Он явился лишь за тем, чтобы дать идентификацию англоязычному миру, в первую очередь Англии. Достоевский дал идентификацию русским. Интересно, что у американцев до сих пор не возникло необходимости идентифицироваться. В состав американского народа входит столько рас и народностей, каждый хранящий свою религию и историю, что пока нет причин настаивать на унифицирующей идентификации.

И Америка остается гигантским котлом, в котором ассимиляция продолжает кипеть и бурлить. И по этой причине времена Шекспиров и Достоевских здесь пока не настали.

ВЭ: — Инопланетянам в человеческом теле легче или, наоборот, труднее?

МД: — И легче, и труднее. Им трудно приспособиться к жизни на земле. Если такая душа становится актером, она делает свое дело лучше, чем другие, ее память лучше, наружность лучше, она соображает быстрее. Но в то же время эта душа знает, ее не будут любить за то, что она не такая, как все.

ВЭ: — Получается, они талантливее землян?

МД: — Эйнштейн, дав теорию относительности, вывел физику на новый уровень; Пастер подарил людям понятие о кровообращении. Оба мира, земной и духовный, растут и развиваются, но эволюция духовного мира гораздо более интенсивна. И поэтому духовный мир будет всегда опережать земной по уровню талантов также. В обоих мирах существует элемент непредсказуемости. Если бы его не было, не было бы ни эволюции, ни развития. И вы, и я, мы были бы всего лишь куклами в руках невидимых кукловодов. Непредсказуемость создает прелесть бытия. Иначе не было бы Лас-Вегаса, понятий везения, невезения. Игра – это непредсказуемость, отец и мать, оба начала творческой энергии.

ВЭ: — А упорный труд?

МД: — Посмотри на Гоголя и меня! Я представляла мечту о легкой жизни, *fun*! Гоголь представлял мечту о достижении всего упорным трудом. И обоим нам лучше здесь, в духовном мире, чем на земле. И, тем не менее, я не уверена, что сыграла свою роль верно. Я была слишком серьезна, я играла слишком серьёзно. Мне никак было не выбросить из себя какую-то тяжесть. В будущем я надеюсь выйти на более высокий уровень игры.

Т: — Можно мне слово вставить? Гоголь работал упорно, отделывая свои литературные шедевры, но его острый глаз (бывшего жреца, с тенденцией к проповеди, прорвавшейся в депрессии и общение со священнослужителями) был безжалостным, он улавливал ничтожность земного бытия и, щадя нас, подавал это в свете комическом, в свете игры. Его литературный мир населен всевозможными шулерами, игроками, обманщиками, лгунами, пустозвонами, похотливыми особями обоих полов, сплетниками, взяточниками, всех мастей и уровней. Их не любишь, но над ними смеешься добрым смехом, узнавая и в себе подобные черты. Жизнь Гоголя была трудной, но в его произведениях речь идет о вечной игре жизни. Маленькие люди с огромными амбициями мчатся наперегонки, чтобы схватить то, что им не положено, но поможет выжить в этом самом странном из всех странных миров.

ВЭ: — Вы говорите, вы также играли в некую игру, какова ваша игра?

МД: — Я проигрывала басню Лафонтена, недостижимый идеал красоты и привлекательность стрекозы, которую мир пытается переделать в деловую муравьишку. Но если я в моих фильмах переставала быть стрекозой и становилась хорошей девочкой, я теряла привлекательность и проигрывала игру.

ВЭ: — Да, люди любят стрекозу и взирают равнодушно на муравья. Загадка неразрешимая.

МД: — Совершенно верно, я играла это несоответствие! Владимир, мне понравилась ваша компания. Вы мой истинный поклонник. Спасибо.

Марлен берет откуда-то из воздуха длинный тонкий мундштук из слоновой кости и зажигает сигарету.

ВЭ: — Мы получили истинное удовольствие от разговора с вами.

Кэри провожает Марлен к лодке. Она смеется и разговаривает с неизвестно откуда появившимися людьми на пирсе.

Рождественский сочельник

Из мира духов к нам на рождественскую елку в калифорнийском городке Коста-Меса явились Кэри Грант и Марлен Дитрих. Она спела *"Stille Nacht, Heilige Nacht"*. К сожалению, эту рождественскую песню услышала только я, медиум. Она спела ее божественно, всколыхнув во мне воспоминания о сочельниках в моем эстонском детстве. Я не смогла передать прелесть услышанной песни, но смогла передать для магнитофонной записи слова Марлен сказанные нам на прощанье.

Марлен Дитрих: — *What goes around, comes around* — "Что пойдет по кругу, то вернется по кругу!" Я заглянула в мои последние пять десяток инкарнаций после падения. Они вернули меня на вершину социального статуса, с которого я однажды упала в пропасть. Но куда же мне двигаться далее? Мне говорят, что колесо фортуны поворачивается вниз незаметно, но быстро. Я сказала моему требовательному проводнику, создателю звезд Астерториусу, что я более не покачусь по наклонной вниз, со мной этого уже не случится никогда. Я стала белкой во вращающемся цилиндре, стараясь взять верх над естественным вращением. Когда траектория цилиндра вела меня вниз, я бежала стрелой наверх. Чтобы оставаться наверху, надо было бежать так быстро, что бег превращался в полет. Но надолго ли хватит сил, чтобы каждый раз, когда колесо поворачивается вниз, удерживаться наверху? Очень это трудная работа!

Но перспектива трудной работы не пугала меня. Работать трудно, с натугой я научилась на земле. Работа, работа, работа! 54 инкарнаций тяжелой работы! Итак, когда я стала планировать мое будущее, я стала снова бежать вниз и вверх, вниз и вверх, только убыстряя бег — за деньгами, славой и сиянием бриллиантов! Ничего иного мне в голову не приходило. Я не хотела никакой иной судьбы, кроме трудной работы и яркого внешнего блеска.

Но Создатель звезд смеялся и сказал: "Остановись, ты более не белка!" Мои ангелы хранители стали объяснять мне, что я уже научилась зарабатывать на бриллианты и, следовательно, тяжкий труд не будет уже поддерживать развития души, то есть, напряженный труд уже ни к чему хорошему не приведет.

Нынче мне предстоит открыть каналы любви и сочувствия. Мне велено найти среди людей предмет любви, чтобы полюбить кого-либо кроме самой себя. Как я уже говорила вам, изучив мои прошлые и будущие инкарнации, я ищу ребенка, мужчину, родственника, близкую душу, которую я смогу полюбить самозабвенно.

Но когда я всматриваюсь в свое окружение, я вижу только поклонников, фанатов и прислугу — секретарей, тренеров, косметичек, парикмахеров, портних, уборщиц, продавцов, поваров, буфетчиков. Я их не люблю, потому что я их не люблю.

Т: Просмотрев 54 инкарнаций в поисках родной души, Марлен Дитрих нашла в глуби времен... Гоголя, то есть половинку своей души, то есть самое себя!

МД: — Если я и мучила их моими требованиями, то за это им было щедро заплачено. Но я была красавицей, я была ангелом, и, глядя на меня, они ощущали себя существами низшего порядка. Поэтому они восхищались мною, но не любили меня. Так как же мне научиться любить, а главное — быть любимой?

ПОДТВЕРЖДЕНИЯ

За закрытой дверью

Дело дошло до того, что я лишила себя моих единственных спутников — зеркальных отражений моего прекрасного лица.

Подтверждение

Отрывок из книги Дональда Спото "Голубой ангел. Жизнь Марлен Дитрих", известного биографа звезд, бывшего монаха:

"*As for the mirror, it was becoming a kind of totem: the reflection she saw, harbinger of the image of the screen, became her only permanent partner. Marlene Dietrich was epitome of the Hollywood Narcissus. Gazing at her reflection, she became transfixed with what she saw and dedicated herself inexhaustibly to its refinement and perfection. But like the figure in the Greek myth, her self-involvement, indeed self-obsession, would lead at last to an isolating and loveless solitude. Perhaps no star was ever more trapped into her own image. (Donald Spoto "Blue Angel: The Life of Marlene Dietrich")*

"Что касается зеркала, оно превратилось в подобие тотема: зеркальное отражение — предтеча ее экранного образа — стал ее единственным постоянным партнером. ...Марлен Дитрих являла собой воплощение голливудского нарциссизма. Очарованная своим зеркальным изображением, она посвятила себя полностью его усовершенствованию и утончению. Но, как фигуру из греческой мифологии, занятость собою, маниакальное самолюбование привели ее к изоляции и бесчувственному одиночеству. Трудно найти звезду более затянутую в силки собственного изображения, чем она".

За закрытой дверью

Я встретилась с моим проводником, Святой Сесилией, существом света.
Т: —Кто она?
МД: — Покровительница музыкантов и артистов.

Подтверждение

Англоязычная Википедия подтверждает, что Святая Сесилия является покровительницей музыкантов, а также ярких праздничных сборищ типа фестивалей, и согласно преданию, она может открыть людям внутреннее зрение и помочь в общении с ангелами.

За закрытой дверью

Но нынче она заставила меня увидеть мои недочеты, мои *imbalances* —дисбалансы.

Подтверждение

Дисбаланс — векторная величина, характеризующая неуравновешенность таких вращающихся частей машин, как роторы. Неуравновешенность возникает при несовпадении оси вращения с главной осью инерции. Совмещение этих осей достигается балансировкой.

Современная медицина говорит о гормональном дисбалансе как причине ряда серьезных заболеваний.

В эзотерике понятие дисбаланса обозначает перевес более сильных отрицательных вибраций в энергетической системе человека, приводящей к трудной судьбе как на земле, так и в послесмертии.

За закрытой дверью

В году 2000 Марлене Дитрих сказала: "После перехода я не смогла подняться на более высокие вибрационные уровни из-за тяжелых слоев депрессии".

Подтверждение

Приведу еще раз слова Лууле Виилма, доктора и ясновидящей, сказанные из послесмертия:

"Некоторые мысли, которые умирающий человек приносит с собой в тонкий мир, утяжеляют душу настолько, что она не может подняться выше. Мысли, наполненные отрицательными эмоциями, становятся непроницаемой крышей над нашими душами". *(Prisoners of fame: hidden forces of life weave destiny of man, 2010, p. 217)*

За закрытой дверью

Жан Габен добил меня своей откровенностью. Он сказал мне: "Моя дорогая красавица, ты стара, а я люблю молодых женщин". Меня будто громом поразило. И я пила всю оставшуюся жизнь на земле.

Подтверждение

Мария Рива пишет в заключении своей книги *Marlene Dietrich*:

"Я лезу под стол, достаю ее бутылки, отношу их в кухню, выливаю недопитое содержимое в раковину — кто бы сказал, почему с тех пор меня воротит от запаха скотча — наполняю бутылки питьевой водой до изначальной краев отметки, взбалтываю, и ставлю обратно в ее загашники.

Николай Гоголь
(1809-1852)

Не спешите умирать, работайте над очисткой ментального тела на земле, потом мне спасибо скажете

Шинели Акакия Акакиевича я раздавал заключенным

Т: Вопрос, почему Господь Бог карает писателей, художников, певцов, медиумов или иных людей, влияющих на наше сознание, заставляя встретиться с их эгрегорами в послесмертии, не оставлял меня. Мол, за что? Но в один прекрасный день мой ангел хранитель сжалился надо мной, пригласив Гоголя поделиться своими мыслями по этому поводу.

НГ: — Здравствуйте, Таника, мой приятель привёл меня к вам по нашей старой дружбе в Питере. Я понял ваш вопрос: за что те, кто осмысливал жизнь, показывая куда идти, как мы живём на земле, наказаны встречей с эгрегорами, чудовищными мыслеформами? Они могут и пленить, превратив нас не только в узников, это мягко сказано, но и в тех, кого мучают адские боли, так называемые вечные муки. Неужели Бог ревнив и карает своих самых светлых сынов за то, что те слишком приближаются к нему, и люди начинают вместо Бога молиться им, как это случилось с Джоном Ленноном и Элвисом Пресли, а в России — с Высоцким?

Так как же быть? Моральные категории теряют вес, значимость, потому что совершенно другие силы вступают в действие. Бог никого не карает. Карает разрешение поклоняться, подпитка гордыни и наслаждение быть звездой, потому что это унижает ближнего.

Т: — Как дела в этом отношении у Достоевского, Толстого, Марка Твена? Кто идеальный художник, у кого никакого эгрегора не возникает?

НГ: — Но если не возникает, то и его миссия оказывается не выполненной, потому что без эгрегора никакая информация — будь она в текстах, иконах, картинах — не распространяется, и не начинают "работать", то есть творить добро.

Т: — В таком случае не является ли этот метод распространения информации ошибкой богов, а мы все оказываемся узниками, которым положено проходить чуть ли не адские муки за то, что думаем? Или есть только путь смирения, анонимности йогов, или самоограничения монахов? Где баланс? Кто праведник?

НГ: — Никто! Праведников нет. В том-то и дело, что ни святых, ни кумиров нет. Выделять себя — грех непомерный, это грех гордыни. Спасибо, что вы пишите под псевдонимом, а ваши близкие не интересуются тем, о чём вы пишите.

Если человеку много дано, то для того, чтобы приумножить и отдать — ничего взамен не прося. А те, кто достигает признания, часто не просят, а берут не спрашивая.

Т: — Как ваша судьба сложилась на том свете? Перед уходом вы много сделали, чтобы отмыть гордыню и очиститься. Было ли вам легче, чем другим?

НГ: — Ничего я не отмыл! Я всех чертей призвал в свою кончину, потому что пугал народ моими писаниями, и Акакий Акакиевич плёлся за мной, как уродливое божеское наказание. Я встретил разросшегося Акакия Акакиевича, который нес на себе тысячи шинелей. Он задыхался под грузом, но не смог отдать ни одной из них. Я отсылал эти шинели на север, в советские лагеря военнопленных, в лагеря политзаключенных, чтобы их раздавали тем, кто погибал от морозов... Страшно вспомнить! Так я расстался, наконец, с Акакием Акакиевичем, моим эгрегором, создавшимся из моего несогласия с моей бедностью, унынием, моей неспособностью любить и быть любимым. Храните вашу любовь как зеницу ока, и не сомневайтесь — это вам подарок от Всевышнего. Только любовь все побеждает.

Могу вам вкратце сообщить, что Толстой оказался после смерти на полях бородинского сражения, крымских сражений, познакомился с Бонапартом, царем Александром Первым, Кутузовым, Барклаем и каялся, на коленях просил уничтожения этих страшных картин, которые продолжали вызывать войны и напасти на людей и открывали ворота воинствующим силам на земле.

Т: — Спасибо! Хорошо бы, чтобы в Голливуде те, кто прославляет насилие в фильмах, это знали! Получается, нельзя переводить в художественные образы такие сцены?

НГ: — Можно, но надо знать, как уничтожать их астральные образы, а не бросать их во Вселенную, где они начинают "работать".

Т: — То есть притягивать себе подобные вибрации, которые вызывают аналогичные события на земле. Но как? В свое время, читая «Преступление и наказание», я как-то слишком явственно услышала внутренним слухом, как хрустнули черепа старухи и девки Лизаветы, когда Раскольников убивал их ударами топора. Значит ли это, что образ Раскольникова, убивающего беззащитных женщин, все еще там, во Вселенной, и, возможно, способствует умножению насилия на земле? Так что делать?

НГ: — Знаете, я не берусь давать инструкции. На то имеются священнослужители, ясновидящие. Гоголь никого учить не будет. Но, например, я знаю, что страшные картины ада Данте (в "Божественной комедии" Данте Алигьери) полностью обезврежены итальянскими монахами уже в послесмертии. Поэтому человек, создающий образы, которые умножают красоту, любовь и свет — есть знак истинного гения!

Искусство само по себе есть воплощение мыслеформы, и оно дано (человечеству) для умножения красоты.

Т: — А как быть с необходимостью изображать темные стороны жизни, например, концентрационные лагеря, в которых цивилизованные немцы сжигали живьем мужчин, женщин и детей? Или советские сибирские лагеря, в которых богобоязненные русские уничтожали голодом, морозом, издевательствами, непосильным трудом своих соотечественников и иностранцев миллионами, или страшные бои Второй мировой войны, где людей убивали тысячами, если не миллионами, чтобы к политической дате взять город, страну, железнодорожную станцию?

НГ: — Если бы художник знал, как расправляться с мыслеформами! Это все, что ему надо знать. Постарайтесь собрать об этом как можно больше информации. Мы здесь подождем, постарайтесь найти как можно больше сведений об этом.

И тогда я принялся за моих чертиков и упырей

15 января 2012

Т: — После перехода работали ли вы с ментальным телом?

НГ: — Вы попали в точку, работал.

Т: — Вы видите это тело?

НГ: — Я бы предпочитал его не видеть. Многие отворачиваются и стараются прикрыть позор. Все дело в том, что оно говорливое и показывает миру правду о человеке, ту правду, которую человек всю жизнь скрывал от мира и, прежде всего, от себя самого. Вот ведь в чем дело. И вдруг то, что ты прятал и скрывал, торчит перед тобой, и ты не знаешь, что с этим делать.

Здесь все верят, что надо служить, и, мол, тогда корочка гнили и навоза сойдет, и ментальное поле "задышит" и снова начнет проводить витальную энергию, и мы здесь все быстро оживем. Но это не так. Мы здесь не оживем от этого. Но те, кто здесь работал над облегчением состояния своих ментальных тел, спускаясь в следующее воплощение, имеют огромное преимущество на земле. Им во сто раз легче живется.

Т: — Удалось ли вам сделать что-либо для очистки ментального тела?

НГ: — Удалось. Как я уже говорил, моя раздача шинелей помогла мне понять, что происходит, и облегчить мой груз.

Т: — Поясните, как это работало. Когда в астральное поле очень реального земного заключенного попадала "шинель" Акакия Акакиевича, точнее образ этой шинели, со временем она материализовалась или притягивала в жизнь зека обстоятельства, которые приносили ему теплый ватник, шинель, так ли?

НГ: — В общих чертах да, но на деле это намного сложнее.

Т: — Мне показалось, что вы хотели сказать, что, кроме образа Акакия Акакиевича, там были и другие образы, которые вас не покидали.

НГ: — Когда я раздал все шинели Акакия Акакиевича, я принялся за моих чертиков и различных упырей из "Вия" и прочих подобных историй. Они роем носились вокруг меня. Но кому их сдашь, кому они нужны? Разве что Голливуду? И я пристраивал каждого из них в отдельности на полезную для человечества деятельность, в основном на рассеивание завалов пустой информации, иными словами, словоблудия. Повторяю, процесс этот сложный, гораздо сложнее того, что я могу рассказать или вы описать... Мне бы не хотелось, чтобы вы это печатали.

Т: — Не буду, потому что это будет пугать людей.

НГ: — Тогда я спокоен.

Т: — Я пообещала, что не буду это печатать, но что-то говорит мне, что если уж это появилось и об этом сказано, то надо и печатать. Уж очень много страдания на земле, и если есть что-то, что уменьшает страдание, то это надо печатать.

НГ: — Скажите читателям от Гоголя, что главное не унывать, уныние — страшный грех. В вас также масса уныния, с которым надо будет бороться. Я знаю, вы работаете с этим. И знаете, меньше стало, но и осталось порядочно. Я бы посоветовал не очень торопиться на тот свет, на наш свет, и продолжать очистку. Поверьте, вы скажете мне спасибо, когда придёте к нам, в наш нынешний мир.

ПОДТВЕРЖДЕНИЯ

Шинели Акакия Акакиевича...

Т: — Как ваша судьба сложилась на том свете? Перед отходом вы много сделали, чтобы отмыть гордыню и очиститься. Было ли вам легче, чем другим?

НГ: — Ничего я не отмыл, я всех чертей призвал в свою кончину, потому что я пугал народ моими писаниями.

Подтверждение

Владимир Набоков пишет в книге *Nikolai Gogol*:
"С ужасом читаешь, до чего нелепо и жестоко обходились лекари с жалким, бессильным телом Гоголя, хоть он молил только об одном: чтобы его оставили в покое. С полным непониманием симптомов болезни и явно предвосхищая методы Шарко, доктор Овер погружал больного в тёплую ванну, там ему поливали голову холодной водой, после чего укладывали его в постель, прилепив к носу полдюжины жирных пиявок.

Больной стонал, плакал, беспомощно сопротивлялся, когда его иссохшее тело (можно было через живот прощупать позвоночник) тащили в глубокую деревянную бадью; он дрожал, лежа голый в кровати, и просил, чтобы сняли пиявок, — они свисали у него с носа и попадали в рот. "Снимите, уберите!" — стонал он, судорожно силясь их смахнуть".

Шинели Акакия Акакиевича...

Я знаю, что страшные картины ада Данте (в "Божественной комедии" Данте Алигьери) полностью обезврежены итальянскими монахами уже в послесмертии.

Подтверждение

Каким образом Гоголь смог "раздать" шинели Акакия Акакиевича кому бы то ни было на земле? Но он сделал это. "Это очень сложно, поэтому он и заговорил об итальянских монахах и Данте, потому что сделал практически то же самое, что сделали итальянские монахи, обезвреживая и нейтрализуя астральную активность образов ада Данте", — сказал мой ангел хранитель.

В истории раздачи шинелей зекам в российских местах заключения мне мерещится тень бывшего египетского верховного жреца, обладавшего исключительными эзотерическими знаниями и открытостью духовных органов. Мне ранее никогда не приходилось слышать от душ, имевших влияние на земле, что им удавалось обрести власть над эгрегорами, космическими монстрами, порожденными эмоциями тех, кто восхищался творениями писателей, поэтов, художников, музыкантов, артистов.

Таника Пальм

Хамфри Богарт
(1899-1957)

*Я стрелял и стрелял, а монстр только
посмеивался, раздуваясь и розовея*

Профессионалы знали ему цену

После смерти американского киноактера Хамфри Богарта в Соединенных Штатах и Франции стал возникать культ Богги, распространяемый любительскими кружками в память Хамфри Богарта. Ласкательное имя Богги отражало его популярность в 50-е и 60-е годы. Интерес к актеру не угасал и в течение последующих десятилетий. В 1997 *Entertainment Weekly* назвал его "легендой номер один во все времена". Через два года, в 1999-м, Американский киноинститут, составив список лучших актеров и лучших актрис мира, наградил Хамфри Богарта титулом *The Greatest Male Star of All Time* — "Величайшей звезды среди актеров во все времена".

Жан-Люк Годар посвятил свой известный фильм "На последнем дыхании" (1960) памяти Хамфри Богарта. Вуди Аллен отдал должное Хамфри Богарту в своей пьесе, поставленной на Бродвее, *Play It Again, Sam* — "Сыграй это снова, Сэм", и в одноименном фильме (1972), сыграв в нем роль человека, завороженного образом Рика, воплощенным Хамфри Богартом в фильме "Касабланка".

Тем временем этот актер, несмотря на множество номинаций, получил только одного "Оскара" — за главную роль в фильме "Королева Африки". Противоречие в оценке работ Хамфри Богарта современниками и благодарными потомками объясняется совершенно иным уровнем чувства правды, которое этот актер внес в голливудские фильмы золотого века, а также преодолением утвердившегося стереотипа главного героя. Вместо рослого красавчика зритель увидел малорослого худощавого героя, под броней цинизма которого билось благородное сердце, не приемлющее ни лжи, ни пошлости. Иными словами, силе кулака, чем славились американские фильмы, Богарт противопоставил силу духа, чего так не хватало американскому кино.

В последующем монологе Хамфри Богарт говорит о знаменательной встрече со своим эгрегором в послесмертии, состоявшейся непосредственно после перехода, и к которой он не был готов.

Стрельба в послесмертии

Хамфри Богарт: — Я оказался в полной темноте, вокруг никого. Меня охватил страх. Тем не менее, постепенно смертная хватка страха, который, казалось, держал меня за горло, ослабевала. По мере того как страх отступал, отступала и темнота. Страх постепенно улетучивался. Темно-серые тона переходили в светло-серые, и тонкие стрелы света, пробиваясь сквозь тучи, распространяли над ними странные неземные отсветы. Я почувствовал облегчение. Я снова дышал! Я оказался в неверном сумеречном свете, который предшествует восходу солнца. Я стал ждать восхода солнца. В моем воображении я создал линию горизонта и сосредоточился на воображаемой точке, в которой, как я предполагал, должен был появиться огненный шар восходящего солнца. Я спрашивал себя, где первые красно-розовые лучи, которые прогонят фиолетовые тучи? Я все еще находился на облаке, и оно несло меня с удивительной легкостью. Я не падал. Я лежал на нем, как в карикатурном рисунке. И вообще, не находился ли я на том облаке в перевернутом состоянии? Я терял ориентацию в пространстве, которое казалось мне незнакомым и знакомым одновременно. Вдруг я понял, откуда это чувство странности — от отсутствия гравитационного притяжения! Как бы я ни располагался на том облаке, оно не реагировало, оно оставалось совершенно равнодушным. В нем не было ни низа, ни верха, ни левой, ни правой стороны. Вначале это меня смущало. Тогда я понял, что на земле мы принимаем обстоятельства, от которых всецело зависим, за данность, будто так оно и есть, и иначе быть не может. И поверьте, гравитационное притяжение — всего лишь одно явление в длинном списке природных сил, обстоятельств и вещей, которые мы принимаем за данность, но которые таковыми не являются.

В облако вливалось все больше света, и оно целеустремленно несло меня к какой-то неведомой цели. Наконец я стал различать очертания деревенского пейзажа.

Я оказался в поле, и уже не один. Надо мною возвышался монстр, который выглядел намного хуже чудовища, описанного русским (Владимиром Высоцким), с которым вы работали недавно в качестве медиума. Он явно пожалел вас и читателей. Космический двойник настоящей звезды выглядит гораздо страшнее. Невзирая на все отличия, в том монстре угадывалось отдаленное сходство со мною. При жизни я был небольшого роста и суховат. Вы прочли на интернете, что перед смертью я очень исхудал. На земле я так панически боялся проиграть в битве за существование, так боялся, что мне не удастся прокормить мою семью и поддерживать тот уровень жизни, который соответствовал бы моему социальному положению, что я умер именно от того, чего больше всего боялся — от голода! Я заболел болезнью, при которой человек не может есть. Иными словами, я боялся голода и умер от голода. Но мне надо было умереть, чтобы увидеть связь между моими страхами и моей судьбой. Если кому-то интересно, как человек сам вершит свою судьбу, то я являю собой идеальный пример, как страхи лепят судьбу!

Неописуемой гадливости монстр оказался прямо напротив меня, и до меня дошло его оскорбительное сходство со мной. Его дикий вид сразил меня. Сходные черты напоминали меня в раздраженном состоянии. На земле я легко раздражался и слыл вспыльчивым. Я был вспыльчивым с моими детьми, женами, режиссерами, коллегами. Мне все быстро надоедало. Я теряю терпение и сейчас с вами из-за вашего бедного английского, из-за того, что вы не являетесь вовремя на встречи со мною. Тем не менее, раздражение не заслоняет истины, как бывало на земле. Несмотря на то, что я снова возвращаюсь к моей старой привычке гневаться на людей ниже меня по социальному статусу, я ясно понимаю, что вы оказываете мне неоценимую услугу, выслушивая меня, а не наоборот, как многие думали в начале ваших потусторонних диалогов в этом астральном отражении настоящего Голливуда.

Наши отличия, другими словами, отличия душ, облаченных в тело, и душ, скинувших тело, не так значительны, как люди думают. Нас отделяют всего лишь "несколько оборотов", различия в частоте энергетических вибраций. Слава Богу, я еще способен понимать это. Причина моего короткого дыхания, частых вспышек раздражительности крылась в страхе не заработать денег на алименты, ежемесячные взносы за дом, машины, и иные финансовые обязательства. Я боялся потерять лицо в Голливуде. Мне удалось отпустить часть этого страха, но не весь.

А тогда, глядя на того монстра, моя обычная злобная раздражительность обуяла меня. Не имея уже голосовых связок, я закричал: "Кто ты и что тебе надо от меня?" Естественно, мне тут же пришлось осознать отсутствие оных. Но открытие, что у меня нет голоса, не остановило моего желания отделаться от урода, который явился, как мне показалось, отметить мое прибытие в астральный мир.

Я потянулся за пистолетом. То, что оружие, как только я подумал, появилось у меня в руках, не вызвало во мне ни удивления, ни даже вопроса, откуда оно взялось в чистом поле, и кто вложил его в мою руку. Меня окружала совершеннейшая пустота, но стоило мне протянуть руку в эту пустоту, как пистолет оказался у меня в руке! Открытие, что мысль, заряженная эмоциями, может мгновенно материализоваться, остановило бы любого нормального человека. Но был ли я в ту минуту нормален?

Не отдавая себе отчета, что я делаю, я выстрелил в монстра! Мне он виделся гигантским воздушным шаром в форме некого уродливого существа, с головы до ног обмазанного человеческими и животными нечистотами. Но... достаточно, вас уже тошнит. На земле мы знаем, если проколоть воздушный шар, он мгновенно выпустит воздух, сожмется и превратится в крохотный комочек пластика. Но с моим *doppelgänger*, двойником, этого не случилось. Он никак не среагировал на мой выстрел. Он даже не поморщился от боли.

Я продолжал стрелять. Я стрелял и стрелял, а монстр только смеялся. Он продолжал хохотать, всё более раздуваясь и увеличиваясь в размере. Он продолжал раздуваться и становился всё крупнее, а я продолжал стрелять и чуть не потерял сознание, потому что мне не хватало воздуха, и я снова не мог дышать.

Чем больше я боролся против мерзкого гиганта, тем лучше он себя чувствовал. Я не поверил своим ушам, когда он вдруг заговорил. "Продолжай! — он сказал — Стреляй в меня!" И я стал догадываться, что ему нравится, что в него стреляют! Он рос и выздоравливал от этого. Даже слой дерьма стал сползать с него, открывая подобие розовой кожи или, шут его знает, чего. Казалось, его смех раздается со дна пустой бочки или из погреба. Затем его гулкий голос отдал мне неожиданное приказание: "Завтра на этом самом месте, в то же время! Приходи и стреляй в нас. Мы любим тебя. Нам нужна твоя энергия, и в ответ мы будем тебя охранять в этом мире".

Панический ужас снова охватил меня, и я, как давеча, погрузился в темноту.

Загляните в мой гороскоп. Каким-то образом я должен закончить здесь то, что должен был завершить на земле.

Т: Звезды Хамфри Богарта ставят условием духовного роста решимость говорить правду любой ценой. Нелегкая эта задача для актера Голливуда!

ХБ: — Поэтому нам и дается удивительная возможность иметь тело на земле. Перед тем как уйти, я хочу сказать, чем следует заниматься на земле — балансировкой страхов, *negativity*, всего отрицательного в нас! В послесмертии борьба не побеждает: борясь со злом, зла становится больше, а не меньше. Чем яростнее человек борется, тем глубже он вязнет в собственном... Я не решаюсь произнести это бранное слово, но вы знаете, что я имею в виду. Спасибо. Они подают мне знак остановиться на сегодня. Я вернусь, когда наш разговор будет отредактирован, или раньше, если у вас возникнут вопросы. Вы записали сейчас рассказ честного человека о том, с чем знаменитости сталкиваются после смерти.

Мы хотим славы, но анонимность — лучшая стезя на земле. Я спрашиваю Бога, почему ты сделал меня знаменитым? Я не просил этого. Единственное, что я просил, это не заботиться, не нервничать, не ломать голову, как внести месячную оплату за мой дом. Я никогда не покупал дворцов. Мои социальные запросы были скромны. Я не доходил до крайностей с домами, автомобилями или женщинами.

Бутылка была моим истинным другом — но и в этом мало хорошего. Она делает тебя безразличным ко всему остальному. Вы видели это на примере родственников в вашей семье. Научит ли нас чему-нибудь послесмертие, станем ли мы ближе к истине?

Т: — Можете ли вы повлиять на уничтожение эгрегора Хамфри Богарта?

ХБ: — Нет, потому что он рожден не моей отрицательной энергией, а коллективной отрицательной энергией моих поклонников.

Т: — Вмешивается ли эгрегор в вашу жизнь в послесмертии?

Т: Наступила тишина. На этот вопрос я еще ни от кого не получила ясного ответа. Мне пришлось сменить тему разговора.

Т: — Кем вы будете в своей предстоящей жизни на земле?

ХБ: — Еще не знаю. Я не буду актером. Я не выберу профессию, представители которой имеют прямое влияние на людей. Это ведет к рождению эгрегора. Но я не буду и монахом. Буду ли я игроком, иными словами инвестором, то есть вкладчиком? Это более правдоподобно, потому что это даст мне возможность писать. Вначале придется писать для себя.

Я играл в стольких фильмах, поставленных по ужасным сценариям, что мне хотелось бы попробовать мои силы в драматургии. Люди, смотрящие нынешние телевизионные передачи, тратят время попусту. Мне хотелось бы писать сценарии лучшего уровня. Любопытствуя, я иногда читаю работы великих, например, Шекспира, и задаюсь вопросом, как он это делал? Шекспир нарушал решительно все правила драматургии, но в финале все вдруг само выправлялось, и оказывалось, что он был прав и "правильно" нарушал правила. Я хотел переписать его пьесы "Буря" (*"The Tempest"*) и "Сон в летнюю ночь" (*"A Midsummer Night's Dream"*), но Вуди Аллен сделал это за меня. Может быть, я постараюсь создать более удачный вариант по мотивам этих пьес уже здесь, в моем нынешнем мире. Если моя работа в этом направлении окажется удачной, я серьезно займусь подготовкой к профессии драматурга. Сила и энергия нужны и в послесмертии.

Я не буду писать детективов. Я вижу, вы также достигли *status quo* по отношению к этому жанру. Что сегодня "Мальтийский крест"? Полное ничто! Чем является сегодня "Сокровище Сьерра-Мадры"? Этот фильм откровенно показывает, как человека можно разложить до черты, за которой нет ни исправления, ни раскаяния! Мне кажется, мы завершили наш разговор на верной ноте. Спасибо за надежду, что я найду достойную профессию.

ПОДТВЕРЖДЕНИЯ

Стрельба в послесмертии

Мне хотелось бы писать сценарии лучшего уровня. Ради любопытства я иногда читаю работы великих, например, Шекспира, спрашивая, как он это делал?

Подтверждение

Википедия: Биографы пишут, что Богарт был очень средним студентом, но всю жизнь любил читать. Он цитировал Платона, Эмерсона, знал наизусть более тысячи строк Шекспира. Он восхищался писателями, и его лучшими друзьями были сценаристы Луис Бромфельд, Натан Бенчли и Нуннали Джонсон.

Стрельба в послесмертии

Он переступал через решительно все правила драматургии, но в финале все вдруг становилось на место и оказывалось верным. Я мечтал переписать его пьесы "Буря" ("The Tempest") и "Сон в летнюю ночь" ("A Midsummer Night's Dream"), но Вуди Аллен сделал это за меня.

Подтверждение

Исследователи творчества Шекспира сообщают, что непосредственно после написания пьеса "Буря" не пользовалась успехом. Но в середине 19 столетия положение изменилось. Театры стали восстанавливать оригинальный текст пьесы, а в 20 столетии критики и исследователи истории театра полностью изменили взгляд на нее. Сегодня она считается одной из самых значительных драматургических произведений

Шекспира. Иными словами, "в финале все вдруг выправлялось, и оказывалось, Шекспир был прав!"

Вуди Аллен написал сценарий и поставил *A Midsummer Night's Sex Comedy* – "Секс-комедию в летнюю ночь" по соответствующей пьесе Уильяма Шекспира. Замена слова "сон" на слово "секс" указывает на модернизацию пьесы переводом действия из прошлого в наши дни.

Стрельба в послесмертии

Вы прочли на интернете, что перед смертью я очень исхудал.

Подтверждение

Впав в кому, 57-летний Богарт весил 36 килограммов; Хамфри Богарт умер 14 января 1957 года.

Стрельба в послесмертии

Что сегодня "Мальтийский крест"? Полное ничто! Чем является сегодня "Сокровище Сиерра-Мадры"? Этот фильм откровенно показывает, как человека можно разложить до черты, за которой нет ни исправления, ни раскаяния.

Подтверждение

В 1990 г. Национальная комиссия Соединенных Штатов по учету фильмов при Библиотеке Конгресса избрала фильм *The Treasure of the Sierra Madre* — "Сокровище Сиерра-Мадры" для презервации за "культурную, историческую и эстетическую значимость".

Рут Монтгомери (1912-2001)

Рут Монтгомери у себя дома

О спиритической коммуникации глазами спирита

Апрель 2009

Рут Монтгомери: — Диалог между медиумом и спиритом основан исключительно на обмене мыслеформами. Медиум, в особенности тот, кто называет себя ментальным медиумом, принимает от спиритов мыслеформы, и "переводит" их в слова и понятия. Перечитайте, что Гэри Эдвардс пишет об обмене информацией между медиумами и спиритами — вы поймете, о чем он говорит. К сожалению, я не могу говорить с вами напрямую, хотя мне и хотелось бы пообщаться, так сказать, с глазу на глаз. И вы знаете это не хуже меня. Мы находимся на различных вибрационных уровнях: вы — на земле, а я не на земле и даже не в астральном плане. Я перешла выше — туда, где находятся многие авторы статей и книг на земле. Я нахожусь на средних уровнях ментального мира — не в нижних слоях, но и не на самых высоких.

Объясняю, как происходит обмен информацией. Если человек думает о ком-то, кого принято называть мертвым, он как бы посылает свои позывные в пространство. Иными словами, его мысли о человеке, проживающем в тонком мире, вылетают из головы, а я вижу, как ко мне приближаются небольшие вспышки света — они похожи на свет рождественских шутих, которые взрываются. Я вижу, как появившийся в момент взрыва огонек бежит по стволу воображаемой шутихи прямо ко мне.

Связь с духовным миром начинается в виде сознательного или бессознательного обращения к какой-либо бестелесной сущности. Если вы профессиональный медиум, маг или шаман, вы обращаетесь к нам сознательно — так делают все медиумы во время публичной демонстрации спиритической коммуникации.

Но когда человек на земле потерял близкого и он в трауре, то вполне естественно, что он думает о своих ушедших близких чаще обычного, и он обращается к нам спонтанно. Но спонтанно к нам обращаются не только люди в трауре. Читая книги писателей прошлого, в особенности классиков, наслаждаясь живописью, музыкой, мы невольно думаем о столпах культуры — Толстом, Достоевском, Гоголе, Леонардо да Винчи, Чайковском. И на нашей стороне нет разницы — человек думает о нас сознательно или бессознательно. Для нас это все одно. Вы думаете о ком-либо из нас, а мы видим, как наши образы буквально вылетают из вашей головы, как поезда из темного туннеля в яркий солнечный свет. Например, вы подумали обо мне. Представьте разматывающийся клубок ниток. Если вы продолжаете думать обо мне, фокусируя и усиливая энергию поиска, это реализуется, как если бы кто-то поднес горящую спичку к концу нитки клубка. Огонек побежит по размотавшейся нитке к клубку. Когда огонек добегает до моего сознания, я чувствую это как сильный взрыв.

Между нами — мною и вами — возникает "канал", связь, нечто, что нас соединяет. В ответ я высылаю мыслеформу, например, вопрос: "Что такое? Что ей надо от меня? Почему она не оставляет меня в покое?" А затем я начинаю припоминать, иногда с трудом, что это была я, кто просила вас не забывать меня, а беспокоить время от времени. Ваше обращение ко мне подкармливает меня, потому что мои мысли вы читаете как мыслеформы, для создания которых я невольно беру энергию у вас. Но я также возвращаю ее вам и часто на более высоком вибрационном уровне, чем ваша изначальная энергия.

Нет никакой разницы, с кем вы беседуете — с эгрегором, мною, ангелами, святыми или Всевышним. Процесс общения протекает таким же образом. Клубок "ниток" должен начать разматываться. Результат зависит от силы и интенсивности вашего желания добраться до Бога, архангелов или спиритов вроде меня, или ваших близких в состоянии спиритов.

Иногда нитки в клубке склеиваются, будто клубок окунули в сахарный сироп, и медиум должен преодолеть эту клейкость. Как? Вы отмываете "клубок" своим сознанием, уверенностью, что вы говорите именно со мной, а не с пустой шелухой, оставшейся плыть в космосе после моих переходов на более высокие уровни.

Поиск доказательств и подтверждений личности спирита совершенно необходим. Детали? Я в состоянии найти в вашей головы сколько угодно подробностей...

Т: Рут говорит, что она может выудить из моей памяти сколько угодно так называемых доказательств, деталей о моих усопших близких — отце, матери и, следовательно, может представиться и мамой, и папой и заставить меня поверить в это.

Рут продолжает говорить.

РМ: — Дух обманет или не обманет — зависит от искренности и чистоты намерений медиума. Копай глубже, как ты копала, выискивая подтверждения, что ты говорила с Высоцким. Ты правильно отбирала доказательства, отказываясь от случайных совпадений. Ты старалась найти неизвестные тебе подробности, относящиеся к его работе как актера театра и кино, а главное — поэта. Следовательно, работавший с тобой спирит не мог найти их в твоей голове. Мир Высоцкого настолько сложен, что обычному спириту не под силу его имитировать на протяжении длительного времени, необходимого для написания книги.

Т: В спиритическом сообщении от моей матери, которая ушла в апреле 2004, есть такая строка: "Вспоминай меня чаще! Когда ты думаешь обо мне, здесь зажигается небольшой огонек, он мерцает, и я знаю, что это ты, и на сердце теплеет, будто ты и не так уж далеко".

В рассказе Элвиса этот огонь превращается в разрушительное пламя, вызванное мыслями его имитаторов. В рассказе Рут Монтгомери мысль о ком-то в послесмертии разгорается бегущими огоньками шутихи. В то же время, когда дети думают об умершей матери с любовью, мать видит в тонком мире не шутиху, не разрушительный взрыв, а ровный теплый свет свечи. Значимость чистоты и искренности намерения в сердце того, кто в мыслях обращается к бестелесной душе, очевидна. Поговорку "о покойниках плохо не говорят" можно дополнить словами "и плохо не думают".

О силе молитвы в послесмертии

РМ: — Вы спрашиваете, увидела ли я наросты моих отрицательных мыслей на моем ментальном теле? Я смотрела на это с отвращением, и спрашивала моих любезных проводников (гайдов), почему они не предупредили меня, с чем мне придётся столкнуться в послесмертии. Они ответили, что я уже настолько состарилась и была настолько физически слабой, что времени уже не оставалось на исправление ошибок прошлого. Итак, мне, как любому смертному, пришлось рассматривать последствия моих ошибок в послесмертии. Я смотрела как моя продукция, мои многочисленные газетные статьи таяли, превращаясь в серо-грязный поток какой-то жидкости. Что меня ещё поджидало в новом для меня мире? Неужели я была вруньей или грешницей? Так кем же я была? Моя интуиция подсказывала мне молитву. Я стала молиться. Чем дольше я молилась, тем яснее я видела мои ошибки — я вспоминала ситуации, в которых я поступила не так как надо, и говорила не то, что надо было госорить! Я стала каяться, и снова молиться: "Дорогой Господь Бог, помоги богатым американцам, владыкам реальной власти, преодолеть их неприступное высокомерие, научи нас искренне любить и сочувствовать. Прошу, очистите наши города, и наши сердца от боли и позора от того, что по нашим улицам бесцельно кружат бездомные, безработные и больные, что в нашей стране молочных рек и кисельных берегов есть голодные дети. И я молилась и молилась и говорила с Богом о моих личных горестях, которые никого не касаются, кроме как меня. Я просила простить мне моё зазнайство, нежелание поднимать более глубокие слои истины и развивать более глубокую чувствительность к восприятию жизни и политики, хлеба и любви нашей, как я её называла! Я просила прощения за мою трусость, которая не давала мне писать, что я думаю. Часто, трусость не позволяла мне отстаивать в моих статьях то, что я считала справедливым решением острых социальных проблем. Я боялась, что это не понравиться начальству. Я просила прощение за моё нежелание выйти за пределы *comfort zone* – удобной зоны, в которой оседают посредственности. Единственное, что я делала правильно: я всю жизнь блюла *deadlines* — сроки сдачи статей в газеты, и в послесмертии, это сослужило мне добрую службу. Я продолжала молиться дважды в день. Я пересматривала мою жизнь, и я заставляла себя смотреть в лицо правде о себе — для себя, для себя одной!

Но случилось так, что, однажды, посмотрев на вас, Татьяна, своими, нынче уже неземными глазами, я увидела, что вы на самом деле думаете о моих книгах, и я была шокирована открытием, что вы поняли, кто я есть, что я убила мой талант из страха потерять доверие в этой стране. У вас обострённое чувство правдивости. И тогда я вызвала помощников, чтобы выйти из вашей ауры и продолжать искать правду по моим меркам и понятиям.

Да, ошибочные мысли липнут к нам, потому что они очень клейкие. Молитва оказалась моим единственным средством отклеить их от себя. Я молилась Иисусу Христу, Богу нашему Всемогущему, и Свету, пока мне не было сказано, что дверь открыта, покинь эту область ловких журналистов, которые писали нашим и вашим. И вдруг я оказалась в живописном мире, в котором находится мой нынешний дом. Моя искренняя молитва, моя готовность признать правду о самой себе подняли меня из нижнего слоя ментального плана в его более высокие слои.

Мне говорят, мне пора уходить, потому что вы стали терять силы. Как и я, Татьяна, вы будете здесь в порядке, потому что, несмотря на все наши ошибки, наша работа чего-то стоит, поверьте мне...

Т: Где бы вы ни были, Рут Монтгомери, спасибо вам за это чудесное сообщение. Я всегда считала вас замечательным журналистом, популяризатором эзотерических идей. Спасибо вам за ваши книги об Нью Эйдж, приоткрывшие многим читателям дверь в мир иной.

В 90 с лишним лет, Рут Монтгомери замечательно выглядела. Можно ли было предположить, что через три месяца ее не станет? Но с того света она досказала то важное, о чем было невозможно сказать, находясь на земле — о силе молитвы в послесмертии.

Узники славы

Лесли Флинт
(1901-1992)

Последний из великих медиумов, которые не воспроизводили слова усопших, а проводили их голоса непосредственно. Эти голоса записывались на магнитную пленку также ясно и отчетливо как голоса живых людей.

Настало время расширить круг тем, обсуждаемых на сеансах общения со спиритами

Лесли Флинт говорит о своей работе

"В качестве медиума я работаю с людьми, которые приходят на мои сеансы, чтобы встретиться с потусторонним миром в темном помещении. У меня редкий дар, известный как дар воспроизводства *the independent direct voice* — "независимого прямого голоса" спирита. Я не говорю в трансе. Мне не нужны ни тромбоны, ни иные вспомогательные атрибуты спиритуалистов. Родственники и друзья слышат знакомые им голоса, доносящиеся из пространства над моей головой, слегка сдвинутого в сторону от меня. Это объективные голоса, которые записываются на магнитную пленку. В аудитории многие записывают эти голоса с того света на свои личные магнитофоны, чтобы позднее прослушивать записи у себя дома. Иногда эти голоса звучат шепотом, иногда с хрипотцой или кажутся напряженными, но часто они звучат ясно, четко и гладко — как звучали при жизни спиритов на земле".

Цитируется по книге *Voices in the Dark: Leslie Flint's Autobiography* — "Голоса в темноте: автобиография Лесли Флинта".

Таника: Лесли Флинт говорит: "Я просидел в темноте всю мою жизнь". Отсутствие света диктовалось природой эктоплазмы — редким видом биологической энергии в форме желе-подобного вещества, выделяемого только медиумами "прямого голоса". Спириты, не имея голосовых связок, используют это вещество для создания временных голосовых связок, которые "озвучивают голоса спиритов» на сеансах Флинта. Эктоплазма выделяется в темноте. Если неожиданно включить свет, эктоплазма резко устремится обратно в тело медиума, подвергая его жизнь серьезной опасности.

В течение своей долгой карьеры Флинт провел голоса тысячи усопших, включая голоса звезд и знаменитостей, таких как Артур Конан Дойл и Рудольф Валентино, Рабиндранат Тагор и Святой Франциск Ассизский, Чарльз Диккенс и Мэрилин Монро, Уинстон Черчилль и Оскар Уайльд. Информацию о Лесли Флинте можно найти на сайте http://www.leslieflint.com и в Википедии http://en.wikipedia.org/wiki/Leslie_Flint.

Первая встреча

21 августа 2000

Таника: — В 2000 году в студии моего племянника, архитектора Владимира Эльмановича, собирался небольшой круг людей по развитию спиритической коммуникации. 21 августа почему-то никто не явился в назначенное время. Тем не менее, Владимир и я решили провести сеанс встречи со спиритами. Вскоре я услышала потустороннее приветствие: "Меня зовут Лесли Флинт. Спасибо за статью обо мне в вашей книжке. (Речь идет о моей первой книжке по-английски *Death the Beginning* – "Смерть как начало", 1999, в которой я опубликовала несколько очерков о медиумах, в том числе и о Лесли Флинте.) Во время этой необычной встречи Владимир задавал вопросы, а я озвучивала ответы в микрофон звукозаписывающего аппарата.

Одиннадцать лет спустя, во время редактирования рукописи книги "Узники славы", Лесли Флинт "зашел" продолжить разговор, начатый 21 августа 2000 г. Естественно, мы говорили и о мыслеформах, о которых обычно не принято распространяться на спиритических сеансах. Принято считать, что об этом лучше не говорить, чтобы не пугать и не расстраивать участников сеансов общения со спиритами. Лесли Флинт говорил также о будущем этого общения. Отчет об этой встрече мы начнем с транскрипции первой беседы, записанной 21 августа 2000 г.

В то время мир переживал потрясение от жестокости правительства России, отвергшего предложения помощи по спасению подводников затонувшей в Баренцевом море субмарины "Курск". Лесли Флинт начал встречу с упоминания катастрофы и говорил с сочувствием о погибшей команде в 118 человек. "Курск" опустился на дно морское, чтобы уже никогда не подняться, 12 августа 2000 г. Лесли Флинт посетил нас 21 августа. Естественно, трансформация цифр от 12 к 21 не более чем случайность, но сквозь эту случайность сквозит намек на продолжение жизни и перерождение. Кому как не медиуму знать, что душа человеческая бессмертна.

Я все еще отдыхаю

21 августа 2000

Лесли Флинт: — Души погибших подводников отрывались от земли, скорее — воды, и прибывали в тонкий мир в чудовищном состоянии. Они считали, что их правительство предало их. Нам пришлось немало потрудиться, помогая им расстаться с их надеждами и планами на будущее, понять, куда они попали и что с ними будет здесь происходить. Они с трудом преодолевали обиду, нанесенную им заявлением российского правительства, что судно повреждено настолько, что люк нельзя открыть. (Люк открыли 22 ноября 2000, живых в субмарине уже не оказалось. — *Т.П.*) Погибшие подводники были смелыми людьми. Мы восхищались их духом. Несмотря на боль, страдание и страхи, их души были и остались чистыми. Россия крепнет. Русские церкви крепнут, и энергия положительных перемен исходит от народа, а вовсе не от правительства. Народ там страдает от своего негуманного правительства. Но в народе растет и накапливается стремление стать лучше, и жить лучше.

Владимир Эльманович: — Имеются ли и в России медиумы, которые способствуют положительным изменениям в жизни русского народа? Может быть, вы сможете назвать имена таких медиумов в России?

ЛФ: — Я никого там не знаю. Мы не очень тесно связаны с русским миром. На самом деле мы очень мало знаем о нем. Только когда происходят катастрофы или события международного масштаба, мы оказываемся до какой-то степени втянутыми в них. И поэтому люди подобные вам, Татьяна, называются "людьми на мосту", то есть людьми, истинная задача которых состоит в создании интереса друг к другу.

ВЭ: — В чем состоит значение этого моста?

ЛФ: — Может показаться, что мы говорим буквально о мосте как некой конструкции. Но мы говорим об ином мосте — о понимании друг друга и духовном росте через это понимание. Например, русский мост очень важен из-за некоторых событий в будущем, которые захлестнут и Россию.

ЛФ: — Да и современные формы спиритической коммуникации вряд ли будут держаться на нынешней стадии развития, которую принято называть *evidential mediumship* — "доказательная спиритическая коммуникация". Очень важно давать людям доказательства существования послесмертия. Но благодаря огромной работе в этом направлении, которую проделал Джеймс Ван Прааг по телевидению, эту фазу можно считать пройденной. Если не будет развития, и мы остановимся на нынешней фазе, форма телевизионного общения с потусторонним миром выльется в эстрадное представление. И это будет концом современной коммуникации со спиритами. Иными словами, наше общение с духами должно подняться на следующую ступень развития.

ВЭ: — Да, никто из нас не совершенен, и поэтому мы всегда сомневаемся в себе. Например, как мне получить подтверждение, что я говорю именно с вами, а не с кем-либо другим?

Т: Воцарилось молчание, затем я услышала тяжелое дыхание больного, которому не хватает воздуха.

ЛФ: — Как мне привести доказательство? Дайте мне подумать. Вы должны поверить мне. На земле мы не сталкивались. Я не могу сказать вам, как Джеймс (выдающийся медиум Джеймс Ван Прааг — *Т.П.*) передает, например, доказательства от духа своим клиентам, говоря им: "Когда вы придете к себе домой, поднимитесь на второй этаж и войдите в комнату справа. Там в книжном шкафу на третьей полке слева вы найдете мою фотографию". Я не могу дать вам, Владимир, такого рода доказательство, потому что, фактически, мы незнакомцы. Тем не менее, вы должны добиваться доказательств, анализировать записи сообщений в поисках подтверждений личности коммуникаторов. Кстати, Татьяна, вы так и делали, когда к вам вышла Марлен Дитрих.

Т: Поразительно, как Лесли Флинт увидел и "прочел" эпизод, о котором я ни словом не обмолвилась. Когда Марлен Дитрих появилась первый раз на одном из наших вторников, во время сеанса, она заставила меня произнести слово *"Schöneberg"*. Тогда это слово ничего не говорило мне. Но когда я заглянула в биографию Марлен, оказалось, что *Schöneberg* — город под Берлином, в котором она родилась, выросла, и где покоится ее прах. Таким образом, Дитрих представила мне свой космический "паспорт" или удостоверение личности.

ЛФ: — Встречаются и случаи, когда никаких доказательств нет вообще. Принимайте информацию, как она поступает. Дух ответственен за то, что он вам дает.

Запомните, вы получаете то, что вам дают! Не торгуйтесь со вселенной.

Т: — Как сказал один еврейский мудрец: "Бог на вас не работает!" Надо чаще напоминать себе об этом!

ВЭ: — Я спрашиваю, имея в виду книгу Таники, которую она, возможно, переиздаст. Как вы умерли? Что случилось?

Т: И снова воцарилось довольно продолжительное молчание.

ЛФ: — У меня был рак легких. Проблемы с бронхиальным «деревом». Я задохнулся. Я курил слишком много. Да, я расплачивался за курение. Но с другой стороны, любой должен покинуть эту планету рано или поздно, тем или иным способом. Я уходил трудно, я уверен, из-за рака легких. Последние минуты были очень тяжелыми... (Флинт продолжал говорить, буквально хватая воздух — *Т.*) Мне было трудно дышать, я задыхался. Дышать становилось все труднее, пока переход не завершился. Я уходил в полном сознании, и я старался покинуть тело через темечко, то есть «седьмую чакру».

Позднее Брайан Херст, друг Лесли Флинта, подтвердил, что знаменитый медиум был а *chain smoker* — заядлым курильщиком — и умер от рака легких.

ВЭ: — Пожалуйста, расскажите, что случилось с вами после перехода?

ЛФ: — Мики (проводник Лесли Флинта) встретил меня, и мы отпраздновали нашу встречу. Я чувствовал огромное облегчение, я сбросил тяжелое, больное тело с раком в легких и немалым количеством других болячек, которые мы тащим за собой по жизни. Я был болен из-за бесконечного сидения в темноте. Под конец мне казалось, что мой метаболизм полностью вымирает. Представьте себе мое чувство радости и победы, когда я освободился от этого груза. Глядя со стороны, моя жизнь могла показаться замечательной. Но на самом деле я провел ее сидя в темноте, и сквозь мое тело прошли тысячи спиритов. В прямом смысле слова, я провел свою жизнь в служении людям. И вдруг это кончилось, я стал свободным! Никогда более я не буду медиумом!

Я мечтал о свободе творчества. Вы можете прочесть в моей биографии, что я хотел стать художником, и что у меня был талант к этому. Но теперь я понимаю, почему мне дали бедных родителей. Если бы я родился в богатой семье, я стал бы художником, а не медиумом. Но ввиду моих обстоятельств я сделался медиумом ради денег, как Джеймс Ван Прааг, который также родился в бедной семье. Я никому не отказывал; я работал, работал и работал! Может быть, в самом начале я делал это из любви к искусству, но позднее страх безденежья заставлял меня работать все больше и больше. Далее, когда я уже состоялся как медиум, я работал, не останавливаясь, из-за давления со стороны клиентов и исследователей.

Т: Вспоминая былое, Флинта охватили эмоции, которые передались и мне. Мне было физически трудно передавать его слова, что-то душило — то ли слезы, то ли волнение.

Лесли Флинт во время научного испытания

ЛФ: — Исследователи — это особая глава в моей жизни. Представьте себе исследователя, который заливает тебе в рот розовую жидкость. Он заставляет держать эту гадость во рту на протяжении всего сеанса, который длится около пяти часов. А затем требует, чтобы я вернул ему эту жидкость, то есть, выплюнул ее в стакан в том же количестве, в котором он залил ее мне в рот в начале сеанса. И так называемый исследователь замерял ее при мне без всякого стеснения! Вот к чему сводилось мое существование на земле. Это была уже не жизнь, а нечто иное. Сплошное сидение в темноте! На фотографии вы видите меня во время опыта на подобие вышеописанному эксперименту — с завязанным ртом, чтобы они могли удостовериться, что говорят духи, а не я, и при этом мне, неизвестно почему, привязывали руки к стулу.

Т: Ученые проводили подобные исследования в середине прошлого столетия, когда царило мнение, что все медиумы жулики. Опыты ставились исключительно с целью разоблачения жульнических приемов медиумов. Но, несмотря на практически невыполнимые условия опытов, ученым так и не удалось уличить великого медиума в мошенничестве.

ЛФ: — Я все еще отдыхаю, слушаю музыку и наслаждаюсь искусством. Я думаю, как стать художником в моем следующем воплощении на земле. Я хочу стать настоящим живописцем. Но во мне все еще столько раздражения! Во время моей бытности на земле мне не раз хотелось вступить в драку, затеять рукопашный бой. Но моя профессия не разрешала мне поддаваться подобным искушениям. В качестве медиума мне приходилось постоянно находиться в сбалансированном состоянии, и поэтому я подавлял в себе импульсы вступить в перебранку или подраться. Часто меня одолевала скука. Нынче мне не терпится спуститься на землю и стать художником, пьяницей, наркоманом и драчуном. Мне хочется избить не только исследователей, но и некоторых моих бывших клиентов, которые превращали мою жизнь в ад.

Пока, насколько я вижу, вы провели только две встречи с клиентами, и вы уже почувствовали на себе, чем для медиума оборачиваются сомнения клиентов — в физические удары в открытый и незащищенный живот. Вечные сомнения падали на меня, как военные бомбы! Отдайте мне тех, кто избивал меня своими сомнениями. Мне хочется бороться и драться. Я вернусь на землю, потому что я хочу есть, пить и драться, в особенности с тупыми исследователями. Я знаю, я встречу их снова, и мой кулак потонет в их рыхлых мордах.

Я буду писать красивые картины, и я хочу писать красивых женщин, восходы солнца, закаты и быть мастером — настоящим мастером, лучшим среди лучших! Дайте мне подумать, с кем я буду соревноваться в качестве художника. Поверьте, я буду вкладывать в живопись ту же страсть, ту же преданность делу и упорство, какие я вкладывал в служение спиритической коммуникации. Я был лучшим как медиум, и я буду лучшим как живописец. Я уже сейчас получаю удовольствие от мысли, как мой кулак ударит по физиономиям парочки бесстыжих исследователей, которые преследовали меня в течение всей моей карьеры. Я знаю, случай сведет нас, и мне удастся подраться с ними. Прости меня, Господи, за эти недостойные мысли.

Но я не сказал вам, кого я имел в виду в качестве моего "конкурента" на живописном поприще — Клода Моне — как он изображал свет и воздух! Элегантность и нежность его письма будут для меня мерилом того, чего я хочу достигнуть и пойти дальше в этом направлении. Когда придет мое время, меня сова спустят на землю.

ВЭ: — Считаете ли вы, что как медиум с всегда забитым расписанием и работой на пределе сил, вы чего-то недополучили от жизни, что жизнь обошла вас в чем-то? Как вы видите это сегодня в своем послесмертии? Что важнее — работа или жизнь в полную меру? Или это не имеет значения?

ЛФ: — Нет, это серьезный вопрос. Случается, что ввиду различных причин в течение одной какой-то земной жизни ты служишь либо себе, либо человечеству, либо Вселенной. Но, например, как живописец ты уверен, что служишь человечеству, но на самом деле служишь своему эгоистическому самолюбию. Когда ты пишешь картину, ты купаешься в счастье от прикосновения замечательных, более высоких энергий. А затем ты выставляешь свои работы на обозрение, и люди любуются ими и славят тебя. И когда моя мечта сбудется, я, наконец-то буду проводить время не в темноте, а на свету, и, как Моне, всю мою предстоящую жизнь я буду писать свет. Сидя в темных помещениях, я тосковал по свету. Неужели я вам еще не надоел?

ВЭ: — Вы уже видите этот свет, который будете писать?

ЛФ: — Конечно, вижу. Я уже учусь, как обогнать Моне.

ВЭ: — Сейчас, в данную минуту, вы только наслаждаетесь светом вокруг вас или вы уже пишете свет, или учитесь, как это делать?

ЛФ: — Это одно и то же, поверьте мне. Между первым, вторым и третьим нет никакой разницы. Сейчас я вижу красоту, которая недоступна людям на земле. В моем нынешнем мире я уже отмечен (награжден) светом, видом ангелов и прекрасных картин и невыразимо чудесных пейзажей. Когда ваше время настанет явиться сюда, вы также увидите красоту, потому что вы заслужили это. Вы создаете красоту на земле, следовательно, вы увидите во сто раз большую красоту здесь. Вы оба будете в безопасности, когда явитесь сюда.

Важно не врать самому себе. Жизнь трудна, жизнь приносит много испытаний. Если тебе приходится врать во имя спасения шкуры, первым делом надо сказать себе: "Господь Бог, прости меня, я соврал сегодня". И ты уже очистился. Не ублажай себя ложью за счет своих несуществующих достоинств. Самообман ведет к лицемерному самодовольству. Но наш разговор затянулся. Спасибо вам за внимание. Неужели у вас есть еще вопросы?

ВЭ: — Спасибо, что пришли и говорили с нами. Пожалуйста, посоветуйте какие-нибудь упражнения для утончения восприятия?

ЛФ: — Таника, вам надо научиться держать сбалансированное эмоциональное состояние. Вам надо научиться держать эмоции сбалансированными постоянно. Любой, кто имеет дело со спиритами, должен находиться всегда в спокойном и ровном состоянии. Мы, спириты, не можем говорить, когда наталкиваемся на сильные эмоции и сильные подводные течения эмоций. С нашей стороны гораздо труднее общаться с вами, чем вам со спиритами. Спирит-коммуникатор не выносит несбалансированных эмоций медиума, потому что мы живем в мире энергетических волн. Я вижу, что недавно вы ездили к океану. Ваш проводник отправил вас на пляж в Малибу. День выдался ветреный. Не успели вы войти в воду, как морская волна сбила вас с ног, и вы упали. Таким образом вам показали силу морской волны. По аналогу вы можете представить силу воздействия энергетической волны, вызванной раздражением медиума, любого человека, с кем дух, или коммуникатор, обращается. На нашем свете бури настроений и обид в душе медиума могут разогнать энергетические волны, которые буквально сбивают спиритов с ног. Мы не можем говорить и общаться, если эмоции медиума растревожены. Научитесь управлять эмоциями. Таков вам совет от старого и опытного медиума.

ВЭ: — Огромное спасибо.

ЛФ: — Если бы вы знали, каким старым я кажусь себе, глядя на вас!

ВЭ: — Вы до сих пор кажетесь старым самому себе?

ЛФ: — Нет, только когда я спускаюсь на землю и принимаю снова свой образ в старости. Как я уже говорил, я стал живописцем в моем послесмертии, но сейчас, вспоминая былое и разговаривая с вами, мне помогало то, что вы дружили со многими художниками в стране, из которой вы приехали. В вас до сих пор их энергия. Но когда я пришел к вам и замедлил мои вибрации, я снова оказался старым Лесли Флинтом. Когда вы спросили, как я умер, я вошел в то время. Сейчас я снова выхожу из того времени. И для меня это нелегкая работа. Если вы пригласите меня на один из ваших вторников, не просите меня входить снова в мою старость. Сжальтесь надо мной.

Т: — Спасибо еще раз за то, что вы спустились к нам и говорили с нами.

ЛФ: — Конечно, если бы вы не написали главу обо мне в своей книжке, я бы не пришел — эта глава помогла установить связь. Вы подготовились, чтобы писать обо мне, прочитав несколько книг обо мне. Ладно, приступайте к чаю, это английская традиция вести разговоры за чашкой чая.

ВЭ: — К чаю мы и приступим.

Вторая встреча через одиннадцать лет

4 ноября 2011

Т: — Лесли, прошло одиннадцать лет с тех пор, как мы говорили в первый раз. Владимир женат и живет с семьей в Энсино. Сегодня уже не он, а я буду вопросы задавать и следить, чтобы магнитофон записывал ваши ответы. При подготовке "Узников славы" ко второму изданию, у меня появилось много вопросов. Например, настало ли время писать о влиянии мыслей на судьбу человека, потому что эта информация обоюдоострая, она может послужить не только добру, а кроме того, она разрушает представление о послесмертии как о сплошном рае. Настало ли время говорить об этом?

ЛФ: — ... Медиумы не примут вашу книгу. Я вижу это. Столько крыс... Вам нужно, чтобы я подтвердил существование эгрегоров и иных мыслеформ, а также виталов — существ, которые испугают любого.

Т: — Да, конечно, я надеюсь на это.

ЛФ: — Говоря об этом, мы с вами перескакиваем в будущее, может быть, в неблизкое будущее. Настало ли время говорить об этом? Я понятия не имею, время настало или нет. Но я могу поделиться тем, что видел собственными глазами. ...Время от времени к вам является Элвис Пресли и говорит с вами. Если на то пошло, я вижу, что его эгрегор буквально поедает его. После моей так называемой смерти я также встретил моего эгрегора. Но, вспомните, 11 лет тому назад, во время нашей первой встречи, я даже не обмолвился об этом. Потому что в мое время медиумы еще не говорили о мыслеформах. Но сегодня, наверное, уже пора начать говорить об этой стороне послесмертия, о наших "встречах" здесь с нашими мыслями и нашими внутренними мирами.

У медиумов также образуются эгрегоры, а у знаменитых медиумов они очень сильные. Мой эгрегор все еще жив за счет подпитки от сайта http://www.leslieflint.com, созданного английской общественной организацией "Образовательный фонд Лесли Флинта", а также от других, посвященных мне сайтов. Каждый день кто-то заглядывает на эти сайты и, таким образом, мой эгрегор продолжает свое существование.

Т: — Как он выглядит?

ЛФ: — Чудовищно. Не могу подобрать другого слова, чтобы описать его. Мой эгрегор походит на змеевидного монстра. Я вижу, что у вас уже есть парочка впечатляющих описаний этих космических двойников знаменитостей. Мне не хочется пугать народ. Наоборот, я могу порадовать людей: у человека, который живет нормальной жизнью и который не знаменит, могут возникнуть проблемы с загруженностью ментального тела, но этот человек никогда не создаст своего эгрегора — космического монстра. Да, я думаю, эта информация полезна, ее надо знать, хотя она и пугает. Кто-то должен сказать "альфа", после чего появятся последователи, которые скажут "бета", и у них также появятся последователи, которые будут далее развивать тему. Слава Богу, не вы открыли эту тему.

Т: Думаю, мудрецы востока знали всегда о мыслеформах, а для нас эту тему наметили работы Елены Петровной Блаватской и ее учеников, членов Теософического Общества, основанного Блаватской. Сегодня несколько интересных исследователей, в том числе и русских, стали писать о материализации мысли и последствиях этого на жизнь человека на земле, и жизнь спиритов в тонком мире. В "Узниках славы" спириты бывших знаменитостей говорят о трудных встречах со своими эгрегорами и внутренними проблемами, нажитыми во время жизни на земле, чаще всего в результате "кошмара поклонения", как сказал Андрей Тарковский. Эти проблемы переживаются на низших ступенях астрального и ментального планов. (Рут

Монтгомери говорила с гордостью о преодолении низшего уровня и подъема в средние слои ментального плана.)

ЛФ: — Духовные силы Вселенной используют вас, чтобы передать миру известие о серьезнейших фактах послесмертия в мягкой, не пугающей форме. Замалчивание проблемы явно затянулось. Я пропущу историю вопроса, потому что, если мы начнем от печки, мы никогда не доберемся до моей личной истории. Момент встречи с моим эгрегором оказался тем мгновением, когда я сказал себе, что никогда не буду более медиумом. Во мне сменилось представление о ценностях, и я разрешил себе планировать, как я стану живописцем, и не каким-то живописцем вообще, а выдающимся мастером, профессионалом на уровне Клода Моне, который писал воздух и свет всю свою жизнь.

ЛФ: — Я вспоминаю, что именитые спириты, которые приходили на мои сеансы говорить с публикой, намекали на дикие формы наших мыслей, которые могут явиться человеку в послесмертии. Эгрегоры — энергетические сгустки образов, чувств и мыслей на астральном и ментальном планах — обманщики и враги. Они будут говорить что угодно, чтобы добраться до вас. Принимая их внушения за голос самого дьявола, за воплощение темных сил Вселенной, люди прокляли их. Люди не понимают, что таким образом они замыкают самих себя в круг дьявола, потому что эгрегоры, маятники, любые крупные мыслеформы есть слагаемые нашего коллективного сознания.

Глядя на этих монстров и прислушиваясь к ним, я сказал себе: "Я буду молчать, я буду пьяницей и наркоманом, я буду художником. Никаких более слов или мыслей. Я стану охотником солнечных бликов, игры света и, таким образом, не создам эгрегора". Естественно, когда я пришел к такой мысли, мне стали попадаться эгрегоры знаменитых художников. Но решение было уже принято и теперь я учусь, как изображать свет.

Т: — Думаю, что эгрегоры и отрицательные мыслеформы, которые отяжеляют ментальные поля, как-то связаны. Но так ли это?

ЛФ: — Хороший вопрос. Так мы доберемся до чего-то существенного и значительного. Проблема отрицательных мыслеформ, которые забивают и отяжеляют ментальное тело, касается всех — знаменитостей и лифтеров, поваров и хирургов, президента страны и его жены, его секретарш и любовниц, охраны и уборщиц. Именно это, а не что-то иное уравнивает нас всех — "одеяло", покрывающее наше ментальное тело. Это "одеяло" соткано из наших ужасных мыслей и нашего недоразвитого ума. Прошу извинить меня за то, что я так груб и прямолинеен. Я просто с ума схожу, когда думаю о всех глупостях, которые наделал/ в течение моей долгой жизни на земле, и сколько гадости я носил в себе все это время. А затем, вместо того, чтобы перед переходом сбросить "поклажу", я притащил ее в послесмертие! Да, здесь мне пришлось серьезно потрудиться, чтобы уменьшить этот груз.

Т: — Как вы отпускали мыслеформы?

ЛФ: — Чаще всего я ничего не делал, я расслаблялся до состояния удвоенной или утроенной медитации, одновременно купаясь в потоке света. Помню, я сказал Владимиру во время нашей первой встречи, что я все еще отдыхаю, слушаю музыку и наслаждаюсь живописью. Я ожидал, что вы спросите: "Мистер Флинт, не устали ли вы от такого продолжительного отдыха? Всему есть предел, даже отдыху, слушанию музыки и разглядыванию живописи". Но, как благовоспитанный человек, вы ничего подобного не спросили. Тем не менее, я уловил, что такая мысль промелькнула в вашей голове. "Мистер Флинт, вы ушли в мир иной шесть лет назад, неужели вы до сих пор не отдохнули?" Правда, в то время вы еще ничего не знали о мыслеформах, но, тем не менее, вы почувствовали, что я что-то утаиваю.

Я слушал музыку и наслаждался живописью с определенной целью — чтобы глубокое расслабление очищало мое ментальное поле. Здесь мы видим существенное различие в том, как артистические звезды, например, Кэри Грант или Элвис Пресли, и как медиум, вроде меня, очищают свои ментальные поля. Я вспоминаю, что мы уже говорили об этой отличительной черте. Медиум служит духу, а звезда думает, что она служит таланту, божьему дару, но на самом деле служит своему эго. И поэтому, когда Элвис прибыл в послесмертие, ему надо было служить, и он работал с душами, которые ушли на передозировках наркотиков. Та же участь постигла Кэри Гранта, ему надо служить, чтобы привести в порядок свое ментальное тело. Он носится по миру в поисках застрявших душ. Он освобождает их, уговаривая и помогая идти к свету. Кстати, он делает это виртуозно. А мне, как видите, в послесмертии служить не надо. Я служил на земле, не жалея ни сил, ни здоровья, и поэтому мне открылась возможность чистить ментальное поле путем глубокой релаксации и полного безделья, включающего наслаждение искусством.

Т: — Вы видите, что отходит от ментального поля в процессе релаксации?

ЛФ: — Я вижу черноту, темные залы, в которых я проводил сессии. Я вижу лица, лица, вереницы лиц чужих людей, которые пожирали кислород, в котором я, работая, так нуждался... Вы уже устали... Я вижу, что вам также дали возможность почиститься через приобретение новых знаний. Вы продолжаете учить английский. Вы будете в полном порядке в послесмертии.

Я ясно понимал, что мне надо избавиться от моего груза, чтобы в последующей жизни художником достигнуть желаемого признания. Я хочу стать успешным профессионалом. Если ментальное тело человека полностью забито ментальным мусором, он в жизни не продвинется и ничего не достигнет. Итак, мое дело сейчас "слушать музыку". Иными словами, я стараюсь пребывать как можно дольше в глубокой релаксации.

Теперь вы думаете, как вам удастся соединить записи наших двух бесед, сделанные 11 лет тому назад и сегодня. Кто бы ни был автором библейских слов: "Не судите, да не судимы будете", он имел в виду ментальное тело. Если вы не судите, не критикуете, не сплетничаете и не рассуждаете о вещах, о которых вы ничего не знаете, то в вашем ментальном теле нет подобных отрицательных мыслей. А это означает, что в вашем ментальном теле нет того, что притягивало бы похожие негативные мысли, которые, возвращаясь к вам, критиковали, сплетничали, судили уже не других, а вас!

Если бы у меня было время на земле, я бы написал книгу о том, как библейские высказывания интерпретируют проблемы ментального тела и какие там даются советы для их решения. В Библии все сказано. Это мы, глупые, читаем и не понимаем, что мы читаем. Лучше мне не заводиться на эту тему. С самого детства это все находилось у нас под носом. Но в нашем высокомерии мы не видели этого. Мы не спрашивали, зачем нам это говорится.

Т: — Мой последний вопрос: если осознание проблем ментального тела будет развиваться, как это повлияет на спиритическую коммуникацию?

ЛФ: — Да, это дельный вопрос! Так как нынешний "жанр" общения с духами приносит деньги, он никуда не исчезнет в обозримом будущем. Пусть они занимаются своим бизнесом! На земле живет несколько биллионов человек, которым надо сказать правду о послесмертии. Но глубоко думающие медиумы будут более тщательно относиться к информации из тонкого мира — к тому, что приходит от спиритов, а что приходит из иных источников. Получаем ли мы доказательную информацию от виталов, групповых духов и эгрегоров? Не часто, не всегда, но бывают случаи, что получаем. Молодому медиуму бывает трудно отличить одно от другого.

Мне кажется, поиск доказательств, подтверждающих личность спирита-коммуникатора, останется в силе, но не как основная часть сообщения, каковой она является сегодня. Развитие коммуникации со спиритами заключается в том, чтобы поднять уровень правды в сообщениях. Чем выше уровень правды, тем меньше отходов на нашем ментальном теле, и, следовательно, очищение ментальных тел потребует меньше сил и времени.

Т: —Можете ли вы привести пример, как это будет работать?

ЛФ: — Если медиумы будут учитывать особенности ментального уровня, это даст им тысячу возможностей улучшить их работу. Например, к вам пришел человек, чтобы поговорить со своим умершим отцом, который его поколачивал спьяну. Но вместо того, чтобы передать сыну, что отец раскаивается и просит его простить, медиум сможет объяснить сыну, почему отцу так важно, чтобы сын, которого он бил, простил его. В послесмертии отец не может отделаться от унижающих его видений, что теперь, наоборот, сын колотит его. И лишь прощение сына остановит поток этих образов избиения. Даже трудно представить, сколько нового можно будет сказать о послесмертии и как изменится значение сообщения, если мы поднимемся хотя бы на один уровень выше к правде.

Т: — Как поднять уровень правды?

ЛФ: — Сегодня осознание проблем ментального тела и ментального уровня является ключевым фактором выживания человечества. И поэтому нынче потерянное знание о мыслеформах возвращается, чтобы вновь служить человечеству. Осмотритесь, все врут, мы врем даже самим себе. Вспомните хотя бы о вреде, нанесенном Америке, этой прекрасной стране, бессовестным маркетингом. Нынче уже нет времени начать серьезный разговор о тех завалах мусора, которые возникают в тонком мире в результате маркетинга на земле. Постарайтесь напечатать то, что нам удалось обсудить сегодня!

Т: — Спасибо. Я не редактировала, не исправляла, не "выпрямляла" сообщений от знаменитостей, чтобы показать, как непринужденно тема мыслеформ возникала в их рассказах. Спириты делились сокровенными проблемами, несмотря на то, что никто из них при жизни на земле ничего не знал о мыслеформах и даже этого слова никогда не слышал. Я до сих пор не уверена, правильно ли выбрано время для публикации. Но, с другой стороны, не для моего личного пользования мне давали эту информацию! Фактически ее давали не мне, а вам, читатели.

Узники славы

Кэри Грант(1904-1986)

Вся проблема в том, как сбалансировать вес славы в послесмертии

Узник славы

"Эзотерическая родословная" Кэри Гранта необычна. Некоторые голливудские экстрасенсы верят, что перед тем, как стать голливудским кумиром, Кэри Грант прошел инкарнацию Жана-Батиста Поклена (*Jean-Baptiste Poquelin*, 1622-1673), то есть Мольера, создателя так называемой "высокой комедии", которому довелось исполнять роли Тартюфа и прочих своих героев не только для всей Франции, но и перед королем Солнца, Людовиком XIV.

В Голливуде Кэри Грант стал столпом изящной комедии. Его герои, подчеркнуто элегантные сердцееды, часто попадали в нелепые, отнюдь не элегантные обстоятельства. Альфред Хичкок, мастер детектива, не раз приглашал Гранта в свои фильмы, в которых не было нехватки в подобных ситуациях, например, в фильмах

"Дурная слава" (1955), "Поймать вора" (1955), "К северу через северо-запад" (1959).

Последующий диалог с Кэри Грантом записан 10 лет назад. Кстати, именно в рассказе Гранта много бесценного материала и деталей о проблемах послесмертия. Я часто записывала то, чего не понимала. Слава Богу, записи пролежали десять лет в моем столе в своем первозданном виде, и я смогла включить их в эту книгу.

Дядя Ваня

19 января 1999

Кэри Грант: — В России есть пьеса вашего гения Антона Чехова про профессора и его жену, которые приезжают из города в деревню погостить у дяди Вани. Да, мы видели недавно фильм, поставленный в Соединенных Штатах по этой пьесе — "Дядя Ваня на 42-й улице". Я не уверен, что таково изначальное название пьесы, скорее всего, нет! Этот дядя Ваня кормил и обслуживал своих важных, но ничтожных гостей, которые считали себя выше его. Дядя Ваня не дождался от них даже элементарного спасибо. Абсолютно ничего. К сожалению, в наши времена в Голливуде такой сюжет считался бы неприемлемым. Вместо этого мы играли в совершенно пустых фильмах и вели серую жизнь. В некотором смысле дядя Ваня напомнил мне Джимми Картера, нашего бывшего президента, который строит дома не для себя, а для людей, которых он не знает, то есть чужих.

Узник славы

КГ: — Вы как-то спросили о последствиях раздражительности и взрывов гнева и злости на состояние человека после смерти. К сожалению, я не раз переживал такие эмоциональные взрывы на земле. После смерти, в астральном мире, я серьезно тружусь над последствиями, чтобы не тащить мусор этих взрывов в мое следующее воплощение на земле. Мой груз состоит из желания проверять всех и вся, из-за моей недоверчивости и раздражительности.

Не надо писать о нас. Если вы с нами, вы поймете, что не надо утяжелять нашу ношу отрицательных энергий, заработанных бахвальством, саморекламой, манипуляциями в мире кино. Деньги давали нам невероятную власть, силу которой вы представить себе не можете. И поверьте мне: ваше счастье, что вы не имеете такой власти на земле. То, с чем мне и мне подобным приходится иметь дело после смерти, можно назвать синдромом славы. Так как иерархии приняли вас на наш уровень, нам проще работать с вами, чем с кем-либо из посторонних.

Т: — ...Постойте! Когда человек умирает, родственники укладывают тело в полированный гроб, производят над ним похоронные ритуалы, зарывают в землю и заказывают могильную плиту с надписью *Rest In Peace!* — Спи спокойно! Мол, наш друг сошел с беговой дорожки и сыграл в ящик. Мы же, грешные, продолжаем бежать наперегонки. Неужели и на том свете нет, наконец, покоя?

КГ: — Прибыв в послесмертие, я увидел каменные глыбы и стены, которые я построил моей борьбой за влияние на земле. Я понял, что вижу застывшие волны энергии — стены изоляции, чтобы защитить себя и моих близких от назойливых поклонников.

Т: 10 лет назад, записывая это сообщение, я растерялась. Тонкий мир всегда представлялся мне беспечным раем. Таким он представлялся и участникам многочисленных публичных демонстраций спиритической коммуникации, проводимых талантливыми медиумами. Но то, что говорил Кэри Грант, возвращало ад и рай на хорошо известные библейские диспозиции. Я продолжала записывать, но не была уверена, что понимаю правильно слова спирита. Может быть, Кэри Грант говорил метафорически о своих проблемах в астральном мире? Наконец, что-то заставило меня прочесть классический труд "Мыслеформы" Анни Безант и Чарльза Ледбитера (ясновидящего, воссоздавшего свое видение мыслеформ в ярко-красочных рисунках, которые вошли в книгу Анни

Безант). Шри Ауробиндо и Мирра Алфасса, Парамаханса Йогананда и его учитель Свами Юктесвар говорили и писали о том, "как невидимые силы жизни плетут судьбы человеческие", и как наши мысли и чувства формируют нашу жизнь. Отчаянная попытка Елены Блаватской заставить мир поверить в силу невидимой человеческой мысли, опыт шотландских магов и тибетских монахов по созданию и разрушению мыслеформ, труды антрополога Мирчи Элиады и "белого шамана" Майкла Харнера заставляли пересмотреть мой взгляд на послесмертие как на мертвенно-статический рай, в котором разве что звучит ангельское пение.

Невидимые эманации наших мыслей вибрируют на более высоких частотах, чем наш видимый мир, и, как пар, поднимаются ввысь, попадая "домой", в среду с соответствующей частотой вибраций, то есть в мир ментального плана. Здесь волны наших мыслей материализуются. Вспомните "Солярис" Андрея Тарковского по мотивам романа Станислава Лема. Планета Солярис находила в сознании астронавтов некие навязчивые образы, которые материализовались и являлись астронавтам в виде "гостей", от которых было невозможно избавиться. (Астронавты старались избавиться от «гостей», не понимая, что им следовало отпустить их навязчивые воспоминания, простить, и «гости» исчезли бы сами собой.)

Кэри Грант не играл словами "каменные глыбы" или "стены" и не употреблял их метафорически. В послесмертии, как астронавты на планете Солярис, Грант столкнулся с последствиями раздражения и желания скрыться от поклонников его таланта. В Голливуде стремление отгородиться преследовало его на протяжении трех десятилетий, а в послесмертии он стал узником славы в самом прямом смысле этого слова: мысли, как укрыться от фанатов, материализовались в виде защитных стен, тесно обступивших спирит актера.

КГ: — Эти стены изменили мое отношение к фанатичному поклонению звездам и идолам массовой культуры. До меня дошли уродство и сумасшествие культа звезд. Под постоянным давлением фанатов, которые достают тебя везде и всегда, ты доводишь нормальную защиту (замок входной двери, хранение денег в банке) в защиту на уровне оборонных сооружений из каменных глыб. Ты ставишь "китайскую стену" вокруг личного пространства и не замечаешь, как сам превращаешься в каменную статую. Я совершенно не понимал, что окаменел настолько, что каждое мое слово превращалось в камень, который летел в сторону тех, с кем я общался. Родные, близкие, посторонние или те, кто работал на меня, испытывали реальную физическую боль. Они ходили по миру обиженными, но продолжали работать на меня, даже не требуя очень большой оплаты за услуги, — садовники, массажисты, уборщики, повара, медсестры, ассистенты…. Любая "звезда" оставляет за собой армию несправедливо обиженной прислуги, на которую не только кричат без причины, но которой еще и недоплачивают. Как справиться с последствиями обид, наносимых людям десятилетиями? Наконец я понял, что в качестве пленника окаменелости я не освобожусь от нее, пока не растоплю и не оживлю эти стены застывшей и помертвевшей энергии.

Одним из способов оживления является немедленный возврат на землю через первую попавшуюся матку, с вызовом на себя всей той боли, которую я причинил другим. Вскоре после смерти мне открылась возможность вернуться в роли нелегального иммигранта, бездомного, которому предстояло спать на улицах восточного Лос-Анджелеса. Это экстремальное состояние привело бы к destoning — "разокаменению"! Но я почувствовал, что этот иммигрант не смог бы долго вынести своего бездомного существования и покончил бы жизнь самоубийством, что усугубило бы мои проблемы, опустив меня глубже в пучину медленных отрицательных вибраций. Я стал искать иные способы размораживания застывших стен вокруг меня...

Я выбрал вас для интересного эксперимента. Я согласился прочищать ваше ментальное поле, используя свой опыт манипуляции энергиями, который наработал в течение долгой актерской карьеры на земле.

Я никогда не буду снова актером. В прошлом я стремился к этому, но задание, как говорится, выполнено. Естественно, мне снова предстоит спуститься на землю и стать кем-то вроде политического и культурного деятеля. Мне не избежать этого, мне придется стать кем-то вроде гуру, который будет учить других, как жить. В следующей инкарнации мне предстоит использовать влияние, которое у меня было в Голливуде, на служение людям. Еще не решено, куда мне спускаться и какую специальность я выберу. Но уровень, на котором мне придется действовать, уже определился, так как я прочистил ваше ментальное поле довольно основательно. Мы можем и продолжить эту работу, если вы захотите.

Пишите письма вашей матери, она их очень ждет. Вы с ума сошли, что не пишите ей!

Т: — Пожалуйста, расскажите, как применить знаменитый буддистский совет *"let go!"* — "отпустить" — к вашей ситуации?

КГ: — Миф актера (над которым актер трудился на земле) становится его второй маской, которую он носит после своей смерти, как одежду. На земле он носил эти невидимые латы с гордостью, с высоко поднятой головой. Но когда вдруг состоялся его стремительный полет с земли в небеса, называемый смертью, он с ужасом обнаружил, что у него вид неуклюжего средневекового рыцаря в серебряных латах!

Т: В одной из комедий, забытой на сегодняшний день, молоденькая девушка мечтает о герое, которого играет Кэри Грант. Он появляется в ее мечтаниях в виде средневекового рыцаря в сияющих серебряных латах. И Кэри Грант, говоря о своей проблеме, сравнивает ее с этими серебряными латами, которые носить крайне неудобно.

КГ: — Прибывший в тонкий мир актер вдруг обнаруживает, что не может снять эти латы — металл будто врос в его кожу, и он понимает, что от этих лат можно избавиться, только сняв их вместе с живой кожей. То есть ему предстоит добровольно испытать адские муки.

Т: — Вы говорите образно или буквально? Это больно?

КГ: — Да, это больно. Как вы считаете, можно это вытерпеть и не сойти с ума?

Т: — Так что же делать?

КГ: — Давайте продолжим, я буду говорить, а вы записывайте. Это помогает. Очень помогает. Каждый наш с вами разговор помогает. Когда я помогал вам во время последней вашей вспышки раздражения, совершенно бессмысленной, с моей точки зрения, к моему удивлению, это помогло и мне, очень помогло. Получается, что мы помогаем друг другу.

Имя, которое человек выстраивает себе на земле, считается подтверждением его незаурядности, предметом гордости. Но на этом свете звонкое имя оборачивается серьезной проблемой. Много инкарнаций назад вы, дорогой медиум, были также *celebrity* — звездой. Вы прекрасно понимаете, о чем я говорю, так как вспомнили ту инкарнацию во многих ее деталях. Например, как вы довели одну из ваших нянек до такого состояния, что она достала яду и подлила его в ваш вечерний слабительный чай. Вы выпили чай, разбирая ворох украшений, бус и прочей артистической мишуры, вдруг заснули в вашей роскошной спальне, по которой вы все еще тоскуете и не понимаете, почему ее у вас нет и почему вам самой приходится стелить вашу постель. Проснулись вы тогда уже в мире ином.

Кстати, там для вас была приготовлена и змея ядовитая на случай, если вы не заснете. Но вы заснули, и змейке дали допить остатки вашего чая, чтобы не возиться с опасной процедурой ее умерщвления. Змея, которую запрограммировали укусить вас, сделала свое дело, но уже не в Греции, а в средневековой Японии, ужалив небезызвестного вам самурая. Вы многое вспомнили о своем японском воплощении, которое до сих пор доставляет вам массу проблем. Но это уже другой разговор обо всех, решительно всех наших желаниях, которые всегда и непременно исполняются, чаще всего к ужасу того, кто сильно пожелал чего-то, а затем забыл об этом.

Если не в текущей, то в последующей жизни он может получить то, чего страстно пожелал в совершенно иных обстоятельствах. Скажем, человек пожелал смерти врагу или конкуренту, а в последующей жизни держит на руках ребенка, погибшего нелепой смертью. Бывший враг явился к тому, кто пожелал ему смерти, в виде его сладенькой доченьки или сыночка.

Вам как талантливой актрисе также предстояло "разморозиться". Мне кажется, вас основательно размораживали на протяжении трех тысячелетий. Но, несмотря на это, поглядите, как вы недавно поговорили с вашим братом и его женой, которые приехали погостить из далекой Эстонии? Вы же отхлестали их словами, не усомнившись в вашем священном праве сделать это. А сколько раз вы меня хлестали по лицу! Мы, бывшие звезды и бывшие начальники, бывшие вожди и ораторы, маршалы и руководители, даем пощёчины друг другу, как в какой-нибудь комедии немого кино, в которой бегали, били, подставляли подножки и тыкали сливочными тортами в лица друг другу.

В некоем укромном уголочке Вселенной из наших воспоминаний образовался тот же Голливуд, из которого мы все вышли. Так что нам волноваться не приходится. Весь Голливуд тут как тут! Мы живем в "Гранд-отеле"! Кстати, видели ли вы этот фильм с Гретой Гарбо? Он так и называется — *The Grand Hotel*. Это глупейшая лента, за исключением удивительной схожести того, что происходит в том фильме и с нами здесь.

Т: Аннотация к этому фильму говорит следующее: ""Гранд-отель" открыт только для избранных членов общества. Это гостиница высокого класса. В ней никогда ничего не происходит. Несмотря на это, гости постоянно плетут клубок интриг".

Т: — Вы все еще проживаете в этом отеле, в котором никогда ничего не происходит?

Кэри Грант не отвечает, я слышу только тишину.

Совет интригана, как избавиться от врагов

21 февраля 1999

КГ: — Единственные люди, поведение которых предсказуемо, это наши враги. Я бы лично не стал полагаться на друзей, потому что, когда ты просишь их о чем-то, они вечно заняты своими творческими проектами, или в их жизни происходит нечто настолько драматичное, что у вас язык не поворачивается попросить их уделить минуточку вашим проблемам.

Зато у ваших врагов всегда есть время для вас. Стоит вам позвонить им, как они тут же откладывают все, чем заняты, и переключают внимание на вас. Скорее всего, вам не понравится их реакция, их ответ, но он точно принадлежит вам, и вы понимаете, что в списке людей, с которыми вас жизнь свела, ваши враги — ваши самые верные "союзники". Если вы не поладили с родителями или родственниками, они никуда не исчезают, они с вами до гробовой доски. Но если существует такое понятие, как высший пилотаж дипломатии — она сводится к трансформации ваших врагов в ваших друзей или хотя бы в ваших добрых знакомых. Это единственный известный мне способ избавления от врагов. Потому что с той самой минуты, как ваш враг превращается в вашего друга, он забывает вас и переключается исключительно на свои проблемы.

Рослый загорелый мужчина

9 марта 1999

Т: — Смогли бы вы объяснить, почему вы здесь?

КГ: — Вы спрашиваете, почему этот загорелый мужчина высокого роста здесь? Не могу сказать вполне определенно. Может быть, я побуду с вами некоторое время, может, нет. Мое дело помогать людям, которым надо поработать над кое-чем в их ауре, например, вам!

Т: — Спасибо тем, кто согласен помочь. Что я должна сделать, чтобы воспользоваться предоставленной помощью?

КГ: — Условия успешной работы таковы: не бояться меня, не раздражаться, не пользоваться моим именем в корыстных целях, не пылать энтузиазмом, не мечтать обо мне! Слава Богу, вы не пылаете и не мечтаете, например, я не могу помочь моим фанатам, и я не могу объяснить, почему.

Быть знаменитым

21 апреля 1999

Как-то в видеомагазине я увидела коллекцию дисков с фильмами Кэри Гранта. Хотела купить их, но денег не было, и я не была уверена в качестве записи. В тот же день, к вечеру, я записала следующее сообщение.

КГ: — Здравствуйте. Нет никакой необходимости в покупке фильмов и книг с нашими физиономиями на коробках или обложках. Меня и многих артистов из нашей когорты уже нет давно на земле, а на наших лицах все еще наживаются. Здорово, не правда ли?

Ешьте лучше грибы шитаки вместо *fast food*, что вы ели сегодня. С этим надо покончить; надо перестать нести вину за все и вся, и общаться с людьми, которых вы не любите. Потому что после этого у вас чувство, что вы перепачкались и вам никак не отмыться. Я вижу, у вас во рту неприятный привкус от того, что приходится пережевывать мои замечания.

Простите меня за мою лекцию по нравственным вопросам, но именно по этой части нам виднее, чем вам. Я и мне подобные, когда мы были на земле, обнаруживали, старея, что нам не с кем словом обмолвиться. Вы не знаменитость и вы не имеете понятия, что такое быть *celebrity* в Америке, когда приходится выстраивать баррикады вокруг своей жизни, дома и тех, кого любишь. Если твои фанаты не могут достать тебя, они достают твою собаку! Они хватаются за каждую твою клетку, не зная, что с ней делать. Они жуют тебя и выплевывают то, что от тебя остается. А затем они обдают тебя своими кошмарными энергиями, и ты разгуливаешь, как зомби, весь покрытый гадостью, которую они выплевывают, объевшись тобою. После этого ты отмываешься и отмываешься, но водой и мылом этого не смыть, ты сердишься и раздражаешься, и тебе хочется их перекусить и задавить.

Я советую вам избегать людей, которые норовят использовать вас. Я посылаю вам любовь, *take care*.

Подлинная звезда будет непременно убита

29 ноября 1999

КГ: — Я как-то задумался о тех случаях, когда знаменитостей убивают, и пришел к выводу, что быть убитым единственный логичный конец, который настигает любую подлинную звезду. Подлинные звезды, как принцесса Дайана или Джон Леннон, будут убиты потому что фанаты ни перед чем не остановятся, пока не сожрут своего идола до последней крошки. Если нам, которые считают себя звездами, удается умереть естественной смертью, то на поверку оказывается, что мы не стопроцентные властители умов, не создатели, а скорее продукты чьей-то воли, куклы в руках финансистов. Нас оставляли доживать наш век не потому, что мы были так хороши собой, а потому, что мы были убогими. ... Многие из нас не дотягивали до подлинной звезды, в том числе и Чарли Чаплин.

Самые благородные и тонкие из нас были убиты, замучены, уничтожены. Вы знаете, кого я имею в виду. Байрона убили. Диккенс доработался до смерти. Шопен доработался до смерти, умерев от туберкулеза. Моцарт доработался до смерти. Его обожатели не платили ему за работу, равнодушно наблюдая, как их светлый гений голодал и умирал от непосильного труда, постоянно находясь на грани, постоянно вслушиваясь в музыку сфер. Он слышал небесную музыку постоянно; он раздражался, что не успевал всего записывать. Моцарт слышал в десять раз больше, чем успевал записывать. Он был замечательным нотным писцом, но, тем не менее, не успевал за небесными сферами. Его вечно забывали приглашать на вечера и празднества знати, и он вечно считал себя недостойным из-за изъянов своей личности, как ему казалось.

Постарайтесь заняться чем-то более веселым, вскоре я снова вернусь поговорить. Постарайтесь в какой-либо форме использовать этот материал.

Т: Говоря о неестественных смертях властителей дум, Кэри Грант имел в виду и неясные обстоятельства смерти Владимира Высоцкого. В потустороннем мире спириты уверены, что Владимир Высоцкий не умер естественной смертью, а погиб при невыясненных обстоятельствах с легкой руки официальных лиц.

По вторникам у Этель Рове

4 декабря 1999

Т: — Церковь спиритуалистов в одном из калифорнийских центров развития экстрасенсорных способностей Learning Light Foundation в Анахайме основали Джек и Этель Рове. После смерти мужа Этель, почтенная дама в возрасте за 80, вела кружок спиритической коммуникации у себя дома, неподалеку от центра.

Зимой 1999 я жила поблизости и имела возможность участвовать в ее собраниях. Мы принимали сообщения "из воздуха", то есть от неких спиритов, и передавали услышанное кому-то из присутствующих, не зная, кому именно оно предназначалось. Эти упражнения приучали вслушиваться в слова спирита. Во время одного из таких собраний я почувствовала присутствие Кэри Гранта, которое я узнавала по остро сфокусированной энергии профессионального актера. Его голос всегда звучал четко и ясно. Грант приветствовал меня шуткой, а затем заявил: "Сегодня я дам вам сообщение для Этель (то есть Кэри Грант будет говорить с Этель через меня), а Этель передаст вам сообщение от меня (то есть я услышу Кэри Гранта через Этель)".

На столе находилась ваза с пронумерованными бумажками. Каждый брал бумажку наугад и запоминал свой номер. Затем мы сбрасывали эти бумажки снова в вазу. После вступительной медитации мы снова брали из вазы наобум номер, не зная, кому он принадлежит, и делали *a cold reading* — чтение или гадание вслепую. Таким образом, каждый из нас "читал" кому-то, и каждому из нас кто-то "читал", то есть передавал сообщение от спирита. Получалось, что все мы были медиумы, которым спириты давали сообщения, а наше дело было передать услышанное тому, кто вынул соответствующий номер из вазы.

После передачи сообщений Этель просила нас озвучить наши номера, чтобы оценить работу того, кто оказывался нашим медиумом. И мы, щадя друг друга, преувеличивали "попадание в цель", уверяя, что получили бесценное сообщение с того света.

В тот день, как Кэри Грант и предсказал, Этель вынула из вазы мой номер и передала следующее сообщение:

— Не позволяйте говорить кому-то, что делать. Вы в Америке, чтобы стать самостоятельной. Этому учатся, этому надо тренироваться постоянно*.

Мое "чтение" вслепую вылилось в следующее сообщение:

— Веселись во время предстоящих праздников, ешь все, брось диету, перестань есть так называемую здоровую пищу. Потому что, когда ты прибудешь к нам сюда и будешь наблюдать со стороны, как люди едят, ты будешь сожалеть о каждом дне, который ты потратила на диеты.

Сообщение это было настолько неожиданным, что вся компания весело рассмеялась. Если бы мы знали, над чем потешаемся!

Как и было предсказано, номер, который я выудила из вазы, принадлежал Этель. Да, она подтвердила, что придерживается вегетарианской диеты, и что она собирается на праздники к родственникам на восточном побережье страны. Этель дала нам слово, что не будет тиранить брата и его жену требованиями здоровой пищи, а будет есть все, что подадут на стол.

В тот день у Этель собралось человек 20. Каким образом Кэри Гранту удалось заставить Этель вытащить мой номер и, наоборот, заставить меня вытащить из вазы номер Этель? Спешу подтвердить, что я не была близка с Этель, она относилась ко мне как к очередной эмигрантке и никогда не пускалась в обсуждение своих личных проблем при мне. Я не знала, что она на диете и на Рождество полетит к брату в гости на восточный берег Америки. Под смех всей компании Этель еще раз торжественно пообещала спириту, что она не будет грызть сырую морковку, когда будут раздавать ароматное индюшачье жаркое.

До Рождества мы еще раз встретились у Этель. Наша компания была весьма пестрой. Кто-то праздновал Рождество, а кто-то не праздновал, и перед началом медитации женщины обменивались ядовитыми замечаниями по этому поводу. Я снова почувствовала присутствие Кэри Гранта и, когда очередь дошла до меня передавать сообщение из мира спиритов, стала повторять его слова:

— Примите этот праздник всей душой. Голодных накормят; гневный кулак, готовый упасть на голову ребенка, застынет в воздухе; обидное слово замрет на устах; убийца отпустит свою жертву. Все вы приглашены к Рождественскому столу, и Иисус Христос в том числе.

И снова последняя фраза Кэри Гранта вызвала добрый смех, который смыл яд злобных замечаний и восстановил мир и веселье в доме Этель.

Через несколько месяцев Этель не стало. Она последовала за мужем в мир иной. А еще через месяц она вышла пообщаться со мной и извинялась, что не "увидела" меня. Она сказала: "Если бы я знала, кто говорил через тебя!"

И я вдруг поняла, что перед Рождеством, советуя Этель бросить диету, Кэри Грант предвещал ей предстоящий скорый переход в мир иной. Он надеялся, что как экстрасенс она поймет его слова и не испугается. Кэри Грант на самом деле говорил ей, что перед переходом гораздо важнее находиться в хорошем и приподнятом настроении, чем жевать скучную, а главное, опротивевшую здоровую пищу. Поняла ли она его? Я почему-то не решалась спросить ее об этом. От всего сердца я поблагодарила Этель за замечательную возможность целый год бывать на ее собраниях и тренироваться в спиритической коммуникации.

В поисках достоинства

7 марта 2000

Т: — Можно ли мне называть вас вашим именем Кэри Грант в записях нашего диалога?

КГ: — Пока нет. Я ненавижу себя в качестве того сценического образа, которому критики приклеивали ярлыки вроде… лошадь, идол, демон, темный ангел. При чем тут демоны и темные ангелы, если я на протяжении всей моей артистической карьеры боролся за человеческое достоинство? Я делал мое дело, работал всю жизнь и стал вдруг … демоном! Мое настоящее имя иное, и мне хочется снова найти себя. Но образ моей юности не "всплывает", потому что я предал его, я предал мое имя, мою сущность. Я прошел сквозь мою голливудскую карьеру, как манекен для костюмов, сшитых на заказ. Я продолжаю искать того парня, кем я был когда-то. На земле я стыдился его, потому что он был уличным акробатом, который жил в вагончике циркачей.

Критики писали, что как актер я обыгрывал свое достоинство, выставляя его на грань смешного, но никогда не теряя его. А как быть с воспоминанием, как однажды утром, когда я работал в цирке, я проснулся в вонючей луже мочи циркового слона? Тогда я так и не нашел уборной, дело закончилось тем, что я помочился в ту же лужу. Как это подействовало на чувство моего достоинства? В то утро я потерял мое достоинство или, наоборот, нашел его?

Может быть, в той постыдной луже я нашел его, что и заставило меня защищать человеческое достоинство на протяжении всей моей карьеры. Нынче я свободен, но продолжаю искать его. Я продолжаю поиски самого себя, того замечательного парня, который был таким талантливым, живым, достойным испытать земное счастье в полной мере. Теперь я знаю, что такое подлинное достоинство. Но я не могу открыть вам, что это такое, потому что оно находится за пределами слов.

Т: — Произошла ли история со слоновьим озером на самом деле или вы ее выдумали?

КГ: — Неужели вы думаете, что я дам вам правдивый ответ на этот вопрос? Что вы бы ответили?

О природе гаданий и предсказаний

20 марта 2000

Т: — Где вы находитесь, когда работаете со мной?

КГ: — Я вхожу в пространство вашего высшего "я", так как только ему я могу передать информацию в виде изображений или понятий. Например, вы видели меня танцующим с Одри Хепберн на балу по поводу выдачи "Оскаров".

Т: — Да, она была в вечернем туалете из темно-синей тафты, на шее у нее сияло бриллиантовое ожерелье, а вы были... в вашем лучшем виде.

КГ: — Но этого никогда не произошло в действительности и, естественно, уже не может произойти. Но оно имело место в моем воображении, иными словами, в моей голове. Оказывается, если я захочу, то могу внушить его вам, скопировав или "распечатав", одним словом, передав мое видение вашему сознанию.

Т: — Свободны ли вы в вашем передвижении? Можете ли вы приходить и уходить, когда вам захочется?

КГ: — Нет, я не могу уйти, когда мне захочется. Если бы я мог, меня здесь бы не было.

Т: — Следовательно, я вам вдвойне обязана за работу, которую вы проделали по очистке моего поля?

КГ:— Вы совершенно правы.

Т: — Как долго вы будете находиться в моем поле в качестве почетного узника?

КГ: — Долго.

Т: — Что я могу сделать, чтобы вызволить вас из неволи и выпустить на свободу?

КГ: — Я свободен.

Т: — Но вы только что сказали, что вы узник?

КГ: — Я всего лишь узник моего решения таким образом работать над моей личной судьбой.

Т: — Какая работа считается самой трудной на вашем свете?

КГ: — Пока для меня самой трудной работой была операция по освобождению душ из потонувшей субмарины "Курск", которую мы провели успешно. И я уже знаю, что в будущем и вам придется участвовать в подобных операциях, и не раз. Вы уже принимали участие в спасательных работах пяти душ, и для начала это не так мало. Мы будем много работать в этом направлении.

Т: — Как ваша работа зачитывается или учитывается: вы работаете для меня или себя?

КГ: — Я работаю только для Бога и готовлю вас для вашей роли в составе медицинской бригады. Я помогаю вам делать то, чем вы займетесь, прибыв в наши края. С нами вы уже приступили к вашим обязанностям до вашей смерти или перехода в мир иной.

Т: — В таком случае мои книги, которые я стараюсь здесь дописать, ничего не значат?

КГ: — Значат, но не так много, как вы думаете. Их значение состоит в том, что, продавая их, у вас выстраивается некая связь с обществом. Вес имеет сам процесс письма и работы над рукописью. Это обостряет воображение и усиливает так называемую мускулатуру духовности. Когда настанет ваш час и вы окажетесь в нашем мире, сила такой мускулатуры будет иметь огромное значение, потому что абсолютно все, что будет вас окружать, будет созданием вашего воображения. Если духовная "мускулатура" позволит вам вообразить то, что вам нужно, вы будете здесь в полном порядке. И только поэтому мы повторяем: пишите, пишите, пишите!

Так как я работал в кино и мое воображение зарабатывало мне на хлеб и на масло, мне легко посылать вам различные изображения, видения. Расслабьтесь и давайте я продемонстрирую передачу визуальной информации.

Т: — Я вижу открытую книгу на столе.

КГ: — Посмотрите еще раз.

Т: — Простите, но я ничего не вижу.

КГ: — Потому что я абсолютно ничего не даю вам. Поэтому мы и работаем с вами, что если мы ничего не даем вам, вы способны сказать: "Я ничего не вижу. Я ничего не слышу. Я ничего не чувствую". Спасибо, пошли дальше.

Т: — Желтые, оранжевые, розовые, красные бегонии, как в лучших магазинах садоводства.

КГ: — Продолжайте смотреть.

Т: — Я вижу поезд — длинный состав. Он идет на полной скорости. Как в кино, вы на крыше вагона, стараетесь соскользнуть вниз, чтобы войти в вагон. Но я не успеваю за вами, мне страшно, я вас теряю из виду, и меня куда-то уносит. Затем поезд останавливается, и — о чудо! - я жива и здорова. Но я вроде бы и не я — я молодая, стройная и одета во что-то дорогое из хорошего магазина, подходящее для путешествия. Москва, но при чем здесь Москва? Бывший Ленинградский вокзал, поезд отправляется в Питер. Мы садимся в этот поезд. Появляется мой брат проводить меня. Там еще какие-то люди из Таллинна, города, в котором я жила до отъезда в Соединенные Штаты. В Санкт-Петербурге я живу на Невском в дорогом отеле, кажется, "Астории", существует ли такая гостиница? Я читаю какие-то рукописи.

КГ: — Обратите внимание, что за какую-то секунду я передал вам целую историю. Я передал вам одну из возможностей дальнейшего развития вашей судьбы. Но я не знаю, пойдете ли вы по этому пути или нет, сбудется это или нет. Это всего лишь одна из возможностей развития вашей судьбы. Воспользуетесь ли вы этой возможностью? И в этом трудности тех, кто пытаются заглянуть в будущее. Мы даем вам видения будущего, но нигде не сказано, что гадания сбудутся. Я посылаю вам всего лишь плод моего воображения, а совсем не срез будущего.

Правда состоит в том, что между моим воображением и вашим воображением происходит некий диалог. А так как у вас и у меня довольно живое воображение, мне нетрудно послать вам любое видение, которое мне заблагорассудится. Например, вы увидели, но поленились сообщить, что в поезде, который несется на Запад, разносится аромат свежезаваренного кофе, а на вагонном столике выставлены аккуратные белые фарфоровые чашки с дымящимся кофе. Мы покидаем Россию...

Заканчиваем на сегодня, вам пора выпить кофе, потому что образ чашки кофе уже сидит в вашем мозгу.

Негативные мыслеформы как крыша над головой

8 ноября 1999

КГ: — Представьте реку, которая течет по равнине, разделяя ее северную и южную части, а через реку перекинут мост. Это мост, который соединяет земной мир с астральным миром. На обоих «половинках» равнины идет борьба за пространство. Но цель этой борьбы разная. На земле борьба ведется во имя захвата все большего количества денег, потому что на земле деньги олицетворяют власть над людьми. А на противоположной стороне идет борьба за возможность служить людям.

Т: Кэри Грант остановился на загадочном повороте этой темы, так и не объяснив, почему у тех, кто стремится к деньгам и власти на этом свете, вдруг просыпается человеколюбие на том свете? Пройдет более десяти лет, пока Лууле Вийлма, эстонская ясновидящая, точнее,м ее спирит не объяснит мне, откуда берется этот взрыв человеколюбия. Забегая вперед, приводу это объяснение словами Лууле:

"Отрицательные мысли, которые умирающий человек берет с собой в тонкий мир, могут утяжелить его душу до такой степени, что она не может подняться на уровень, который заслужила на земле. Мысли, усиленные отрицательными эмоциями, становятся непроницаемой крышей над головой! ... Этот "потолок" позволяет спускаться вниз на любую глубину медленных вибраций, но не позволяет подняться в более высокие и тонкие пределы послесмертия, которые человек наработал служением на земле".

В 2014 я увидела этот мост в обычной домашней медитации не на лестную тему «само-возвеличивания». Над моей головой появилась бетонная арка. Мне удалось потрогать ее рукой и я почувствовала бетонную шероховатую поверхность, сквозь которую никакая часть человеческого тела — голова, рука или нога не пройдут! Тогда мне удалось разбить ту арку, она была не широкая, но как я это сделала — не без помощи ангела хранителя — пойдет речь в следующей книге, если Всевышний захочет, чтобы она была написана.

Лесли Флинт говорит по этому поводу:
"Проблема отрицательных мыслеформ, которые забивают и утяжеляют ментальное тело, относится ко всем — к знаменитости и лифтеру, к повару и хирургу, к президенту страны и его жене, секретаршам, любовницам, охране и уборщицам. Именно это, а не что иное уравнивает всех — "покрывало" на ментальном теле. Оно соткано из наших ужасных мыслей и нашего недоразвитого ума. Я приношу извинения за то, что я так груб и прямолинеен. Я просто с ума схожу, когда думаю

обо всех тех глупостях, которые наделал в течение моей долгой жизни на земле, и сколько гадости я носил в себе все это время. А затем вместо того, чтобы перед переходом сбросить "поклажу", я притащил ее в послесмертие. Да, здесь мне пришлось серьезно потрудиться, чтобы облегчить этот груз".

Парамаханса Йогананда назвал эти "ужасные мысли" чешуйками, покрывающими ментальное поле. Каждая чешуйка несет некую отрицательную энергию, которая притягивает себе подобную энергию из космоса, усиливая во много раз то, что человек старается преодолеть, например, безденежье, унижение, отсутствие любви в его жизни.

Знаменитая Барбара Энн Бреннан изобразила эти чешуйки следующим образом.

Figure 11-3, "Dissociated Thought Form" — "Отделившаяся мыслеформа" *в книге Hands of Light* — "Руки света", *Barbara Ann Brennan, Bantam New Age Books, paperback, New York, 1988, p.96*

Лууле Вийлма уверяет также, что на земле бескорыстное служение рождает "эффект пылесоса", сдувающего ментальный мусор с ментального тела. Барбара Бреннан считает, что освобождение от мыслеформы, которая притягивает отрицательную энергию, протекает через освобождение *(letting go)* «запертой» в ней болевой эмоции. Иногда достаточно сосредоточиться на одной из ваших любимых циклических мыслей типа "я не знаю, что делать", "меня злость берет, когда я это вижу", "я знаю, он меня бросит" или "с моим характером я никогда ничего не заработаю" и прощать себе, расслабляться как в глубокой медитации, чтобы провалить негативную мыслеформу. Если это произойдет, она растворится в ровном золотистом цвете ауры, то есть перестанет существовать и, соответственно, перестанет притягивать то, что на ней было "написано", а освободившаяся энергия вернется к вам в уже очищенном виде.

Вспоминается загадочное заглавие одной из книг Вадима Зиланда о трансерфинге "«Яблоки падают в небо". Яблоки являются здесь символами тех мыслеформ, которые предстоит провалить, уничтожить. Это может сделать только свет, находящийся выше, но никак не ниже уровня вибрации ауры человека. Следовательно, нежелательные мыслеформы надо посылать в небо, где они растворятся в золотом свете, и перестанут существовать. Или наоборот тянуть свет к себе. Наверное, надо и свет тянуть к себе и в то же время посылать нежелательные образы к свету.

Идем к свету

12 марта 2000

Вижу внутренним взглядом, как Кэри Грант, спасая душу потонувшего мальчика от опасности привязаться к земному плану, выводит ее к свету. На вид мальчику лет 5. Кэри Грант встретил его на месте трагического происшествия, он пытался убедить ребенка последовать за ним. Но мальчик хорошо запомнил наказы матери, мол, если подойдет чужой и будет звать, ни в коем случае не откликаться, а убегать от "дяди" как можно дальше и поскорей. (Случаи похищения детей насторожили родителей, и внушение детям избегать контакта с посторонними стало в Америке повсеместным.)

Кэри Гранту пришлось пустить в ход и дипломатию, и свое исключительное обаяние. Мальчик плакал навзрыд. Для начала Грант уговорил его перестать плакать и просить помощи у прохожих, которые его не видели. Силой своего воображения Кэри Грант выстроил "мост", перекинув его с берега через море к светящемуся небу. И, наконец, рука об руку они отправились по этому мосту на встречу с ярким золотым светом. По мере того, как они приближались к свету, коричневые пальчики мальчика крепче впивались в белую руку Кэри Гранта: свет становился все ярче, разгораясь бриллиантовым сиянием, чистоту и красоту которого я не берусь описать.

Т: — Разрешите ли вы мне опубликовать эту историю в книге? Появится ли тот мальчик в канале общения, чтобы рассказать свою историю?

КГ: — Непременно, иначе эта история останется незавершенной.

Я редактирую эту страницу в году 2009. Так как тот мальчик не вышел на связь, я переспрашиваю Кэри Гранта, нет ли у него желания привести мальчика поговорить сегодня, в 2009-м году?

Обстоятельный и неожиданный ответ пришел позже, в 2012-м году. Оказалось, мальчик не сам утонул, а его потопила мать по наущению любовника, которому он мешал не только заниматься любовью в тесной квартире, но и продавать наркотики. Мальчик мог рассказать о бизнесе соседям или детям на игровой площадке, любому прохожему.

Вкратце, далее события развивались по накатанному сценарию. Через некоторое время продавец наркоты сумел избавиться и от матери при помощи нехитрой передозировки. Он завладел квартирой и раскрутил свой бизнес, пока не залетел в тюрьму. Но настоящая драма разыгралась не на земле, не в тюрьме, а на том свете, когда матери пришлось встретить уже не 5 летнего мальчика, а взрослого юношу. Она вымаливала прощение, а тот молчал, затем повернулся и исчез с того плана, на котором мать продолжала биться головой о пол, повторяя все ту же мучительную просьбу простить ее. Кэри Грант потерял ее из виду, так и не узнав, чем кончилась история, и состоялось ли вообще ее продолжение.

"Боюсь, парень не собирался брать на себя маму-убийцу, он смотрел на нее совершенно равнодушным, не лишенным некоторого любопытства взглядом, и вдруг мне показалось, он прав. Он имел полное право не брать на себя заботу о ней. Он уже ушел с головой в свой мир, в котором он готовился стать строителем самолетов и их испытателем, то есть он готовился снова к короткой жизни на земле, потому что испытатели самолетов, как правило, долго не живут. И дальнейшая судьба безвольной матери его совершенно не волновала. Так кто прав? Сын или мать? Как вы считаете, ему следовало простить мать или нет?" — спросил Кэри Грант, заканчивая диктовку сообщения.

Очищение смехом

28 марта 2000

Т: — Пожалуйста, объясните. Вы дали мне картину: театральная сцена, золотой занавес, за сценой рояль, и вы спите за кулисами под роялем. В жизни вы играли на рояле?

КГ: — Конечно, играл. Настанет день, вам скажут, что я считал рояль моим лучшим другом. Он, этот мой любимый рояль, со мной и в моем нынешнем мире. Я живу в моем подлинном доме — театре! Я живу, где работаю; здесь я преподаю актерское мастерство в Международной школе актера. Я работаю на фабрике смеха. Те, кто посещает мои классы, учатся, как смешить народ. Бывшие чемпионы баскетбола приходят сюда учиться смеху после их кошмарных жизней в качестве спортивных машин. Они приходят учиться отпускать смехом боль души. Здесь они отпускают со смехом злость и разочарование по поводу того, что их молодые тела так быстро изнашивались, и им пришлось рано уйти из большого спорта. Как только они переставали зарабатывать миллионы, их немедленно забывали и обращались с ними, как с ничтожествами. Не каждому удается скинуть на ходу представление о себе как о великой, избранной, исключительной человеческой личности, наделенной властью и полномочиями. Подобные мыслеобразы могут засесть в человеке на тысячелетия, создавая нелепые неприятности на протяжении многих воплощений.

Здесь Кэри Грант остановился и добавил не без иронии: "Кстати, и в вас сидит такой образ, и не один, следы бывших инкарнаций в ролях знаменитостей. Вы соскучились по этим ролям и стремитесь вернуться к ним. На ваше счастье, в этой жизни вы не будете ни знаменитой ни богатой, и вы оцените это по достоинству, когда раньше или позже окажетесь в нашем мире!"

КГ: — Для начала пора выкинуть на помойку, а лучше отправить к свету образ глупого и агрессивного японского самурая, фантома одной из ваших прошлых жизней. *Pin him* — обезвреживайте его смешными историями, сделайте так, чтобы он сам над собой смеялся, и фантом развалится на кусочки, потому что он существует только в вашем воображении. Его энергия давно исчерпана. Но каждый раз, когда вы кричите на кого-то, вы снова приглашаете эту никчемную и вредную энергию в вашу ауру. Понимаете ли вы, что я вам говорю, следите ли вы за тем, что я говорю?

Я не имею понятия, как вас рассмешить. Продолжайте записывать, и, может быть, настанет день, когда вы увидите себя со стороны и будете подыгрывать тому образу и вступите с ним в своеобразный диалог, как мы все делали в фильмах и на сцене. Не мне же вам приводить примеры, как актеры ищут и находят точку "противоположного качества". Умный притворяется идиотом, бедный богатым, важный попадает в глупые ситуации... Представьте, что ваш самурай не заметил, как куртизанка оставила след помады на его кимоно, а его вызывают срочно к императору. Император замечает это пятно и еле сдерживает смех. Весь двор смеется над недалеким самураем, и он совершает харакири. А вы, наконец, избавляетесь от вашего самурая. Проделывайте это упражнение, пока фантом важности не рассыплется у вас на глазах. Вы меня поняли?

Т: — Мне кажется, да.

В 2009 году, перечитывая это старое сообщение, мне хочется переправить это "да" на "нет". Тогда я ничего не знала ни о зарождении, ни об отмирании ментальных образов, и еще меньше я догадывалась об их таинственной связи с нашей судьбой. Мне в голову не приходило, что Кэри Грант говорил о фантоме самурая буквально, а не образно. Подробности жизни того японского вояки я вспомнила задолго до приезда в

Соединенные Штаты. Кстати, уже тогда я начинала смутно догадываться, что мало вспомнить свои прошлые жизни. Надо сделать что-то важное, чтобы персонажи из твоих прошлых жизней не вмешивались в твою текущую жизнь и не вносили в нее проблемы из уже прошедших веков, а иногда и тысячелетий. Но что надо было сделать?

Кэри Грант считал, что мне трудно себе помочь из-за бунтарской природы моей личности. Он настаивал на "смиренном послушании".

КГ: — Надо подчиняться универсальным законам Вселенной, созданным Всемогущим Творцом. Вам надо находиться в потоке и плыть вместе с потоком. Учитесь находиться в потоке, иначе вы никогда не разберетесь с вашей ситуацией. Иногда я стараюсь пройти через весь тот туман, который царит в вашей голове по поводу вашей жизни, но не могу добраться до причин, которые тянутся в прошлое. Пожалуйста, не сердитесь на меня, я стараюсь помочь. Научитесь входить в космический поток и выходить из него — уже с ответами на ваши вопросы.

Проводники

31 марта 2000

Спрашиваю, кто такие гайды или проводники? Остается ли за гайдом свобода воли или ему надо отказаться от нее? Является ли гайд узником того, кому он помогает? Случается ли, что глупость и тупость подопечного раздражает и сердит гайда? Какая земная профессия напоминает работу проводника? Какого рода достижения гайда оцениваются превыше всего? Кто после смерти становится гайдом? Пожалуйста, выберите любой вопрос для ответа.

КГ: — Любой может стать гайдом, если есть на то желание. Но не всякому хочется заниматься этим и не всякому нужно быть гайдом, исходя из его личного кармического расклада.

Т: — Какая именно карма принуждает принимать на себя обязанности гайда?

КГ: — Карьерные соображения бывают убедительнее любой кармы.

Т: — Поясните, пожалуйста.

КГ: — Если я не сумею растопить окаменевшую энергию (стены вокруг меня), у меня никакой карьеры в моем следующем воплощении не будет. Я надеюсь, что работа гайда как форма служения будет способствовать моему успеху на земле. Наверное, самая сложная работа гайда состоит в общении на различных уровнях и между различными измерениями. Души, вовлеченные в подобную деятельность, называются связными. Вам также предстоит стать связным. Вы будете здесь и там, и никогда не будете полностью здесь, а все больше там. Действительно, гайда можно сравнить со связным на земле.

Т: — Кто такие связные? Дипломаты, курьеры, журналисты, репортеры, кинооператоры, архивисты, доктора, медсестры, няни, почтовые работники, полицейские, официанты, переводчики, работники транспорта, водители, летчики… Какая из перечисленных профессий ближе всего к роли гайда?

КГ: — Никто из них не делает того, что делаем мы. Но во всех этих профессиях есть элемент работы гайда. Например, дипломат на земле ведет переговоры. Гайд делает то же самое, стараясь добиться на астральном уровне большего понимания обеих сторон. Это невероятно важно, потому что душа человека подсоединена к космическим силам, которые безразличны к человеческим чувствам и переживаниям. Задача гайда объяснить, как то или иное космическое действие отразится на жизни маленького земного человечка, что может причинить боль, а то и вовсе лишить человека жизни.

Или возьмем курьера, посыльного. На земле он забирает бумаги, конверты, пакеты в одной конторе и доставляет их в другую контору. Мы не развозим почту, но мы читаем ваши чувства и мысли. И если нужно, мы переводим их в знаки коммуникации между сущностями в иных измерениях.

Т: — И когда такая необходимость возникает?

КГ: — Когда баланс между положительной и отрицательной энергией нарушается либо в одну, либо в другую сторону. Тогда мы вмешиваемся, потому что смещение баланса расстраивает жизнь высших иерархий. Например, заведения вроде немецких концентрационных лагерей или сибирских трудовых лагерей "перевоспитания" в бывшем Советском Союзе или Китае, или "острова расстройства" в Африке, Латинской Америке и на Востоке сильно нарушают гармонию Вселенной. Например, рабство чернокожих и кровавые конфликты с индейцами в прошлом не высветлили карму Северной Америки, наоборот, за это предстоит расплата. Когда возникают очаги отрицательной энергии на уровне нацистских или советских карательных лагерей, или очаги местных нарушений баланса, например, в системе американских тюрем — иерархии направляют армии гайдов трудиться денно и нощно для восстановления баланса, где это возможно, или для создания новых источников позитивной энергии, чтобы выправить соотношение позитивных и отрицательных сил. Такие мероприятия выходят за рамки индивидуальной судьбы. Пока человек живет на земле, ему не дано постичь шкалу последствий энергетических нарушений.

...Мы зашли слишком далеко. Пока человек на земле, все, что он должен помнить, сводится к одной-единственной фразе: не теряй позитивного настроя, держись за положительное отношение к жизни. И каждый раз после посещения отрицательных мест восстанавливай запас положительной энергии в своем личном поле. Представьте источник отрицательной энергии в виде высыхающего пруда. На дне пруда вонючая вода грязно-зеленого цвета. Нет кислорода, нечем дышать. Но если мы придерживаемся положительного настроя, мы привносим "кислород" и притягиваем положительное.

Т: — Почему земля несет столько отрицательной энергии?

КГ: — Это отдельный вопрос. Отрицательная энергия, как навоз, который необходим для поддержания роста, чтобы цвели розы и орхидеи. Отрицательная энергия растворяет и обрабатывает отходы — горы отходов, дружно производимые "хорошими" людьми в любую минуту и секунду земного бытия.

Т: — Пожалуйста, приведите пример, как священник или доктор производят отходы, мусор или грязь.

КГ: — Хирург производит буквально тонны отходов в течение любой хирургической операции, а госпитали — горы отходов. И вы, простите, не отстаете. В течение моей земной жизни я производил отходы, и никто из нас, естественно, не задавался вопросом, что происходит с отходами. Лучше не заводите меня на эту тему.

Космический кислород

31 марта 2000

КГ: — Давайте поговорим о залежах ментального мусора в энергосистеме. Главная задача гайдов сводится к работе с вашими энергетическими каналами. Нормальный человек живет на земле с затуманенными эмоциями, забитыми каналами приема космической питательной энергии и забитыми каналами "граундинга", заземления, то есть скидывания ментального мусора в землю. С годами залежи в каналах только увеличиваются. И когда каналы (витальной энергии) полностью забиваются, человек умирает, потому что витальная энергия не может больше просачиваться через них. Иными словами, жизненная энергия больше не проходит, то есть перестает поддерживать жизнедеятельность человека. Как правило, самые различные виды боли сигналят человеку, что в его организме неполадки. Но, как правило, человек не обращает внимания на отчаянные сигналы организма и ничего не делает, чтобы боль исчезла. А тем временем плохое настроение, вызванное болью, начинает притягивать негативную энергию, которая еще больше забивает его космические каналы.

В нас кровь течет по венам. Кровообращение охватывает весь организм, и мы знаем, что произойдет, если тромб, сгусток крови, заблокирует вену. Инсульт, паралич, потеря ряда жизненно важных функций, смерть! Крохотный сгусток крови может убить человека.

А теперь представьте энергетический обмен как кровообращение в человеке. Единственная разница в том, что если кровь течет в закрытой системе внутри нашего плотного тела, то энергетический обмен происходит в открытой системе, которая подсоединяет человека, его душу и тело к космосу. Обе системы функционируют при помощи сложнейшей сети каналов. Называйте эти каналы трубами, трубками, как вам угодно. Но когда эти трубки или трубочки забиваются полностью негативными мыслеформами, отходами и остатками вашей ментальной и эмоциональной деятельности, иными словами — ментальным мусором, вы перестаете вбирать витальную энергию в свой организм. А коль вы перестаете принимать энергию из космоса, вы умираете. Если же в вашей сети каналов остается парочка не забитых трубочек, тоненьких, как волосинки, вы будете продолжать жить, как деградирующий овощ, существо с ограниченным сознанием, которое мучает себя и близких. Итак, главная задача гайда состоит в поддержании рабочего состояния каналов или трубок, по которым течет космический кислород — витальная энергия и информация, необходимые для нормальной жизнедеятельности.

Достаточно на сегодня, по крайней мере, достаточно теории.

Т: — Еще вопрос: что происходит с нашими эмоциями после смерти, они остаются при нас или пропадают?

КГ: — В следующий раз поговорим про эмоции. Конечно, они остаются. А иногда вы делаете все возможное, чтобы взорвать мои эмоции.

Т: — Например?

КГ: — Я вычищаю "застоявшийся пруд", но ваша вспыльчивость при вас. И вы снова раздражаетесь, обижаетесь, но не вступаете в борьбу. Вместо того, чтобы бросить им обратно их хамство, несправедливые обвинения, тупость и глупость, вы вбираете несправедливые обвинения в себя и они появляются на нашей стороне в виде все того же прудика с негативными эмоциями. И мне приходится начинать все сначала. Вы знаете об этом, но все так же теряете контроль, и эти вспышки продолжаются, сводя мой труд на нет.

Т: — Это ужасно, я бы ненавидела человека за это. А что происходит с гайдами, как они это терпят?

КГ: — Гайды терпят, но иногда теряют терпение. Взрывы отрицательных эмоций портят жизнь людям на земле, но на нашей стороне их воздействие сотни раз сильней. Ваши отрицательные эмоции просто убивают нас здесь. Мы можем вам помочь во многом, что доступно нам, но вы не даете нам такой возможности. Учитесь управлять эмоциями.

Никому не хочется быть обыкновенным

29 ноября 1999

КГ: — Мы давно не беседовали, и мне кажется, что за это время ваша аура стала выглядеть лучше. Круиз по берегам Аляски, солнце и морской воздух сделали свое дело. Я читаю вопрос в ваших мыслях: почему на земле столько нехороших людей, если после смерти, на том свете, мы становимся умными и хорошими, чуть ли не ангелочками? После смерти мы не становимся ангелами, но рожки с хвостиками у нас также не отрастают. И в этом все дело. Никому из нас не хочется быть обыкновенным, но мы все ужасно обыкновенные. И от этой печки мы и будем танцевать. Мы самые обыкновенные ребята на земле, и таковыми мы остаемся на небесах — обыкновенными! Слава — обманчивая иллюзия. Слава своего рода испытание, которому человек подвергается как на земле, так и в духовном мире. Иногда в качестве *celebrity*, а иногда в качестве поклонника таланта, или фаната. И те, и другие сходят с ума, и это еще вопрос, кто теряет голову в большей мере — знаменитости или их фанаты.

Бунтарь и обыватель

13 апреля 2000

КГ: — Вчера вы смотрели фильм "Спартак". Там ответ на вашу проблему. Вы бунтарь, а бунтарь не может победить. Но без бунтарей жизнь не движется вперед, и вообще ничего не происходит, нет волны, нет прогресса. Конечно, можно быть полубунтарем или маленьким бунтарем, но это не ведет к откровениям. Я был маленьким бунтарем, и поэтому мне так никогда и не присудили "Оскара". Но настоящий бунтарь, бунтарь до конца, также не завоевывает "Оскаров". Все, что он обретает за свою жизнь, это крест.

Тем не менее, все любят настоящего бунтаря, потому что ощущают большую степень свободы в его энергии, в его решениях, действиях и словах. Он олицетворяет большую степень свободы, она манит, но и отпугивает. Все понимают, что бунтарь не может победить, но в трудный час полной безысходности люди идут за ним, потому что бунтарь дает надежду на выход, исход, предлагает решения в ситуациях, в которых традиции более не выручают, а бунт против них обещает большую степень свободы. Дело в том, что свобода является нашей исконной мечтой и главным устремлением наших душ. Я называю бунтарей глашатаями будущего.

Так как в вас много бунтарского, ваша жизнь на земле трудная. И поэтому часто люди, с которыми вас сводит жизнь, боятся вас; вы отталкиваете и притягиваете одновременно. Да, вы несете в себе обещание большей свободы, потому что вы думаете не только о том, как продвинуть себя, но вы стремитесь к обновлению той области, в которой работаете.

КГ: — Вспомните сцену, в которой гладиаторы забираются на забор из металлических прутьев. Когда все уже наверху, забор обрушивается, символизируя начало восстания. Выход из клетки открыт, препятствие к большей свободе преодолено. Такой же эффект был достигнут, когда разрушали берлинскую стену, символ ненавистного коммунистического режима. Падение той стены символизировало начало падения режима.

А когда человек сам ограничивает свою свободу, это можно сравнить с просмотром той же сцены в фильме

"Спартак", но в обратном порядке, когда пленка или диск прокручиваются от конца к началу. Гладиаторы, которые залезли на стену, заставив ее рухнуть, будут двигаться в обратном направлении, как бы сползая со стены, и она будет подниматься, пока не встанет на место. Дверь в мир с большей свободой захлопывается.

Пример? Вы хорошенько потрудились, чтобы заработать большую степень свободы, а затем какая-нибудь мелочь все портит. Этой мелочью может оказаться вина человека, которому вы "читали" его звезды (вина не ваша, но вам кажется, что провинились вы). Или необоснованные ожидания человека, который пришел к вам за помощью, либо вы не то ему предсказали, либо вы обещали больше, чем смогли выполнить. Либо вы не разглядели того, кто сидел перед вами. Все это может заставить вас отказаться от ваших достижений, вы захлопываете дверь перед новыми возможностями и останавливаете свое развитие. Вы теряете концентрацию, и энергия утекает. Продолжим этот разговор в другой раз. Пожалуйста, поскорее закройте дверь "клетки", чтобы защититься от нежелательных вторжений или влияния посторонней энергии.

Если вы лжете, отворачиваетесь от истины, предпочитая ее не заметить — ваш внутренний защитный механизм запирает вашу "клетку" автоматически. Поэтому настоящая работа человека над собой начинается с тренировки думать честно, говорить истину, поступать истинно.

Почему это так неимоверно трудно? Потому что в нас борются два инстинкта: стремление к большей свободе и противоположный инстинкт — инстинкт самосохранения, который заставляет нас постоянно искать ту пещеру, в которой можно укрыться от дикого зверя либо надвигающейся опасности. Такова природа человека. Он хочет большей свободы, но хочет также сохранить свою жизнь. Он прячется в пещере, чтобы выжить, и ему хочется вон из этой пещеры в открытое пространство, чтобы глотнуть свежего воздуха и насладиться свободой. Вы трудитесь во имя расширения вашего личного пространства, во имя свободы. Но каждый раз, когда вы лжете, вы ищете снова укрытия в пещере, чтобы ваша ложь не погубила ваше высшее я. Таким образом, вы сами запираете себя, окружая себя заграждениями собственного производства. Это очень упрощенное толкование причин, почему так трудно ломать привычки, почему наши энергетические каналы засорены блоками, преградами, препонами... Ищите истину. Что я могу еще сказать?

Через джунгли к истине

23 июня 2012

Т: — Кэри, прошло более десяти лет с тех пор, как вы дали описание невидимых энергетических каналов, которые соединяют человека с Вселенной. За последние годы мы стали чуть больше понимать, что происходит с нашими тонкими телами. К сожалению, открытие того, что наше ментальное тело "руководит нами" исподтишка, когда мы даже не подозреваем этого, не радует, а пугает многих. Я знаю, что вы работаете в команде по спасению застрявших душ. Расскажите что-нибудь, что поможет людям найти дорогу в эзотерических джунглях — в множестве книг, учений, толкований, как не видимый нам тонкий мир вмешивается в нашу жизнь. Расскажите, как во всем этом не сбиться с пути.

Помолчав немного, Кэри Грант стал рассказывать историю, которая произошла в джунглях, а может быть, и в его воображении. Вы, наверное, уже заметили, что Грант не уточняет, какими путями та или иная история приходит к нему, по железной дороге документального повествования, или воздушным транспортом из более тонких слоев вдохновения и воображения.

КГ: — После одной неудачной спасательной работы в джунглях Колумбии я опасно заболел. Мне предложили привести в лечебный центр жертв бандитской перестрелки, вестимо, "солдат" какого-то наркокартеля. Во влажных джунглях тела начинают разлагаться почти сразу, как только "солдаты" получают пулю в грудь. Это были молодые ребята без всякого образования, совершенно не готовые к внезапной смерти, и они не понимали, что уже мертвы. Как только они увидели меня, то есть, как только я попытался подойти к ним, они стали отстреливаться, выпуская в меня очереди из своих автоматов. Но, увидев, что пули пролетают сквозь меня, не принося мне никакого вреда, они бросились бежать, приняв меня именно за того, кем я и являюсь, спиритом, духом, привидениям. А что и они являются уже духами, стреляющими из воображаемых ружей воображаемыми пулями, этого они еще не осознали. Однако в джунглях, как известно, далеко не убежишь даже в бестелесном состоянии. Тебя остановит буйная растительность и все, что там ползает, шипит, летает, кусает, проникает и прилипает к твоему потному телу...

При виде паникующих беглецов в кустарнике мои мысли автоматически переключились на Вьетнам, и прежде, чем я успел что-либо сообразить, я оказался в Ханое, где нас ждал джип. Мой проводник сказал мне: "Садись в машину. Забудь тех ребят в Колумбии, их уведет тот, кто говорит по-испански. Это местные ребята, они ни слова не знают по-английски. Они не успели даже согрешить, их убили по ошибке: охрана приняла их за членов конкурирующей банды. За ними придут. А для тебя у меня есть другая работа. Во вьетнамских джунглях нашли парочку Богом забытых перебежчиков или дезертиров, которых надо уговорить покинуть джунгли.

В годы Вьетнамской войны они пропали в джунглях, когда искали место посадки вертолета, который ожидал их по договоренности с пилотом. Они почти добрались до места, когда судьба вмешалась в их планы побега.

Когда до места приземления вертолетов осталось менее километра, их совесть проснулась, и их охватил стыд, что они сбежали, заставив своих товарищей беспокоиться и искать их в жутких джунглях с их влажной непереносимой духотой, ядовитыми змеями и полчищами мошкары. Они воображали, что если им удастся заманить господ из правительства в джунгли и продержать там в полном обмундировании и с оружием в руках хотя бы часок, то вьетнамскую войну немедля свернут, и их всех отправят домой. Так им казалось. Не дойдя самую малость до цели, они скончались от полного истощения. Острое чувство стыда и вины обессилило их, не позволило узнать местность с искомой точкой приземления вертолета. Они не услышали рокота спускающейся летной машины, ошиблись в выборе тропки, что и привело их к гибели. Выйдя, наконец, из тела, они быстро нашли искомую точку приземления вертолета и стали ждать.

Все прошедшие десятилетия они ждали вертолета. И мы застали их за тем же занятием. По своим взглядам они были вечными студентами, постоянно протестующими против чего-либо, например, против войны. Поначалу я не мог понять, на что они надеялись или чего хотели достигнуть убегая. Мне подумалось: наверное, они бегут в Канаду от военно-полевого суда за дезертирство из армии Соединенных Штатов.

Мы стали говорить. Они приняли меня за пилота и спросили, где вертолет. Мне и моему проводнику пришлось силою воображения "построить" вертолет на месте, потому что иначе они не соглашались покинуть джунгли. Но причина, почему я это рассказываю, кроется не в парадоксальном упрямстве этой парочки дезертиров.

Когда мы, наконец, выбрались из джунглей в Центр реабилитации ветеранов Вьетнамской войны, мы поняли, что еще натерпимся от этих ребят. Они отказывались признать себя мертвыми. Они забыли, что стало с их телами, из которых они вышли после смерти. Джунгли сожрали их дотла, не пощадив ни единой косточки. И у нас не оказалось на руках никакого доказательства, что они мертвы. Они хватались за свои "автоматы" и требовали, чтобы наш "вертолет" развернулся на Канаду и приземлился в Торонто. Они с восторгом говорили о том, что, наконец, прилетят в цивилизованный мир, где развернут обширную кампанию против ненавистной войны во Вьетнаме, где гибнут женщины и дети. Они считали, что Канада самое подходящее место для их бурной миротворческой деятельности.

Мне удалось уговорить их пойти со мной в кино на фильм "К северу через северо-запад". Они, наконец, связали первое со вторым и поняли, что меня зовут Кэри Грант, и что я актер достаточно известный, что мне ничего не надо от них, а наоборот, они могут получить помощь от меня или через меня. Это я так решил, но я ошибся.

С нотками недоверия в голосе они спросили, что я делал во Вьетнаме и каким образом нашел их в джунглях? И что мне надобно от них?

И тут меня осенило! Борьба против войны являлась их единственным оправданием, которым они прикрывали предательство, и поэтому они так упорно держались за свои планы борьбы против войны. Это оправдание возвышало их в собственных глазах, и они считали себя благороднейшими борцами за мир. Действительно, если бы они сдали свои позиции, с чем бы они остались? Им пришлось бы посмотреть правде в глаза. Им пришлось бы признаться, что они слабые трусы, предавшие своих товарищей, страну, код чести, Бога, самих себя.

Короче, мы разговорились, и шаг за шагом, постепенно мы добрались до сути дела. Один из парней — как его звали, простите, забыл — схватился снова за свой автомат и, направив оружие на себя, стал стрелять себе в живот. Он продолжал держать руку на пусковом крючке, пока не кончилась обойма с патронами. И тут он, наконец, понял, что мертв. Он не знал, что делать. Разве что простить себе? Весь его апломб испарился. Ему хотелось и в меня пульнуть, но он уже понимал, что стрельба в мире, куда он попал, дело бессмысленное. Правда полностью раздавила его. Он был потерян.

Честно говоря, я также растерялся. Я понял, что мое обычное оружие — смех — здесь не сработает. По крайней мере, в данную минуту.

Оказалось, что в джунгли сбежала пара геев — один черный, другой белый. Они сидели тихо, облокотившись на воображаемый вертолет, пока на поверхность не всплыл следующий защитный слой — убеждение, что они чище, выше и лучше, чем вьетнамцы, китайцы, японцы или африканцы, и достойны special treatment ... (Я из Англии, это еще ничего, а вы, медиум, например, из Эстонии, с вами у этих ребят вообще разговор был бы коротким!)

Мы продолжали разговаривать, пока и этот защитный слой улетел, как осенний засохший лист с дерева. Они поняли, что им некуда идти. Они поняли, что остались без народа, который признал бы их за своих, что у них нет семьи, нет страны, нет родины.

Я до сих пор не понимаю, как это вырвалось у меня, как это просто выпрыгнуло из моего рта, но я вдруг сказал им: "Примите мое приглашение определиться на тренировку спасателей вроде меня, чтобы научиться работе, которую мой проводник и я произвели с вами. Вы будете также встречать людей, ослепленных фальшивой гордостью, ошибочными построениями ума и гордости, когда благородные идеи используются для прикрытия психологических мотивировок; и вы научитесь выводить заблудших из ловушек, созданных их собственными мыслями. Если вы на этом поприще заработаете себе "крылья", вы проложите себе дорогу в высшие миры, где вас будут уважать и любить. (Намек на фильм с Джимми Стюартом "Эта прекрасная жизнь" — It's a Wonderful Life, в котором странный старичок, спасший героя Стюарта, банкира Джорджа Бейли, от самоубийства, утверждал, что он ангел, который стерег отчаявшегося Бейли, чтобы заработать себе крылья в небесах.)

Это все, что я хотел сказать: перестаньте врать себе, потому что это единственное, что действительно важно на земле. И вы найдете любовь, народ, страну и то единственное место во всей огромной Вселенной, где вас поймут и будут любить за то, кем вы являетесь на самом деле, а не за то, кем вы себя считаете.

Иными словами, я и сегодня готов повторить то же самое, что сказал вам десять лет назад: "Ищите истину, остальное не имеет значения!"

А тогда, поговорив с парочкой геев, мой проводник проводил меня в больницу на осмотр, где я провел несколько месяцев. Оказалось, что сочетание колумбийских "прострелов" с тропической мошкарой не проходит бесследно даже в послесмертии. Но это уже медицинский разговор, в который я углубиться не могу ввиду моего медицинского невежества. Сейчас мне приходится знакомиться с некоторыми аспектами этой науки, но... в данном случае не в этом дело. Мне дали время полежать и подумать, за что мне выпало на долю пережить все это в тропических джунглях и что мне надо вспомнить из моей жизни в прошлых воплощениях.

Сообщение, помеченное датой 10 сентября 2001

10 сентября 2001 года, когда я записывала спиритическое сообщение на русском языке, голос Кэри Гранта прервал запись. Он говорил, естественно, по-английски.

CG: — *A comment only. Pay attention! Tomorrow in New York, there will be explosions. Nobody is here to talk, all are out there working already — someone has to be saved!* — Обратите внимание на это короткое сообщение. Завтра в Нью-Йорке будут взрывы. Здесь никого нет сегодня, все уже там и работают с теми, кого надо спасти.

Я решила, что мне все это послышалось, что я "говорю сама с собой"! И я прекратила прием.

На следующий день, когда я смотрела в ужасе на экран телевизора, как нью-йоркские *Twin Towers* — башни близнецы обваливались, словно карточные домики, превращаясь в тучи пыли и груду обломков. Сострадание к невинным жертвам, погибающим на глазах, совершенно вытеснило пророческое сообщение Кэри Гранта, записанное накануне.

Прошла неделя, пока я случайно не обнаружила в моем компьютере запись от 10 сентября 2001 года. Стоит ли говорить, что я жалела о том, что прервала запись исключительно от нехватки веры в реальное существование тонкого мира. Когда тебе кто-то говорит, что на том свете архангелы и ангелы, Иисус Христов и Моисей такая же реальность, как на нашем свете мы с вами, президенты и их жены, почтовые работники, врачи, или автомашины Форд и Бентли. Мы сомневаемся. Мы знаем это, но почему-то не верим.

После нью-йоркских событий наши задушевные разговоры с Кэри Грантом прекратились. Но когда мне приходилось демонстрировать коммуникацию со спиритами (я это делала не часто, чаще по просьбе немноголюдных собраний в центрах развития экстрасенсорных способностей) и вдруг приходили, прося помощи, застрявшие между мирами спириты, Кэри Грант появлялся неожиданно. Он уводил их астральный мир, бросая мне: "Спасибо, не волнуйтесь, мы уже забрали его (или ее)".

Осенью 2009 г. я проводила мероприятие в небольшом клубе в Лос-Анджелесе. Около одной американской девушки появился спирит старой женщины, которая говорила по-польски. Никто кроме меня ее не видел. Она плакала, показывала мне развалины города после бомбардировки и говорила (как я вдруг стала понимать польский язык, остается загадкой), что она лежит там, под развалинами трехэтажного дома, не отпетая и не похороненная. А так как она католичка, Бог ее в таком виде к себе не примет. Она просила похоронить ее по-человечески, и отпустить на покой. (Для нас расстояние от Лос Анджелеса, до, скажем, Варшавы, довольно длинное, но для спирита, они могут оказаться рядом, как утверждают ясновидящие.)

Кэри Грант появился немедленно. Внутренним взором я наблюдала, как он обнял несчастную. Мне он сказал: "Спасибо, мы ее забираем". Девушка, подле которой появился дух польки, пояснила, что ее дед — поляк, которому удалось бежать из «осоветизованной» Польши вскоре после окончания Второй мировой войны. Дух польки, просившей о помощи, появился подле ее внучки, которая родилась в Америке много лет спустя после гибели бабушки в дни жестоких бомбежек Варшавы в конце Второй мировой войны. Невидимые нити, которые связывают людей, действительно проходят через настоящее и в прошлое и в будущее. И мы существуем каждый по отдельности и, одновременно, как части некого целого, сами того не ведая.

Телефонный звонок в 2 часа ночи

10 июля 2010

Т: В 2 часа ночи в моей лос-анджелесской квартире зазвенел телефон. Звонила моя хорошая знакомая Наташа Купер, преподаватель английского, человек консервативный и педантичный, не имевший привычки звонить знакомым по ночам. Мы прибыли в Соединенные Штаты примерно в одно и то же время лет 20 назад. Наташа привезла из Москвы маму, которая не прижилась на чужбине и заболела. Наташа сообщила, что ее мама умерла и попросила меня как медиума связаться с ней, хотя мама умерла ... несколько часов назад в госпитале.

Последние годы жизни она провела в коме. Я предупредила Наташу, что шансов мало, чтобы мы нашли ее в космосе, добавила, что все зависит от того, справятся ли с задачей наши проводники.

Без какого-либо вступления или усилия с моей стороны тут же, во время моего телефонного разговора с Наташей, я оказалась на бывшей улице Горького, напротив Центрального телеграфа. ... Напоминаю, что нынче я живу в Соединенных Штатах, и физическое мое тело находилось в Лос-Анджелесе, а, следовательно, часть сознания очутилась каким-то образом на улице Горького, скорее всего, в астральной реплике Москвы.

Там я увидела следующую сцену. Пожилая седоволосая дама отбивалась от Кэри Гранта, который пытался с ней заговорить. Напомню, что Кэри Грант был не только красавцем, но и общепризнанным воплощением идеального джентльмена. Тем не менее, пожилая женщина кричала на всю улицу: "Уходите, вы мерзавец, я прекрасно понимаю, что вы иностранец. Уходите, они арестуют меня и всю мою семью, как вы этого не понимаете!" На все попытки Гранта объяснить, что он здесь по делам Божьим, а не полицейским, женщина, пролежавшая 20 лет в коме, продолжала кричать еще яростнее: "Нет никакого Бога, нет никаких ангелов, перестаньте нести ерунду, не делайте из меня дуру!"

В это время подоспевший на помощь ангел догадался, что понадобится советский атеист ее поколения. Она безусловно поверит ему, если тот скажет, что в земных понятиях она мертва, совершив переход в мир иной, в котором возможно многое из того, что невозможно на земле. И в Москве, как и по всей России, больше не преследуют за связи с иностранцами, а наоборот, эти связи очень поощряются.

Я услышала себя, задающей вопрос Наташе по телефону: "Ее проводник, или ангел, говорит, мол, найдем кого-либо в Академии Тимирязева... Наташа, мы находимся на бывшей улице Горького, при чем тут Академия Тимирязева, вы не знаете?" Наташа подтвердила, что ее мама жила около Сельскохозяйственной Академии имени Тимирязева, и она действительно в Бога не верила.

... Ученый был найден почти мгновенно. Он стал ей говорить о послесмертии, используя коммунистический лексикон 30-х годов. Пожилая женщина изменила свои взгляды на жизнь с поразительной быстротой. И вот она уже восклицала со свойственным тому поколению энтузиазмом: "Но если это доказано наукой, то почему же они врали нам? Ложь подобного толка надо разоблачить немедленно!" Решительности ей было не занимать!

Наша спонтанная сессия продолжалась еще минут 20, пока Кэри Грант с помощниками не провел Наташину маму из Москвы в миры иные.

Я поспешила воспользоваться возможностью спросить у Кэри Грант, неужели он все еще трудится на благо человечества, выводя заблудшие души к свету. Я видела, как он увел маму Наташи с улицы Горького, как на "пороге" ее встретили родственники, как она засияла от счастья. Отступив на полшага, она церемонно поблагодарила Кэри Гранта, который буквально передал ее в руки родственников, которые обнимали ее, приветствовали и поздравляли с прибытием. Затем видение встречи новоприбывшей растворилось в ярких лучах неземного солнца.

КГ: — Это был примечательный случай. Да, вы увидели меня в астральной Москве. Я продолжаю работать в спасательной команде, помогая душам, застрявшим на почве атеистического неверия. Я выбрал эту работу по той причине, что она не приносит славы и известности. Теперь вы уже знаете, почему я не могу больше брать на себя "славу"... Работа эта не трудная и в то же время она снимает тяжесть с моей души. Это все та же тяжесть, которую я принес в этот мир, умерев неожиданно и не будучи готовым к переходу.

Т: — Как долго вам еще придется спасать тех, кто не может сам найти дорогу к свету?

КГ: — Никаких инструкций на этот счет не разработано. Все зависит от результатов работы. Когда я созрею для перехода на более высокий уровень, я, конечно, оставлю этот вид деятельности и сосредоточусь на творческой работе.

ПОДТВЕРЖДЕНИЯ

Узник славы

Эта глава записывалась в 1999 году, лет десять до того, как я узнала о феномене мыслеформ — материализации наших мыслей и эмоций.

Подтверждение

В этой главе Кэри Грант говорит об отрицательных мыслеформах. Ему предстоит to destone — "раскаменить" застывшую энергию, обступившую его "каменными стенами". Иными словами, ему предстояло сбалансировать нежелательные мыслеформы, которые возникли в результате постоянного стремления отгородиться от напора фанатов.

Узник славы

9 марта 1999 года Кэри Грант говорит о себе: "Здесь высокий бронзовый мужчина". Я поняла слова "бронзовый мужчина" как "загорелый мужчина".

Подтверждение

Прошло 13 лет. В списке комментариев к моему блогу я нашла следующую заметку господина Энтони Тримарчи из Сими-Вэлли, Калифорния. Он сообщил, что в 2001 году в Бристоле, Англия, в городе, в котором родился Кэри Грант, ему возвели "во весь рост" бронзовый монумент. Называя себя "высоким бронзовым мужчиной", Кэри Грант, видимо, намекал на монумент, который находился уже в процессе создания.

Бронзовый памятник Кэри Гранту в Бристоле

Очищение смехом

Т: — Вы дали мне картину: театральная сцена, золотой занавес, за той сценой рояль, и вы спите за кулисами под роялем. В жизни вы играли на рояле?

КГ: — Конечно, я играл. Настанет день, вам скажут, что я считал рояль моим лучшим другом. Он, этот мой любимый рояль, со мной и в моем нынешнем мире!

Подтверждение

Действительно, вебсайты фанатов подтвердили, что Кэри Грант играл на рояле.

Бунтарь и обыватель

13 апреля 2000 г., записывая совет Кэри Гранта: "Настоящая работа человека над собой начинается с тренировки думать истинно, говорить истину, поступать истинно", — я услышала в его словах не более чем благое моральное наставление.

Подтверждение

10 лет спустя, я записала слова Парамахансы Йогананды: "Вибрации истины являются самым мощным инструментом внутреннего очищения. В старину люди уходили в монастыри, где надеялись достичь вибрации истины как самого совершенного средства очищения тонких тел человека". Иными словами, Кэри Грант не читал мораль, а говорил буквально о роли истины в стремлении человека к росту.

Сообщение от Кэри Гранта от 9/10/2001

CG: — *A comment only. Pay Attention! Tomorrow in New York, there will be explosions. Nobody is here to talk, all are out there working already; someone has to be saved!* — Пожалуйста, обратите внимание на это короткое сообщение. Завтра в Нью-Йорке будут взрывы. Никого не будет сегодня на связи, все уже там и работают с теми, кого надо спасти.

Т: Конечно же, я решила, что мне все это послышалось, и что я "говорю сама с собой"! И я оборвала прием этого сообщения.

Подтверждение

Террористический акт *nine-eleven*, состоявший из четырёх скоординированных террористических атак, совершенных террористами-самоубийцами в Соединённых Штатах Америки, состоялся 11 сентября 2001 года.

Телефонный звонок в 2 часа ночи

В два часа ночи Наташа сообщила, что ее мама умерла и попросила меня как медиума связаться с ней, хотя мама умерла всего несколько часов тому назад в госпитале.

Подтверждение

Позднее Наташа К. прислала мне письмо по электронной почте с подтверждением некоторых деталей, всплывших во время нашей спонтанной сессии спиритической коммуникации.

Дорогая Таника,

Вы верно описали внешность моей матери, включая ее короткие вьющиеся и зачесанные назад волосы, шарф, которым она обвязывала шею, ее позу, в которой она остановилась, повернулась к проводнику и начала его благодарить манерно, с преувеличенной вежливостью, на старинный манер. У моей матери действительно была привычка благодарить людей таким образом. Вы никак не могли знать этого. Она была учительницей биологии, и совершеннейшей атеисткой. Вы сказали, она испугалась, увидев свет, и страшилась идти к свету, решив, что ее ведут в нацистскую печь, где ее сожгут заживо. Тема Второй мировой войны, и концентрационных лагерей часто всплывала в наших разговорах в течение всего моего детства. Во время войны она была подростком, жившим в Москве. Она и ее мать пережили немецкие налеты, затем их эвакуировали в Казахстан, где они пережили голод и болезни. Таким образом, мысли о войне и трудных военных годах были всегда с нею. Она часто говорила об этом. Вы аккуратно описали манерность ее общения. Еще рас спасибо за то, что в минуту скорби Вы были с нами и смогли передать, что с ней происходило на том свете. Я получила от вас бесценный подарок.

С любовью и благодарностью, Наташа Купер

Таника Пальм

Андрей Тарковский
(1932-1986)

*Я увидел сияние. Сияние, ледяная гора.
Я скользил, скользил...*

Рассказ Тарковского перекликается с сообщением Кэри Гранта о стенах застывшей энергии, которые обступили его в послесмертии. После перехода Тарковский увидел, по его словам, "ледяные стены", которые ему предстоит каким-то образом "растопить".

Я пробивался сам, мне же предлагают закреплять имена достойным талантам в новых, не ведомых странах

11 ноября 2010

Т: — Каким был ваш переход, что вы увидели?

АТ: — Я был болен раком. В конце очень много для меня сделала Марина Влади, и я виноват перед ней, так как мои не расплатились с нею. Никому тогда еще в голову не приходило, как трудно живется на Западе. В ту пору мы думали, что здесь рай небесный. Я знаю, что кто-то из моих сыновей или внуков поможет ей, потому что у моего внука мой характер, и он пробьется.

АТ: — Я увидел сияние. Не могу говорить... Сияние, ледяная гора... Я скользил, скользил. Не могу сегодня продолжать... Мы будем говорить про ледяную гору, которую мне надо растопить; мы растопим лед, покрывший горы и альпийские вершины. Иначе мне предстоит жизнь в горах. То есть я снова попаду в горы, похожие на кавказские, откуда мои предки вырвались. ...Видите, сколько у меня уходит времени, пока я нахожу в вас те струны, на которых вы начинаете если не чувствовать меня, то, по крайней мере, слышать меня.

Т: — Кто-то говорит ясно: "И вдогонку кричал мне пастух"...

АТ: — Вы услышали голос моего отца. Мы все встретимся в Англии. Мне многое прощено за Рублева, но не все... Икона требует жертв, больших жертв. Вам сегодня этого не понять, но вас крепко ввели индусы в мир "Троицы" Рублева, чтобы обеспечить вашу судьбу в будущем. Юктесвар сделал чудо, будьте ему в душе благодарны, он привязал вас к вашей судьбе, ходите в русскую церковь.

В моей судьбе много того, что в судьбе Кэри Гранта. Он совсем пропал, но фактически он никуда не пропадал; он вам более благодарен, чем вы можете себе представить. Вы вместе все время кого-то спасаете, он почти разгреб свои китайские стены, в которых и я мучаюсь по той же причине, что и он. Мои стены ледяные и холодные.

Я был совершенно не готов встретиться с кошмаром поклонения, и все сделал в своей жизни неверно. Нельзя было это впускать в мою жизнь. Но как отгородиться от этого? Никому не удавалось избежать полностью давления со стороны поклонников, но были таланты, которым это все-таки удавалось.

Я был не только резок с людьми, я был нетерпим. Я был нетерпим к советчине, хамству, приспособленчеству, но не мог пронести эту нетерпимость сквозь мою жизнь на земле. Мы все были не подготовлены к жизни, которая нас ожидала. И я вижу, насколько вы были неподготовлены. Я совершенно неверно понял вас, ваше присутствие и вашу роль в моей жизни.

Моя нетерпимость поставила меня на пьедестал недоступности и отгородила от всех щитом гения. Русский гений без приличных брюк и в рваной рубашке без пуговиц! Только что непьющий, до какой-то степени...

Т: — Каким вы увидели ваше ментальное тело в послесмертии? Какие чувства вызвали проблемы?

АТ: — Раздражение, зависть, как ни странно, ревность, желание быть, как все... Я стыдился бедности моей позорной. Уход отца был для меня полным кошмаром, который... Он жалеет; они оба жалеют. Моя мать жалеет, что не узнала меня, как и ваша матушка. Все в своих бедах, они не узнавали нас, да и Высоцкий жертва родительского жуткого произвола. В то время мы были их частной собственностью. Они, в общем-то, подтир... нами, я пощадил мать в фильме. Нас выбросило как рыб из воды на сушу, и начались наши судороги на песчаной почве...

АТ: — Сейчас я очень благодарен Андрону за сценарий Рублева. Он много сделал. Без него меня снова занесло бы в небесные выси или веси... Он был заземляющей силой, и без него ничего бы не состоялось. Он помог мне не сойти с ума, когда они все закрыли, он меня на руках пронёс через тот период. А я забыл об этом и стал перетягивать одеяло на себя, и очень сейчас от этого мучаюсь. Напишите, что я раскаялся и покаялся. Я с благодарностью принимаю его роль в создании фильма.

АТ: — Вы не представляете, как мне дорого, что вы показали фильм вашему проводнику, я волновался, я не знал, как он войдет в картину, но он полностью вошел, я подглядывал, когда он смотрел, вы все мне точно передали, так оно и было. Спасибо ему еще раз...

Т: — Мой проводник, я слышу, посылает вам привет. Он подтверждает, что фильм "Андрей Рублев"— это огромный успех и чудо кинематографии.

АТ: — Договорим про ледяные горы. Я не буду более овечьим пастухом, я хочу в мир электронных звуков, я должен растопить горы, сбалансировать, но как?

Т: — Как?

АТ: — Из тех, с кем вы работали, Кэри Грант - для меня пример. Но я не знаю, с чего начать. Я работы никогда не боялся, я также привык все с детства делать сам. Но я долго не мог преодолеть искусственные препоны, выстроенные русским низкопоклонством и азиатчиной, которая в нас глубоко сидит.

Я попросил вашего проводника принять моих ангелов хранителей, и они вернули мне список служб, участие в которых помогло бы мне сбалансировать холод моих ледяных стен. Мне предлагают работать в паре с Штрогеймом. (Эрик фон Штрогейм — один из крупнейших режиссеров немого кино, новатор и создатель современного киноязыка. — *Т.*)

Мне предлагают работу по систематизации мирового кино и расстановке никому неизвестных гениев кинематографа на правильные места в так называемых хрониках Акаши. Я постарался связаться со Штрогеймом. Вы видели его "Алчность"?

Т: — Да, видела. Трудно поверить, что этот фильм бы создан в 1924 году.

АТ: — ... Там много гениев в молодых странах, о которых вообще никому ничего неизвестно. Их надо вытащить на свет божий и дать им этим достойное будущее. То есть предстоит проникнуться сочувствием к ним, и там их пруд пруди Я всегда таранил для себя. Мне сказали навести порядок, потому что в кино везде беспорядок, пленки гибнут, надо это как-то спасать... Я возьмусь за это.

АТ: — Когда я хоть что-то сделаю, я приду и с удовольствием расскажу. А сейчас, я вижу, вам надо отдохнуть. На сегодня хватит. 30 или 40 минут медитации, попробуйте ни одного дня не пропускать. Идите в медитацию сразу, и вы получите обратно все, что было потрачено сейчас. Иначе работа не получится.

Т: Натурные съемки "Сталкера", последнего фильма Андрея Тарковского, снятого на родине перед отъездом на Запад, проходили в Таллинне. По роковому стечению обстоятельств четверо членов группы умерли рано, в возрасте от 47 до 60 лет, трое из них от одного и того же типа рака легких.

Лариса Тарковская (1938 -1998), актриса, жена Андрея Тарковского, исполнительница роли Надежды в "Зеркале"

Анатолий Солоницын (1934 – 1982), исполнитель роли Андрея Рублева в одноименном фильме.
В "«Сталкере" Солоницын играл писателя.

Александр Кайдановский (1946 –1995), исполнитель роли Сталкера в одноименном фильме.

Сообщение эстонской прессы

Русская пресса умалчивает, от чего умер Кайдановский в возрасте 49 лет, но делится предположением, что рак легких у Андрея Тарковского, Ларисы Тарковской и Анатолия Солоницына вызван отравлением химическими веществами во время натурных съемок на территории заброшенного химического предприятия под Таллинном. Эстонская пресса сообщает, что в 2008 году по инициативе студентов факультета дизайна Эстонской Художественной Академии к тридцатилетию сьемок "Сталкера" установили две памятные плиты на бывших местах сьемок. Натурные сьемки проходили на территории заброшенной электростанции под Таллинном.

Добавлю, электростанцию (на развалинах которой происходили съемки) взорвали в 1941 советские войска, во время отступления к Ленинграду. После взрыва развалины не восстанавливались и никому не принадлежали. За прошедшие десятилетия они обрели тот таинственный вид, который поразил зрителей в фильме "Сталкер".

Таника Пальм

Мирна Лой (1905-1993)

Я буду снова актрисой

Пробиваться любой ценой?

Незнакомка

9 января 2000

Т: В 1999 г., когда мои документы на получение американского гражданства кочевали по этажам и коридорам Ай-Эн-Эс — *The United States Immigration and Naturalization Service*, здания из стекла и стали в даунтауне Лос-Анджелеса, со мной случилось нечто невероятное. "Барнс энд Нобл", крупный сетевой магазин по продаже книг, принял мою первую книгу, написанную и изданную в США, *Death the Beginning* к продаже. Вскоре я поняла, что все не так просто, как кажется. Расходы по маркетингу росли со скоростью летящей ракеты, перекрывая во много раз доходы за продажу книги.

Как будто этого открытия было недостаточно, именно в это время, в конце 90-х годов, во время сеансов потустороннего общения стали пробиваться голоса голливудских актеров, в том числе приятный голос актрисы, которая назвала себя Мирной Лой. Да, ее голос был приятным, но отнюдь не содержание ее обращения. Она говорила: *"I don't see a ball in the thing, but okay. I am Myrna Loy, the movie star, who is saying hello to a stranger, and I am trying to figure out what you can do for me."* — "Я не вижу никакого смысла в этом, но ладно! Меня зовут Мирна Лой. Я кинозвезда. Встретив совершенно постороннего человека, я стараюсь сообразить, что вы можете сделать для меня?"

С чего бы знаменитой актрисе, пребывающей ныне в мирах иных, обращаться ко мне, ничтожному иммигранту с примитивным английским и доходом ниже прожиточного минимума? Почему она решила, что я обязана ей чем-то? Мы не знакомы, у нас нет ничего общего. Электронные сайты поклонников отослали меня в двадцатые и тридцатые годы американского кинематографа, который к тому времени и говорил, пел и плясал и, как нынешнее кино, поражал мир техническим совершенством. Таким образом, я добралась до фильма "Манхэттенская мелодрама" *(Manhattan Melodrama,* 1934) и серии иронических детективов "Тонкий человек" *(Thin Man series).* Нетрудно было понять, почему я о них ничего не знала. Мирна Лой и Уильям Пауэлл с неведомой для нашего экрана легкостью и изяществом демонстрировали "сладкую жизнь" капитализма. Пока Мирна Лой порхала в изящных шифоновых халатах по западным киноэкранам, наша красавица Марина Ладынина кормила поросят, шлепая в кирзовых сапогах по грязи в фильме "Свинарка и пастух" и подобных кинолентах социалистического реализма.

Несмотря на наивные сюжеты, виртуозность игры американской комедийной пары уберегла их фильмы от забвения. Да и были ли эти сюжеты такими наивными? Американские кинокритики утверждают, что до Уильяма Пауэлла и Мирны Лой любая комедия заканчивалась свадьбой героев с традиционным любовным поцелуем в заключительном кадре. Создатели серии "Тонкий человек" открыли невспаханное кинематографическое пространство счастья в браке. Пауэлл и Лой изображали веселые будни супружеской пары с такой убедительностью, что это раскрепостило американскую изящную (салонную) комедию, то есть открыло ворота множеству новых и свежих сюжетов.

Зачем нам нужны мужчины?

Т: Но что случилось с этими замечательными актерами в последующие десятилетия? Пойму ли я, что Мирна Лой хочет сказать? Я раздобыла книгу *Being and Becoming* — "Быть и становиться" Джеймса Котсилибаса и Мирны Лой, по-голливудски приглаженное жизнеописание Мирны Лой. В первой же главе я наткнулась на параграф, который показался мне неуместным.

Т: — В самом начале вашей биографии вы перечисляете мужчин, которые добивались вашего внимания, невольно настраивая читателя на книгу о любовных похождениях. Я уже знаю, что вы сыграли в более чем сотне фильмов, и вы вряд ли будете говорить со мной о ваших романах. Но вот, помимо ваших четырех мужей, здесь список мужчин, которые добивались вашего расположения: Ларри Барбиер, Спенсер Трейси, Джон Беримор, Кларк Гейбл, Лесли Ховард. Почему? Разве это не естественно, что поклонники волочились за вами? Вы были красивы, знамениты, богаты, независимы, и замужем! Короче, о чем мы будем говорить — о мужчинах или о вашей актерской карьере? Помните ли вы ваши прошлые жизни, например те, которые проложили вам дорогу в Голливуд?

МЛ: — К сожалению, мне придется вернуться на землю и решать проблемы, вызванные раздражением, завистью, соперничеством, неумением сохранять баланс, обеспечивать себя материально, стоять на собственных ногах, блюсти связь с источником Божественного. Здесь, в астральном мире, мы переоцениваем свои прожитые жизни. Я зарабатывала деньги, кормила и обеспечивала всех, и все потеряла, когда деньги действительно мне понадобились. Я потеряла мое состояние из-за неспособности вести дела, когда свет рампы меня уже не высвечивал.

МЛ: — Прошлые воплощения? Я прожила трудную жизнь в Китае. Меня продали в театр, когда мне было три с половиной года, и тогда же началась моя подготовка к актерской профессии. В том воплощении не было ни любовников, ни отпусков, ни даже понятия о частной жизни. Жизнь состояла из тренировок, репетиций и выступлений на сцене. Мы исполняли свои сценические роли без перерыва до смерти, и я умерла на сцене в возрасте 35 лет. Я была мужчиной, который исполнял женские роли и мечтал о простой жизни домохозяйки. Но такая жизнь не состоялась из-за исключительной физической подготовки: пройдя такую школу, дороги обратно нет. И я снова родилась актрисой. Театр, в котором я прошла физическую подготовку, находился в Шанхае, в сердце театрального квартала. Я попала к ним в 1840 году. Для отдыха мы употребляли опиум, и опиум дал мне возможность выскочить из той кошмарной инкарнации. Сегодня сказали бы, что я ушла от передозировки. Зато в Голливуде ни алкоголь, ни наркотики меня уже не прельщали.

Я понимаю, что нелепо мечтать стать домохозяйкой. Слава Богу, я изжила эту мечту в моих киноролях, изображая жену таких замечательных "мужей", как Уильям Пауэлл и Кларк Гейбл. Постарайтесь не терять концентрацию! Нельзя же записывать так медленно!

Т: — Пожалуйста, расскажите о ваших кармических отношениях с партнерами, с которыми вы сыграли свои лучшие роли?

МЛ: — Думаю, Голливуд "Манхэттенской мелодрамы" не то место, где я впервые встретила Кларка Гейбла и Уильяма Пауэлла; думаю, в том фильме мы не случайно исполняли главные роли.

Т: Так называемая chemistry между Лой и Пауэллом была замечена голливудскими продюсерами именно в "Манхэттенской мелодраме" (1934), фильме, который открыл Лой дорогу в первые ряды актеров звукового кино.

Кларка не будет с нами в России. У него не тот характер, чтобы в тех условиях начать сначала и снова подняться в первые ряды. Но Пауэлл будет в России и будет работать со Станиславским и Мейерхольдом. "Сара Бернар", то есть Кэтрин Хепберн, не будет в России, она сделала свое дело в Голливуде и будет отдыхать, кода мы уже станем снова трудиться на земле.

Т: Верила ли она, что Кэтрин Хепберн являлась воплощением Сары Бернар, или она назвала ее так не без иронии? Думаю, последнее куда более вероятно.

МЛ: — Пауэлл был моим приятелем в Шанхае, мы вместе пили и употребляли опиум. Я вернулась на землю женщиной, потому что играла женщин и владела искусством создания костюмов и грима. У меня длинный ряд инкарнаций танцовщицы на Полинезийских островах и в Африке с их традицией барабанных ритмов, пением и декоративной окраской лиц.

МЛ: — Но восточные воплощения приучили меня не задавать вопросов начальству, то есть к излишней послушности и беспрекословному подчинению условностям социальных ролей. По карме я тесно связана с моим дедом "голубых кровей", как в этой стране называют пионеров, то есть первых поселенцев, прибывших из Европы. Но среди американских актеров есть и души, прошедшие аристократические воплощения в Европе или в античном мире, например, Гэри Купер и Джимми Стюарт. А Уоррен Бетти до сих пор не может приспособиться к современной среде, в которую он попал. Дебби Рейнольдс была английской придворной дамой викторианской эпохи. И, конечно, Генри Фонда со всей его семьей — аристократы в прошлых жизнях.

МЛ: — Некоторым актерам хочется принадлежать к аристократии, но у них нет соответствующих генов. Отсутствие оных у Джека Николсона является причиной того, что он всех беспричинно ненавидит. У него проблемы с весом; в наши дни ему бы не давали ролей, либо предложили прибавить в весе для исполнения характерных ролей. Он хороший актер, но несчастный человек, потому что не знает, как примириться с жизнью. Он постоянно борется со всеми и против всего. Он ищет достойного противника, чтобы, наконец, сразиться по-настоящему и "решить все проблемы раз и навсегда". Но, естественно, никто не хочет ссориться с этим слишком сильным, знаменитым и богатым человеком. Мне кажется, что отсутствие борьбы стало его подлинной проблемой. Из-за нехватки бойцов все его женщины — рано или поздно — вынуждены принять роль противника и вступить с ним в борьбу. Бедные дамы!

МЛ: — Обратите внимание, почему я рассказываю вам эту историю: излишний вес Джека Николсона связан с борьбой, которая живет в его подсознании и над которой у него нет никакого контроля. Борьба живет в подсознании и требует, чтобы он боролся. Ему надо бороться. Если нет никакой борьбы, он прибавляет в весе. Подумайте о персонаже, который вам хорошо известен, и об образах борьбы, которые живут в вашем подсознании, потому что вы до сих не отпускаете эти образы. Они там, в вас — эти застывшие в воздухе прыжки, удары, образы неожиданных нападений на противника, не дающие вашему телу нормально функционировать.

Т: Прыжки, удары, образы неожиданных нападений — не ментальные ли это мыслеформы, живущие в памяти о далеких воплощениях? Я вспомнила эпизод 50-летней давности, произошедший в Средней Азии. Мне было 22 года. В соответствии с моим институтским дипломом я работала инженером по наладке новой установки, разработанной в Эстонии для производства нового вида строительного материала. Начальство строительства в Голодной степи в Узбекистане купило эту установку, а меня, молодую женщину, которая никогда не покидала чистенькую и прибранную Эстонию, послали — одну! — ее дорабатывать. Думаю, мое начальство не очень понимало, что оно делало. Я тем более понятия не имела, куда еду. Но, к всеобщему удивлению, я замечательно справлялась с местными рабочими мусульманского вероисповедания, которые женщин вообще ни во что не ставили, а меня почему-то побаивались, исполняя все, что от них требовали инструкции. Вскоре мне предстояло узнать причину нашего безоблачного содружества.

После трех месяцев моей работы на заводе из Эстонии поступил звонок. Мое эстонское начальство требовало, чтобы руководство "Голодстепстроя" перевело им за пуск заводской линии производства довольно крупную сумму денег. Сочинение документа в объеме ста или более страниц не составило для меня труда. Изучив отчет, начальство Голодной степи приказало мне явиться в управление для объяснений, почему им следует отдать Эстонии почти полмиллиона рублей. Мне предстояло преодолеть по ташкентскому тракту миль сто с гаком, чтобы добраться до управления "Голодностепстроя". Так как я была воспитана в суровой Эстонии, мне в голову не пришло потребовать на заводе машину, которая отвезла бы меня в центр.

Я решила ехать автобусом. На остановке толпились местные, неся на головах ящики с кудахтающими курами. Справляли какой-то мусульманский религиозный праздник. Переполненные автобусы проносились, не останавливаясь, и я понимала, что могу не попасть на встречу с начальством вовремя, и мое начальство останется с носом. Тут ко мне подошел блондинистый водитель грузовика с арбузами и на чистом русском языке предложил подвезти. Правда, он поставил странное условие: ехать придется не в кабине, а в кузове с арбузами, так как место в кабине обещано старой женщине из местных. В окружении недружелюбного населения (взаимное недоверие, которое нынче расцвело ядовитым цветом на Ближнем Востоке, зародилось не вчера и не сегодня!) русские держались обособленно и старались поддерживать друг друга. Всколыхнувшееся подозрение быстро угасло, и я устроилась среди арбузов в кузове грузовика. Убедившись, что на трассе грузовик повернул в правильном направлении, я решила, что Бог миловал и все обошлось.

Живописные гряды неприступных гор с побеленными снегом вершинами на горизонте напоминали о том, что Гималаи не так уж и далеко! И я уверовала, что нездешняя лиловатая дымка на горизонте защитит меня от неприятностей.

Вдруг арбузы зашевелились. На фоне водительской кабины появилось очертание тюрбана, а затем узбекского халата. Узбек ухмылялся и его намерения были более чем очевидны. Все это происходило не в кино, а в реальной жизни. Положиться я могла только на себя, да на Господа Бога в небе.

Затем случилось нечто, в чем мое сознание не участвовало. То, что секунду назад было мною, вскочило на ноги, непостижимо твердо упираясь на круглые арбузы. Я стала молодым азиатом с раскосыми глазами, владевшим искусством борьбы. (В нормальном состоянии я существо сугубо неспортивное и никаким карате я никогда не интересовалась и не занималась). Фантом азиата во мне знал, как воткнуть пальцы в глазницу врага таким образом, чтобы вырвать глазные яблоки одним рывком. Я вспомнила острый запах желтоватой жидкости, которая польется из пустых глазниц, и будет стекать по пальцам, кистям, вниз по руке до локтя.

Молодой человек, мое *alter ego*, стоя на арбузах, выбросил вперед руку в позе... В какой такой позе? Я не знала, как та поза называется, но знала, что последует: одним рывком, как кобра, жалящая врага, я настигну того узбека, мои пальцы вонзятся в глазницу с безошибочной точностью, и его глазное яблоко покатится по арбузам! Тот, кто заорал от ужаса, была не я!

Узбек колотился в стенку водительской кабины и орал на ломаном русском: "Я не хочу ее!" Грузовик стал замедлять скорость, и я выпрыгнула из машины, перелетев — да, и именно, как в кино — лихо перелетев через борт все еще движущегося грузовика. Я приземлилась на обе ноги. Меня не трясло, я не споткнулась, мои ноги не подогнулись и не подвернулись. В нормальном состоянии можно пистолет приставить к моему виску, но я не перелечу, не прыгну, не приземлюсь, а если заставят, то падая — переломаю себе все кости.

Как часто бывает, после испытания с сильным выбросом энергии судьба поворачивает к нам свое милостивое лицо. Буквально ниоткуда взялся другой грузовик, остановился, и из него появился заводской водитель, которого я знала в лицо. "Боже милостивый, что вы здесь делаете? Еще полчаса, и стемнело бы, и я мог бы вас не увидеть на дороге!" — сказал он, открывая пассажирскую дверь водительской кабины. И действительно, до центра мы доехали уже в полной темноте. В гостинице хозяйка встретила меня с распростёртыми объятиями, ароматным чаем и местными сладостями. А на следующее утро мой отчет — адская смесь действительности и вымысла — был принят, документация подписана. Звонок секретарши в Эстонию заверил, что запрошенная моим начальством сумма утверждена и переведена им по телеграфу. (В те времена Интернета еще и в помине не было.)

Но кто был тот "молодой человек с раскосыми глазами"? Ментальный образ памяти в виде фантома, проживающего в подсознании? Что мы знаем о себе? Официальная наука отвела подобным явлениям обширную область подсознания и на этом успокоилась. Но каким образом фантомы полинезийских танцовщиц привели Мирну Лой в китайский театр с его нечеловеческой рутиной физической подготовки актеров, а далее в Голливуд?

Джеки Чан рассказывал по телевидению, что если во время подобной подготовки вода у ученика продолжает выходить через мочегонные протоки, ему усиливают нагрузку: вся моча — до последней капли — должна выделяться потом. Нам на Западе не знакомы физические нагрузки такого порядка. А далее Бете Дейвис добавит, что в Голливуде вряд ли найдется звезда, не прошедшая в прошлых воплощениях восточной школы актерской игры, потому что иным не выстоять напора голливудского кинопроизводства.

Мирна Лой продолжала свой рассказ. После шанхайского опыта ей уже не надо было осваивать актерское мастерство в Голливуде. Востребованный опыт прошлых воплощений служил ей верой и правдой. Попробую описать, как Мирна Лой входит в первый фильм серии Thin Man.

На дворе предрождественская суета. Очаровательная женщина в шляпке, с ворохом красиво завёрнутых рождественских подарков в руках, появляется на пороге гостиной, в которой муж беседует с друзьями — с компанией празднично одетых мужчин. Эдакая компания богатых и избранных! Мирна Лой в роли незабываемой Норы Чарльз озаряет гостиную своей очаровательной улыбкой, спотыкается о порог и падает плашмя, раскинув руки. Подарки разлетаются по полу. Упав самым "естественным образом", актриса ни на секунду не перестает быть очаровательной и соблазнительной. Она поднимается с такой же легкостью, с которой упала, не переставая быть красивой, не испортив прически, не поморщив лица от боли и даже не смяв туалет. Она такая же гуттаперчевая, как японские и китайские актеры в красочных традиционных постановках восточных театров, которые иногда показывают по телевидению.

Т: — Я прочла две последние главы вашей книги. Да, вы перечисляете всех тех, кто как-то коснулся вашей актерской карьеры, "помогая" вам. Но разве они были вашими друзьями? Они работали за заработную плату. Это вы, ваши роли обеспечивали их работой. Еще большой вопрос, кто кому обязан, и обязан ли вообще? А вы создали целый "поминальник" никому не известных имен. Я не критикую. Я стараюсь понять, почему вы испытывали вину за то, что вырвались из безвестности, а они нет.

МЛ: — Да, вы верно почувствовали, что на последних страницах моей автобиографической книги, высказывая благодарность всем, кто помогал мне, я как бы заглаживала несуществующую вину.

Т: — Сегодня никто не помнит людей, которым вы так низко кланялись. Наверное, это замечательные и достойные люди. Но их имена создают серое облако, которое затуманивает вашу историю. Мне хотелось сдунуть это облако, потому что оно "местное" и не дает вашей истории вырваться к звездам.

МЛ: — Это слишком сильно сказано. Боже мой! Мне трудно работать с вами из-за вашего "прекрасного" английского, но мне нравится ваша прямота. Дело в том, что все, что вы говорите, сущая правда. Я давно подозревала, что тащу что-то чужое, не мое. Но вместо того, чтобы сбросить эту тяжесть, я продолжала тащить её по жизни.

Т: — Жизнь вознесла вас до дружбы с президентами Соединённых Штатов. Вас величали "королевой Голливуда" на пару с "королём Голливуда" Кларком Гейблом, а потом все вдруг стало меняться. Как вы пережили это?

МЛ: — Иными словами, вы спрашиваете, кто спустил с горки и обчистил кинозвезду номер один, на счёту которой 124 фильма, а также множество иных достижений, которыми она могла бы похвастаться. Я принимала участие в выборных кампаниях и благотворительной деятельности, работала с Красным Крестом, организацией для богатых дам, которым нечего делать, кроме как играть в войну, а также иные политические игры, которые как-то сузили и снизили мою карьеру.

МЛ: — Я спрашиваю себя, кто или что разрушило мою карьеру и заставило меня начать все с начала в театре в возрасте, когда мы уже нуждаемся в отдыхе. Думаю, к тому времени я уже заработала свою утреннюю чашку горячего кофе с французской булочкой. Давайте найдем точку *of no return*, после которой нет возврата к прошлому. Где же она на моей голливудской дорожке?

Точка *"of no return"*, где она?

22 февраля 2000

Мирна Лой вдруг заговорила об известном фильме *The Best Years of Our Lives* — "Лучшие годы нашей жизни". Этот фильм награждён несколькими "Оскарами". Мирна сыграла в нем роль жены вернувшегося с войны офицера.

МЛ: — Нередко раздача желанных "Оскаров" превращается в игру, в которой мода или злободневная тема затмевают подлинные эстетические ценности. Лента "Лучшие годы нашей жизни" оказалась именно таким фильмом. Уильям Уайлер, режиссер, мастер легкого и элегантного изложения истории, не любит внедряться в сложные конфликты и темные закоулки человеческих душ. В том фильме Ал, мой муж по роли, ветеран Второй мировой войны, работая с нуждающимися, которые обращались к банкам за займами, соблюдал не интересы банка, а своих армейских дружков. В жизни его бы за это уволили. Но в фильме банкиры прощают ему его сочувствие ветеранам войны, и это примиряет всех со всеми — создателей фильма со зрителями. Но мы знаем, что банки не гуманитарные заведения, и ничего хорошего они нашей стране не принесли. Это только вопрос времени, пока они не срубят сук, на котором сидят.

Т: Это пророчество Мирны сбудется через десятилетие, когда серия банковских скандалов повергнет страну в экономический кризис. Но не в пророчестве дело, а в том, что Мирна прикрылась проблемой банков, чтобы избежать разговора о главном: о том, что участие в успешном фильме "Лучшие годы нашей жизни" намертво закрепило за ней роль "образцовой жены"!

МЛ: — Реальная жизнь повторяла сюжет фильма, в котором мирная жизнь буквально затаптывает в грязь тех, кто еще вчера считались героями войны. Раздав увольнительные, армия отпустила своих героев на все четыре стороны. Каждому предстояло начать самостоятельную жизнь, часто с нуля и без какой-либо поддержки. В фильме история сержанта, инвалида, которому на войне оторвало обе руки, служила приемом, как обратить внимание публики на проблему инвалидов и ветеранов войны в целом.

Т: — Мирна Лой имеет в виду образ Хомера Париша, которого исполняет сержант Харольд Рассел, реальный инвалид Второй мировой войны.

МЛ: — В гонках за "Оскаром за лучший фильм года" мы обогнали фильм *It's a Wonderful Life* — "Эта замечательная жизнь", зная, что присуждение золотой статуэтки нам было несправедливым. Но посмотрите, что сталось с нашими конкурентами сегодня? Фильм *It's a Wonderful Life* стал классикой американского кино, а нас забыли.

Т: Мне хотелось сказать, что режиссер фильма пригласил инвалида войны не только из человеколюбия, но чтобы гарантировать фильму коллекцию золотых статуэток.

Мирна Лой исполняла роль образцовой жены с уменьшительным именем Милли. (Это имя ассоциируется со словом *to mill* — молоть зерно, но и суетиться, молоть глупости!) То есть ее сразу определили на роль "маленькой мышки" в компании вернувшихся с фронта героев. Как уже было сказано, Уильям Уайлер разыграл карту Хомера Париша и добился успеха, который... оказался роковым для карьеры актрисы.

Сразу после войны, когда кинематограф так резко менялся, Мирна Лой была в зените своих артистических способностей. Даже сегодня критики любят вспоминать сцену, в которой у Мирны, стоящей спиной к зрителям, проходит по спине еле заметная дрожь. Не поворачиваясь к камере, она дает знать, что почувствовала: за ее спиной произошло что-то важное. В дверь, которую она не видит, вошел вернувшийся с войны муж.

Но на этом дело и закончилось. Уайлеру более ничего не надо было от нее. По сей день критики, как бы извиняясь за режиссера, продолжают вспоминать эту сцену как образец незаурядного артистизма Мирны Лой. Но впоследствии случилось непостижимое. Ей уже было не выпутаться из роли "идеальной жены". Её будут приглашать только за тем, чтобы еще раз скопировать "уже проверенный успех" образов Норы Чарльз в фильмах серии "Тонкий человек" и Милли в "Лучших годах нашей жизни". А у Мирны Лой не хватит мужества взбунтоваться против бездушной штамповки этого образа, что, естественно, полностью выхолостило его изначальное содержание. Кто-нибудь встречал "идеальную жену" в жизни? Я — никогда, потому что никакой идеальной жены, да и просто идеального человека не существует.

К тому же, с войны возвращались не те мужья, за которых жены когда-то выходили замуж. Им нужны были не "идеальные жены", а те, которые могли бы облегчить тяжесть пережитых кошмаров. Нынче жены, чьи мужья возвращаются из Ирака или Афганистана, преодолевают все ту же пропасть отчуждения. Сегодня телевидение говорит об этом громко и внятно. Мужья, в душах которых живет ужас войны, чувствуют себя хорошо только в обществе своих боевых товарищей, с которыми пьют вместе, молчат вместе. Со временем разобщенность с женами не преодолевается, а увеличивается, часто приводя к разводам.

Снимаясь в "Лучших годах нашей жизни", Мирна Лой была готова сыграть универсальную трагедию жен военного времени: роль женщины, у которой мужа пощадили пули, но которого у нее отнимают боевые товарищи и водка. Но, к сожалению, режиссер шел по проторенному пути к успеху. Он закончил фильм в соответствии со стандартом голливудских финальных сцен. В безрукого ветерана безумно влюбляется молодая красавица и заставляет его на себе жениться. В конце фильма происходит свадьба с шляпками и цветочками и со страстным поцелуем в заключительном кадре. *"Come on!"* — это всё, что можно сказать по этому поводу.

В те годы американская салонная комедия — жанр, который вывел Мирну Лой в первые ряды голливудских актеров — терял свой блеск. Последний фильм в серии "Тонкий человек" *The Song of the Thin Man* — "Песня тонкого человека" — вышел в 1947 г.. В то время умы зрителей занимали уже такие фильмы, как *Citizen Kane* — "Гражданин Кейн", *The Little Foxes* — "Маленькие лисички", все они вышли на экраны в 1941 г. *Casablanca* — "Касабланка", нынче классика американского кино, и *Double Indemnity* — "Двойная гарантия", 1943. А в качестве легкой комедии публику привлек фильм *The Bishop's Wife* — "Жена священника", в которой главную роль играет Кэри Грант, изображая ангела, посланного Богом в помощь людям, которые без помощи извне со своими проблемами уже не справляются. В 1948 г. фильм *The Treasure of the Sierra Madre* — "Сокровище Сиерра-Мадры" вывел в центральной роли антигероя, убийцу, человека со сломленным духом и без каких-либо перспектив в жизни. Голливуд вступал в свою золотую эру. *All About Eve* — "Все про Еву" — удивил зрителей в 1950 году, а в 1951-м вышел фильм Элиана Казана *A Streetcar Named Desire* — "Трамвай 'Желание'", по пьесе

Теннесси Уильямса, изменивший американское кино навсегда. Героями фильмов становятся не веселые, а страждущие американцы, которые не победоносно шествуют по миру, а призывают к сочувствию к падшим.

В пору этих разительных перемен Мирна Лой, человек интеллигентный, которая прекрасно понимала достоинства и недостатки любого фильма, оставалась пленницей очаровательной Норы Чарльз, героини исчезающей из репертуара салонной комедии. Почему?

Размышляя об этом, настал день, когда я спросила, а что если все наоборот: не Мирна Лой держалась за Нору Чарльз, а Нора Чарльз держалась за Мирну Лой, да еще так крепко, что той было не выкарабкаться из цепкой хватки ею же созданного милого образа. В последующие за "Тонким человеком" десятилетия образ Норы Чарльз стал уже фантомом, ментальным созданием, прочно поселившимся в подсознании актрисы. Не задействована ли здесь более значительная сила, чем воля актрисы?

Награда

МЛ: — В тонком мире ошибки прошлого буквально нас преследуют, доводя до того, что нам хочется спуститься обратно на землю и исправить их. Меня обидело то, как со мной обошлись, когда мне вручали моего "Оскара". Это оказалось моим последним обращением с публикой, а они вручили мне золотую статуэтку и тут же бросили меня. Я осталась одна.

Т: Киноакадемия присудила Мирне Лой "Оскара" "за достижения актерского мастерства" в 1991 г.

Она принимала награду у себя дома в Нью-Йорке. Её сняли произносящую короткое благодарственное слово: "Вы меня осчастливили. Большое спасибо!" Это действительно оказалось ее последним публичным выступлением. Она совершила переход в мир иной 14 декабря 1993 г.

МЛ: — Золотая клетка захлопнулась, и я осталась одна разбираться, в каком я положении; я перебирала всю мою жизнь, мои ошибки, мои несчастные браки и мои достижения. Иными словами, золотой "Оскар" положил начало *life review* — обозрение жизни - раньше положенного срока, за два года до моей смерти, когда я еще была на земле. Это имело свою положительную сторону, облегчив переход. Непосредственно после смерти это значительно улучшило мое состояние по сравнению со многими другими актерами, в особенности с теми, кто ушел неожиданно от передозировки. Этот обзор раскрыл многое. Я до сих пор не готова смотреть в мое будущее. И застряла в моем прошлом, и я прошу помочь мне отпустить его полностью.

Таинственные силы вселенной вершат наши судьбы

Догадка о том, что в наше быстротечное время любой успех, и не только успех актера, может обернуться пирровой победой, не покидал меня. Как-то, проходя мимо телевизора, глаз схватил фигуру Пирса Броснана в рекламе к веселому фильму *Matma Mia*. На экране бывший агент 007 танцевал в костюме персонификатора Элвиса Пресли, подпрыгивая и сливаясь с комедийной толпой под зажигательную песню шведской группы АББА. В то время роль агента 007 в очередном фильме бесконечной серии "бондианы" исполнял уже не вальяжный Броснан, а драматичный Дэниел Крэйг. "Будь ты кем угодно, а деньги надо зарабатывать" — промелькнула у меня пошлая мысль. Может быть, Броснану просто хотелось выйти снова к камерам и сниматься? Но вот настал год 2010-й, фильм "Король говорит!" собрал урожай своих "Оскаров", а пресса приветствовала Колина Фёрта, счастливого обладателя золотой статуэтки, за лучшее исполнение мужской роли. В одной из таких поздравительных передач, вспоминая прошлое актера, телевизионные журналисты прокручивали рекламный кадр с Колиным Фёртом из того же фильма *Matma Mia*. Он и Броснан в голубых костюмах Элвиса Пресли лихо отплясывали под все ту же песню группы АББА. *TV folks had their field day!* — телевизионные журналисты веселились от души, забыв, что передача идет на всю страну! Я смотрела, как слава уходила от Броснана и переходила к Фёрту.

Броснан был одним из самых популярных Джеймсов Бондов. Был ли он слишком знаменитым, чтобы послушно подпрыгивать в кадре музыкального фильма? Может стоит вспомнить пост-бондовские карьеры других знаменитых исполнителей роли нестареющего Бонда, агента английской королевской разведки, например, славных сердцеедов Шона Коннери и Роджера Мура? Вспомните, что бы Шон Коннери не играл после Бонда, он всегда оставался переодетым Бондом. Замечательный английский артист Майкл Кейн ("Альфи") писал о Роджере Муре, игравшем Джеймса Бонда в семи фильмах с 1973 по 1985: *"Now he can't get a job!"* — "Теперь он (Роджер Мур) не может найти работу!" Майкл Кейн написал это в 1990 году, спустя пять лет после того, как другие актеры сменили Мура в роли Бонда. К счастью, частная жизнь Роджера Мура сложилась более чем удачно. Однако 12 лет пребывания в роли Джеймса Бонда положили конец его актерской карьере.

Бесполезно искать логическое объяснение успеху фильмов Бонда. До приезда в Соединенные Штаты я была уверена, что в Советском Союзе популярность зиждилась на их недоступности рядовому советскому кинозрителю, так как в прокате этих фильмов не было. Фильмы с агентом 007 смотрела только верхушка коммунистической партии на своих дачах и так называемая творческая интеллигенция по Домам кино, ВТО и прочим закрытым клубам. Но, прибыв в Соединенные Штаты, я обнаружила, что летом, в калифорнийскую жару, американское телевидение показывает бондовские фильмы, включая самые ранние с Шоном Коннори, созданные сорок с лишним лет тому назад. Веселый смешок и подмигивание телевизионных ведущих говорили: мы понимаем, что любить эти фильмы смешно, но такова наша слабость, мы любим Бонда во всех его воплощениях, несмотря на то, что смотрим фильмы о нем с самого детства и знаем их наизусть! Со временем успех в роли агента английской разведки 007 обернулся золотой клеткой для всех, кто исполнял ее. Что за парадокс?!

Не случилось ли нечто подобное и с Мирной Лой и Уильямом Пауэллом? Салонные комедии и мелодрамы тридцатых годов с их участием пользовались также сумасшедшим успехом. В этих фильмах они продолжали рассказывать историю любви мужа и жены. Супружеская пара превращала будни в вечные каникулы, где никогда не умолкали смех, шутки, а главное — не иссякали любовь, доверие, умение прощать ошибки и неудачи друг друга. Эта всепрощающая и самовосстанавливающаяся любовь, способная преодолеть любые трудности, оказалась тем алмазом, за которым тянулись миллионы зрителей в трудные годы Великой депрессии.

Конечно же, в других фильмах Уильям Пауэлл играл с другими партнершами, а Мирна Лой воплощала образ "идеальной жены" не только с Пауэллом. Но эти фильмы воспринимались обыкновенно. Казалось, какая-то невидимая третья сила вмешивалась только тогда, когда в фильме снимались Уильям Пауэлл и Мирна Лой.

Не эта ли сила превратила Шона Коннери, Роджера Мура и Уильяма Пауэлла в узников их собственной славы на всю их оставшуюся жизнь? Лучше всего складывалась жизнь тех "узников славы", кто уходил из кино и доживал век вне кинематографа. Например, Уильям Пауэлл ушел из кино довольно рано. После смерти второй жены он вновь женился и обосновался в калифорнийском Палм-Спринге. Исследователи голливудской истории пишут, что Пауэллу предлагали хорошие роли, и он не раз боролся с искушением принять их. Но здравый смысл побеждал, и он отказывался от предложений, какие бы золотые горы ему ни сулили.

И все же, почему Пауэлл так никогда и не вернулся в кино? По сути, он прекратил сниматься в расцвете сил и славы, а у нас любят *come back stories*, беспроигрышный номер для рекламы фильма!

Поэтический образ золотой клетки имеется в русском, эстонском, английском и, наверное, во многих других языках. Но что стоит за этим образом?

Здесь я решила заменить метафору "золотой клетки" понятием эгрегора, то есть коллективного мыслеобраза, существующего за счет энергии толпы, думающей в одном направлении. В данном случае, эта мыслеформа образуется за счет энергии миллионов поклонников, в которой, увы, положительный заряд не является преобладаюшим. В этой книге Хамфри Богарт, Уильям Пауэлл и Владимир Высоцкий описывают встречи со своими эгрегорами, мыслеформами, порожденными непомерной славой этих актеров. Характеристики этих образований включают самостоятельное существование, квази-сознание, поиск "пропитания" — любой энергии, как положительной, так и отрицательной, змеевидную внешность, активное участие в распространении информации, о чем говорит, кстати, Николай Гоголь, и нам непонятные методы общения как с талантами, так и с их поклонниками.

Но как властители сердец миллионов попадают в зависимость от эгрегоров? Задав этот вопрос, я немедленно заметила и то, что способствовало распространению славы — серийность, то есть постоянное появление одного и того же заглавия в прессе. Серия фильмов "Тонкий человек", нескончаемая серия фильмов о приключениях Джеймса Бонда, роль СМИ в распространении творений Битлов, АББЫ, Элвиса Пресли, Владимира Высоцкого или Энди Уорхола. Невиданная доселе интенсивность серийности поддерживается легкостью копирования и воспроизводства как печатных, так и аудиовизуальных образов. Вы затолкнули пленку или диск в проигрыватель и слушаете Высоцкого или Пресли, Эдит Пиаф или Битлов. Вы идете в кино либо в Вашингтоне, либо в Сан-Диего и смотрите Пауэлла и Лой на большом экране или вы покупаете диск с их фильмами и смотрите у себя дома на экране телевизора. Энди Уорхол пишет не один портрет Мэрилин Монро, а четыре, которые надо смотреть как нечто целое; также следует воспринимать восемь Элвисов Пресли во весь рост, в ряд, с пистолетами в руках, направленными прямо на зрителя. Шестнадцать Джеки Кеннеди, и так далее. Немаловажна еще одна черта этих явлений: учет уровня потребителей массовой культуры. Здесь не ждут, пока публика дорастет до шедевров, как ждали публику шедевры французского импрессионизма. Здесь художник спускается до публики, как делает Энди Уорхол в программных картинах "Зеленые бутылки кока-колы" или "Банки супа Кэмпбелл", или Высоцкий, например, в песне о "Канатчиковой даче" и многих других песнях. Также поступает Элвис Пресли, когда поет *"Love me tender!"*. Забегая вперед, напомню, что когда фанаты стремятся приобщиться к лучам славы — сильному энергетическому полю кумира, происходит обмен веществ. Вспомните, что говорила Рут Монтгомери: "Я должна взять у тебя немного твоей энергии для строительства мыслеобраза, необходимого для общения, но я и отдаю тебе эту энергию, кстати, уже на более высоком вибрационном уровне". Фанаты отдают кумиру свою преданность, любовь и вознаграждены глотком энергии, вибрация которой выше той, которая доступна им в повседневной жизни.

Через некоторое время, растеряв и потратив тот "глоток", фанаты устремляются за следующим глотком "священной энергии". На деле, они отдают свой восторг не кумиру, а его эгрегору, нуждающемуся в постоянной подпитке. И эгрегор, родной брат маятника Вадима Зиланда, создает постоянную циркуляцию фанатов вокруг "центра", то есть источника пульсирующей творческой энергии, исходящей от артистических кумиров. Здесь трудно не вспомнить библейскую фразу: "не сотвори себе кумира". Светлая, незамутненная энергия приходит через молитву, которой надо пробиться сквозь низшие слои астрального и ментального планов. Но мы разучились молиться и ходим теперь за глотками «небесной энергии» на эстрадные концерты.

Как только актеры-кумиры, магниты для зрителей, покидают территорию этого условного треугольника и принимают приглашение сняться в каком-либо ином фильме, они вдруг теряют блеск, лоск, силу внушения, притягательную силу и кажутся слабыми или неубедительными. Думаю, именно это обстоятельство не давало Пауэллу вернуться в кино. Когда "формула успеха" определённого жанра перестает работать из-за изменившихся вкусов зрителей, переживших ураганы Второй мировой войны, или возрастных изменений в актерах, исполнявших роль Джеймса Бонда, им приходилось строить свою карьеру заново, на что, чаще всего, уже не хватало ни времени, ни сил.

И я поняла, что случилось с Мирной Лой в Голливуде. Да, ее звезда закатилась в начале сороковых годов так же, как закатилась звезда салонной комедии, жанра, в котором она работала. Но звезда Мирны Лой не померкла. Когда после бурного успеха на ее долю выпало забвение, никому в голову не приходило оспаривать ее звездный статус тридцатых годов. Её роли той поры продолжали сиять, составляя часть голливудской классики.

В связи с финансовым положением она продолжала играть то, что ей предлагали, возможно, с невидимой подачи эгрегора серии фильмов "Тонкого человека". А предлагали роли все той же "идеальной жены" — худшее, что судьба могла ей предложить! Этот образ уже никого не волновал, потому что роль женщины в обществе менялась, быть домохозяйкой выходило из моды, женщины стремились к раскрепощению личности и творческих сил.

Переход

МЛ: — Когда я умерла, я услышала звук металлического гонга, как в фильме "Кинг-Конг" — удары по огромной металлической тарелке. И вдруг вместо моей постели, в которой я лежала беспомощная и больная, я оказалась в совершенно ином пространстве. Я увидела Вивьен Ли и многих из тех, кто ушел до меня. Я была снова молодой, Кэри Грант проводил меня на съемочную площадку, где кинематографисты приветствовали меня как звезду, приглашая вернуться в мир кино. Мы все обрадовались друг другу, вспоминали былые времена, как мы начинали в немом кино, где мы находили себя. Я знаю, что в моем следующем воплощении я снова буду играть, и уже не отступлю от поиска моего пути.

Т: Вот, казалось бы, и конец истории? Но здесь ли надо ставить точку? Что-то важное, может быть, самое важное недосказано.

Любовь — подарок Вселенной

21 марта 2004

Т: — Я вижу вас в синевато-фиолетовом туалете с полоской через одно плечо. Ткань туалета излучает таинственный свет с серебристым оттенком. Очень красиво!

МЛ: — Да, я знаю, я выгляжу, как в лучшие годы моей жизни на земле или даже лучше. Там у меня не было времени заниматься внешностью, но сейчас у меня его достаточно. Здесь я могу посещать "Оскар"- шоу (ежегодное торжественное вручение академической награды за артистические и технические достижения в кинематографе) сколько и когда мне захочется, пока мне это не надоест, и я не увлекусь чем-то иным.

Т: — Вы говорили, что в предстоящем воплощении вы будете снова актрисой. Вы не передумали?

МЛ: — Нет, не передумала. В Голливуде я не стала Бете Дейвис, я вполне осознаю это, и поэтому мне надо продолжать быть актрисой.

Т: — Я знаю, у вас есть история о предназначении, как судьба разговаривает с нами.

МЛ: — ... Ладно, следуйте за мной. Я буду давать вам "картинки". Пожилая женщина стучится в запертые двери театра. Эта женщина не просто звезда, она мега звезда. Идет дождь, ночь, вокруг ни души, она промокает, простужается и уже никогда не поправится. А мне 16 лет... Я являюсь в театр ко второму акту, и тогда я вижу ее, 60-летнюю звезду. Это маленькая сухонькая женщина с седыми волосами и огромным букетом роз на сцене театра в Лос-Анджелесе. Вскоре до меня доходит слух о ее смерти в Питсбурге, Пенсильвании. Но почему-то я не могу ее забыть, хотя меня никто так и не познакомил с ней лично. Тем не менее, в ее истории мне мерещится мое будущее, когда мне будет также за 60. Я знаю, что мое предчувствие сбудется! Всё это походит на посвящение. Она, на сцене, оказывается жрицей, которая благословляет меня на путь актрисы. Она передает мне невидимую корону мега звезды и отправляется из Лос-Анджелеса в другой конец страны, в Питсбург, умирать. Это все о Дузе. Она пришла из прошлого, чтобы вплести мою судьбу в мир будущих профессиональных и состоявшихся актеров.

МЛ: — Вы бьетесь десять лет о двери, которые заперты, заперты, заперты. Для меня двери открылись не ранее, чем после моей смерти — двери сочувствия, понимания, тепла, дружбы, искреннего товарищества, которые принесли мне любовь, надежду и красоту.

Т: Пройдет всего несколько дней, и состоится моя встреча со спиритом Бете Дейвис, великой актрисы Голливуда. Каким-то образом она знала, что Мирна Лой не раз говорила о ней.

БД: — Я люблю Мирну. Она тонкий и интеллигентный человек, каких мало в Голливуде. Только... никто в Голливуде ни о ком не заботится. Твоя карьера — это твоя забота.

Т: Мне вспомнился рассказ Бете Дейвис из книги *Bette Davis. A personal Biography.*

"Мне понравился сценарий "Туман над Сан-Франциско", а также предложенная в нем роль, но другой сценарий, *Of Human Bondage* — "Человеческая привязанность" — не выходил у меня из головы".

Т: Это была история Милдред, официантки в лондонском районе Кокни. Бете Дейвис, которая не признавала метода Станиславского, говорила, что играя Милдред, она помнила, что она Бете Дейвис, изображающая *"a loathsome creature who thought she was a 'lai-dy"* — "отвратительное создание, считавшее себя "лей-дай", то есть "леди" в простонародном ироническом произношении. С методом или без метода, но Бете Дейвис прекрасно сыграла образ Милдред, которая умудрялась разрушать жизнь вокруг себя и, наконец, освободила мир от своего присутствия, умерев в госпитале для неимущих.

Дейвис рассказывает, как она добивалась этой роли вместе с правом самой гримироваться, чтобы выбраться, наконец, из стереотипа голливудской блондинки.

"Я провела шесть месяцев у порога мистера Джека Уорнера (главы студии "Братья Уорнер"), куда я приходила с утра с чистильщиком обуви и маникюршей. Я просила, подлизывалась, убеждала и, наконец, угрожала. Когда Уорнер понял, что может расплатиться за мое присутствие нервным срывом, он сломался и согласился: "Да, да! Просите чего угодно, лишь бы избавиться от вас! Если мне и далее придется терпеть вас здесь, я двинусь мозгами! Будет вам эта роль, и считайте, что вы похоронили свою карьеру!"

Т: Как вы догадываетесь, роль Милдред не похоронила карьеру Бете Дейвис, а, наоборот, создала ее. Здесь она, наконец, переступила через голливудские стереотипы красивости в мир современного кинематографа. Успех был настолько неожиданным и необъяснимым, что Дейвис даже не выдвинули на соискание "Оскара". Но никто не забыл роковую официантку Милдред. Шарлотта Чандлер, автор книги о Бете Дейвис, пишет, что именно Милдред породила те образы, созданные Бете Дейвис, которые покорили мир, — Джезбел, Юдифь, Шарлоту, Бэби Джейн и, конечно, Марго Чаннинг, героиню фильма "Все о Еве" (14 номинаций, 6 "Оскаров".)

Никто не уговаривал Бете Дейвис сыграть Милдред. Наоборот, она — ведущая актриса студии — шесть месяцев униженно добивалась ее, умоляя главу студии позволить ей взглянуть, что кроется за приторным стереотипом белокурой голливудской красавицы!

Мирна Лой ясно понимала, что она владела незаурядным актерским мастерством, но не имела той нечеловеческой воли, без которой не толкнешь с места поезд искусства, обвешанного липучими стереотипами и "проверенными формулами успеха". Чтобы сказать свое слово о жизни, Мирна Лой решила вернуться на землю актрисой и попытаться на этот раз не отдавать свою волю никому, кроме как любимому делу.

Бете Дейвис рассказывает в книге: "Они говорили обо мне, что я — монстр, чудовище. Но если я и стала таковой, то потому, что мне выпало работать в чудовищном бизнесе".

Мирна Лой сравнивала себя и с другой выдающейся актрисой — Кэтрин Хепберн, понимая, что уступает ей в силе воли.

"Я была одной из *studio pets* — "студийных баловней", игрушкой в руках всемогущих продюсеров. Мэрилин Монро была такой же игрушкой, и Джимми

Стюарт был игрушкой в их руках. Только Кэтрин Хепберн сумела постоять за себя. Она была гением с сильным характером. Она стала выкупать свою сценическую свободу у продюсеров, вкладывала деньги в создание фильмов и всегда возвращала вложения. Она не была студийной игрушкой, она превращала других в игрушки.

Я пролетела бабочкой сквозь мои кинороли, а она оставалась недоступной, могущественной "Сарой Бернар". Однако, в конце концов, ее страшный характер привел ее к столь же страшному концу. Она испытала одиночество, глубины которого вы не можете себе представить. Никто бы из нас не выдержал боли, которую ей пришлось терпеть изо дня в день, каждый день в конце ее жизни, переживая болезнь Паркинсона со всеми подобающими подробностями. Я не уверена, что человек на земле должен подвергаться такой мере страдания во имя того художественного содержания, которое он призван выразить".

Т: Спрашиваю себя, так кто нужен Богу на земле - тонкие и добрые люди вроде Мирны Лой или гении с железной силой воли, которой обладали Бете Дейвис и Кэтрин Хепберн, умевшие добиваться своего в самом чудовищном бизнесе на свете, в безумном, безумном, безумном мире кино?

Не мне решать за Бога, кто ему нужней — люди волевые или добрые. Конечно, скажут, что путь души к совершенству пролегает через разные стадии развития. Но и в этом объяснении я не уверена. Вселенная говорит с нами на языке любви, а не воли. Возможен ли на земле мир, в котором таланту не надо пробивать себе дорогу волей, а можно будет — не калеча себя и близких — отдавать все силы на преумножение вибраций любви и красоты?

ПОДТВЕРЖДЕНИЯ

Любовь — подарок Вселенной

"Всё это походило на посвящение. Она на сцене казалась мне жрицей, которая благословила меня на путь актрисы. Она передала мне невидимую корону мега звезды и отправилась из Лос-Анджелеса в другой конец страны, в Питсбург, умирать. Это все о Дузе"

Подтверждение

Википедия сообщает, что итальянская драматическая актриса Элеонора Дузе (1858-1924) умерла от воспаления легких в Питсбурге, штате Пенсильвания, на пути домой после окончания турне по Соединенным Штатам Америки.

Таника Пальм

Уильям Пауэлл
(1892-1984)

Сердце должно вернуться в Голливуд

Говорит мастер комедии

Уильям Пауэлл (*William Horatio Powell*) — американский комедийный и драматический актер, сыгравший в более ста фильмах, в основном комедиях. Звездная пара Уильям Пауэлл и Мирна Лой создавала образ счастливой супружеской пары в 14 популярных фильмах киностудии MGM ("Метро-Голдвин-Майер"), включая серию фильмов "Тонкий человек". Уильям Пауэлл воплощал роль богатого, насмешливого Ника Чарльза, безукоризненно ухоженного джентльмена, который разоблачал преступников с азартом и легкостью, не отказывая себе в рюмочке-другой горячительных напитков. Мирна Лой исполняла роль его очаровательной жены Норы Чарльз. Уильям Пауэлл был три раза номинирован на "Оскара" "за лучшую мужскую роль" в фильмах "Тонкий человек" (1934), "Мой Годфрей" (1936) и

"Жизнь с отцом" (1948), отмеченных также вниманием и симпатией кинокритиков.

В личной жизни Пауэлла не раз настигали испытания. Его единственный сын от первого брака Уильям Дэвид Пауэлл, писатель и продюсер телефильмов, покончил жизнь самоубийством. Последовал брак Пауэлла с актрисой Кэрол Ломбард, но брак двух занятых актеров продлился всего лишь два года. Его отношения с известной актрисой Джин Харлоу продлились также два года и оборвались из-за безвременной кончины актрисы. Его брак с актрисой Дайаной Льюис длился более сорока лет, оба актера бросили кино и поселились в калифорнийском городке Палм-Спрингс. Пауэлл умер в возрасте 91 год, прожив последние 30 лет как человек, который отстранился от дел, неизменно отклоняя частые предложения вернуться в кино.

"Перво-наперво я разыскал моего сына в послесмертии, и спросил — почему?"

Август 26 2009

Уильям Пауэлл: — Здравствуйте, меня зовут Уильям Пауэлл. Я знаю, что вы считаете меня хорошим актером, который знал свое дело и владел ремеслом комедийной игры. Я знаю, что это так. Я любил свою работу и получал истинное удовольствие, когда снимался с Мирной Лой, которая, как ни странно, была моей подлинной женой. К сожалению, нашему браку не суждено было состояться в реальной жизни. Мы свято оберегали свое пространство, держали его в чистоте, чтобы работать вместе. Плотский брак быстро разрушил бы наше партнерство и размыл наши карьеры. Мы знали, что нас спустили на землю развлекать людей, а не разыгрывать роль счастливой супружеской пары.

Они пишут обо мне, что я владел всеми приемами физической комедии, и так оно и было. Здесь, в послесмертии, которое вы называете "небесами", мы видим свои прошлые воплощения, и я могу вас заверить, что Голливуд не место, где учатся. На голливудских съемочных площадках приходится выдавать нагора, так сказать, не стесняясь своих способностей. Приходилось выдавать в два раза больше, чем они ожидали, потому что надо было, чтобы они восхищались тобою день за днем, год за годом, пока ты не начнёшь походить на выжатый тюбик зубной пасты. Если ты актер, которого постоянно снимают, неизбежно настает день, когда ты иссякаешь, и тебя выменивают на молодого "тюбика", из которого еще никто ничего не выжимал. Естественно, ты оказываешься последним, кто замечает, что время твое вышло, и ты удивляешься, почему тебе не удается закидывать их, как в былые времена, чудесами исполнения.

Я расплатился за свой талант сполна. Моя профессия отняла у меня двух жен и сына, которого я очень любил. Я родился под созвездием Льва, а Львы обожают своих детей. Я чувствую в вас также подобное отношение к сыну. Вы любите вашего сына, этого мерзавчика. Он к вам возвращается. Решив отделиться от его семьи и согласившись жить подальше от них в скромной квартире, вы спасли и себя, и его.

Я умер от сердечного приступа — пожалуйста, проверьте, мои биографы подтвердят то, что вы сейчас записали на слух! Попав сюда, в новый для меня мир, перво-наперво я нашел моего сына, у которого спросил, почему он сделал это и почему не обратился ко мне за помощью? Оказалось, что уже в те времена (в шестидесятые годы) наркотики захватили Голливуд, но это держалось в секрете. Мне в голову не приходило, что мой сын покупает наркотики, что он в долгах и боится признаться мне в своей зависимости и просить о помощи. Мне ничего не стоило заплатить его долги. Он оказался в наркотической зависимости, а я ничего не сделал, чтобы помочь ему. Я был всегда занят, я ничего не знал и не замечал и не увидел, что происходило с моим единственным сыном. Никто мне ничего не говорил...

Что важнее, частная жизнь человека или его профессиональная жизнь? Я вижу, что эта дилемма расстроила личные жизни всех тех, кто приходил говорить с вами. Этот русский парень, поэт (Владимир Высоцкий) еле дышит из-за вины, что ему пришлось бросить своих сыновей. Он сделал то, что должен был сделать, женившись на знаменитой женщине, француженке, чтобы спасти свою карьеру или хотя бы отодвинуть неизбежный конец.

Т: Уильям Пауэлл говорит о разводе Владимира Высоцкого с Людмилой Абрамовой, матерью его двух сыновей, Аркадия и Никиты, и женитьбе на французской актрисе русского происхождения Марине Влади.

УП: — Конечно же, КГБ разделалось с Высоцким, они убили его. И ставить это под сомнение не этично и не честно. Они дали ему петлять и убегать от них, но не вечно же? А частная жизнь Элвиса Пресли? Америка знает ее наизусть во всех мелочах. Кларк Гейбл, Марлен Дитрих, Кэри Грант, кто еще? В каком-то смысле, любой выдающийся артист сталкивается с этой проблемой. И я не был исключением из правила.

Как мастеру физической комедии мне полагалось находиться в хорошей физической форме. И я играл до тех пор, пока мое тело следовало за мной.

Буду ли я заниматься тем же в моем следующем воплощении? Конечно, буду! И если я буду состоявшимся актером, моя частная жизнь будет такой же трудной. У настоящего актера, пока он играет, частной жизни нет и быть не может. С этим фактом трудно смириться. Увлечение сегодняшнего Голливуда детьми актеров насквозь фальшиво и не искренне. Их неожиданное чадолюбие прикрывает отсутствие в современных фильмах подлинных звезд и человечности содержания.

Сегодня сердце покинуло Голливуд, но оно должно вернуться, потому что никакая форма искусства долго не продержится на одних показателях коммерческого успеха.

Вот, например, фильм, в котором было сердце — "Брюно"! Этот фильм мне чрезвычайно понравился. Саша Барон Коэн — комедийный гений! Он до сих пор носит свое русское имя. В его российском воплощении его прикончили в Санкт-Петербурге двадцатых годов. Он был евреем и актером в театре Мейерхольда. Проверьте, если найдете список актеров театра Пролеткульта в Москве, которым руководил Мейерхольд. Они здесь подсказывают, что в той русской инкарнации Саша боролся за человечный театр и был убит нанятыми хулиганами. Они здесь просят внушить вам фразу "его заказали". Я вижу, что вы поняли, что эти слова означают. Если удастся найти список актеров Театра Пролеткульта, там вы найдете актера, которого звали Сашей. Наверное, став англичанином, он не зря сохранил свое московское имя. Мне здесь говорят, что в фильмах "Борат" и "Брюно" вы узнаете тот особый острый, насмешливый, провоцирующий зрителя стиль, который был изобретен русским авангардом 20-х годов — Маяковским в его пьесах и Мейерхольдом в его постановках в Пролеткультовском театре.

Да, после того, что я делал в Голливуде, меня ждут более сложные роли и постановки. После освоения мастерства легкой комедии (цель которой смешить и растворять страх) настало время искать, как воплощать в сценическом действии более глубокие слои человеческих чувств. Я читаю здесь Толстого. Он действительно великий писатель. Я стал получать удовольствие от чтения его сочинений, хотя поначалу мне было трудно сосредоточиться. Но моя концентрация стала лучше. Скоро мне предстоит читать Достоевского. Мне сказали, что я не достигну уровня, который я себе наметил, не изучая Чехова и Достоевского. В Голливуде мы привыкли работать на контрастах черного и белого. И, конечно же, русские делают то же самое, но иногда у них там образовывается пространство, в котором можно и подумать о чем-то.

Я не говорю вам то, что вам приятно услышать. Вас сюда не просто так заслали. Вы здесь, чтобы научиться работать, как мы, американцы, работаем. И я вижу, что вам это трудно дается. Но, с дугой стороны, вам совсем не трудно усваивать Достоевского. Его мир вас удивляет и восхищает. Один за другим, вы все его романы прочли.

Я любил Мирну. Она была моей настоящей любовью. У меня ничего не получалось с другими ведущими актрисами, несмотря на то, кем они были и как здорово они играли. Ирене Дунне была отменной актрисой, но не для меня!

Передайте мое спасибо Голливуду за все — за хорошие дни, за дни моего процветания, и за не столь славные дни, и за скорбные дни. Голливуд сделал из меня рабочую лошадь, и теперь я могу в России предаться более утонченной актерской игре. Мне предстоит работать с удивительными людьми, такими как Немирович-Данченко, Станиславский и Мейерхольд. Иными словами, мне предстоит работать с тем самым Мейерхольдом, который сделал из безвестного актера Сашу Барона Коэна того, кем он является в его нынешнем воплощении.

О Боже, в той своей жизни Саша Барон Коэн был знаком с Блоком, он тесно дружил с поэтами серебряного века русской поэзии. Он был революционером театральной игры, русским интеллигентом и отказывался от участия в текущей политике. Он играл в их игры, не более того, сколько требовалось для участия в спектаклях на злобу дня. Нынче, работая в кино, он иногда произносит какие-то слова, которые невозможно понять — так поступали актеры в начале предыдущего столетия, изобретая новые слова и выражения.

Я буду иным. Но и там меня ждут сумасшедшие дни, потому что никакого Шекспира я не буду играть из принципа. Я сразу же, с самого начала, окажусь в театре "ультра модерн" или "новом" театре. И Чехова я также играть не буду, потому что к тому времени и Чехов будет звучать старомодно и наивно, как воспринимается мир розово-голубых барашков с пастушками и пастухами на французском королевском фарфоре, который выпускали в канун Великой французской революции.

Я убиваю вас! Поблагодарите в Голливуде людей, которые знали меня! Скажите им, что я нашел своего сына. Он уже никогда более не дотронется до наркотиков. Он будет со мной в России. Он уже учит русский язык и меня научил нескольким русским словам. Я не могу привыкнуть к произношению. Я прошу их подыскивать мне роли, в которых меньше слов и больше физического действия. Мы начнем с Санкт-Петербурга, а затем наш театр переедет в Москву, в центр Москвы[1], как я полагаю. Я познакомился здесь с Высоцким, и он рассказывает мне московские истории. У русских невероятное чувство юмора. Правда, их жизнь была такой, что если ее не высмеивать, то оставалось только умереть. Смех действительно та точка отсчета, которая подходит мне. Я отпускаю вас, может быть, в будущем нам удастся еще поговорить.

1 Позднее оба актера, Мирна Лой и Уильям Пауэлл получили приглашение от *Comédie-Française* стать актерами этого театра, одного из двух французских государственных театров. Как на нашем свете, так и в послесмертии люди строят планы на будущее, а эти планы иногда меняются. Это сообщение должно заинтересовать тех, кто любит заглядывать в свое будущее методами различных гаданий. Что бы вам гадалка не нагадала, это может измениться.

Глазами спирита о ментальном теле

На вершине славы

5 августа 2011

УП: — Меня зовут Уильям Пауэлл, и я жду вас. Я помню, о чем мы говорили в прошлый раз, и мы можем продолжить наш разговор.

Т: — Как дела, как Мирна?

УП: — Мы в добром здравии. Чем обязан и как я могу помочь?

Т: — Пожалуйста, скажите несколько слов о мыслеформах и встрече с эгрегором "Тонкого человека" в послесмертии? Можете ли вы помочь вашему эгрегору исчезнуть с лица земли, точнее, из пространства ментального поля? Если вам понадобится минутка на обдумывание ответа, я сварю кофе.

УП: — Сперва кофе... Я думаю, вам было бы проще, если бы на этот вопрос отвечал...

Т: — ... более сведущий человек? Вы имеете в виду теоретиков и ученых? Нет, нет... теорий нам не надо, поделитесь вашим личным опытом, тем, что вы видели, пережили, наблюдали?

УП: — Мы оба, Мирна и я, встретили наш общий эгрегор, и это было ужасно. Я не буду описывать того, что мы испытали. Мирна заплакала, а я обнял ее и старался утешить. Глядя на это чудовище, мы спросили себя, неужели это все, чего мы достигли? Мы пожертвовали нашим личным счастьем, любовью, чтобы сделать еще несколько дурацких комедий и в конечном итоге создать этого монстра? Конечно, его породили не мы, а сумма отрицательных эмоций наших зрителей, и тем не менее... Кстати, вы располагаете хорошим описанием эгрегора, которое вам дал русский поэт Владимир Высоцкий. Но самый мощный эгрегор, которого мне удалось увидеть, принадлежит одному знаменитому писателю девятнадцатого столетия. Такие эгрегоры стары и сильны. По сравнению с ними наш монстр всего лишь эгрегорчик, детка. Сегодня мы понимаем, что это хорошо. Мы практически забыты, и по этой причине наш эгрегорчик быстро теряет силу.

Да, змеевидное очертание является базовой формой эгрегоров. Когда эгрегоры начинают умирать и становятся "умирающими драконами", как я их называю, они становятся безобидными. Правда, они занимают пространство, но на этом дело ограничивается. Мне не дождаться, кода меня пригласят на уборку останков нашего эгрегора. Бывших звезд часто приглашают на это дело. Это не считается унизительным трудом уборщицы по дому. Наоборот, присутствие звезды на "похоронах" своего эгрегора считается торжеством, потому что мир освобождается от этого жадного существа. До самого своего конца эгрегор, уже в качестве полностью бесполезного существа, употребляет витальную энергию.

Т: — Правильно ли я поняла, предположив, что эгрегор знаменитого актера меняет блеск исполнения актером своей роли на пропитание, то есть энергию. То есть, когда вы исполняете свою роль перед камерами, ваш эгрегор тут как тут и занимается обменом энергий. Никто не имеет понятия, как он это делает, но кажется, что он каким-то образом усиливает блеск и обаяние актера. Вы играете в фильме "Тонкий человек", а ваш эгрегор вливает дополнительную энергию в ваше исполнение, которое приобретает особый притягательный блеск. Это притягивает зрителей не только на этот, но и на последующие фильмы серии "Тонкий человек". И эгрегор возмещает свои потери энергией поклонников. Иными словами, чем больше зрителей, тем богаче обеденный стол эгрегора.

УП: — Это именно то, что происходит. Мы поддерживаем на все сто процентов заключение, к которому вы приходите в главе спиритических сообщений от Мирны Лой, потому что это именно то, что происходит со многими актерами на земле.

Т: — Вы хотите сказать, что успех может не только поднять, но и "убить" звезду! Действительно, так было не только с Мирной, но практически со всеми актерами, которые исполняли роли Джеймса Бонда в успешных фильмах об агенте английской разведки 007. Еще один вопрос. Насколько тесен контакт между вами и эгрегором? Вы перевязаны канатами, каналами связи или чем-либо иным вплоть до той минуты, когда эгрегор перестает существовать? Можете ли вы убежать, отделиться, какова ваша связь? Пожалуйста, опишите. Может быть, вы связаны через ваше ментальное тело? Засоряется ли оно? Является ли ваш эгрегор частью вашего ментального тела или эгрегор самостоятельная единица?

УП: — Слава Богу, мы не одна и та же единица. Эгрегоры являются самостоятельными полусуществами. И у нормального, обыкновенного человека никаких эгрегоров нет.

Но у всех есть нечто, что неотделимо от нас, и составляет часть системы тонких тел. Дело в том, что проблемы человека отражаются в состоянии его ментального поля. Я бы описал ментальное поле как завихрение или воронку, некую трехмерную конструкцию. Она имеет определенную высоту и отверстие — след, который остается от непрерывного эллиптического вращения ментального поля.

Диаметр этого отверстия и остальные параметры ментального поля зависят от морали человека. Чем хуже человек и тяжелее его сущность, тем больше отверстие воронки. Если это отверстие растянуто до определенного размера, душа человека буквально проваливается в ад. Чем лучше человек, легче его душа, тем меньше отверстие воронки, то есть ментального тела. И оно не дает человеку опуститься глубоко. Например, мы остановились на приличном уровне, потому что мы создавали фильмы, которые помогали гасить и уничтожать отрицательные мыслеформы, а не преумножать их, как делают многие фильмы сегодня. Я не буду называть такого рода фильмы, не буду судить их, потому что не являюсь, никогда не был и никогда не буду судьей, критиком, сплетником (нет времени для этого), проводником *(the guide)*, учителем, инструктором.

Т: — Можно мне повторить, как я поняла это? Актер и его эгрегор — разные космические единицы, и им необязательно находиться в близком контакте?

УП: — Вывод неверный. Известно множество случаев, когда эгрегор держит своего создателя в заложниках, в особенности в тех случаях, когда актер лишился своей воли и отдал ее кому-то. Если ты отдал волю на земле, ее не будет у тебя и в послесмертии, чтобы сопротивляться. В таком случае ты, скорее всего, не сумеешь освободиться от смертельной хватки эгрегора, который всегда отрицательный, жадный и голодный. Еще вопросы есть?

Т: — Да, вот мой последний вопрос. Как вы чистите "воронку", свое ментальное поле? Какими средствами располагаете для очистки "воронки", чтобы вы смогли подняться на более высокий уровень?

УП: — Я могу подняться на более высокий уровень, только погасив значительную часть моих моральных долгов, грехов, фантазий, а также равнодушия, которое довело моего сына до самоубийства, и к преждевременной смерти моих любимых жен. Вместо того, чтобы заниматься своим здоровьем и своими делами, они обхаживали меня. Я был тем, кто зарабатывал и, следовательно, являлся средоточием семейной жизни, самой важной фигурой, все вертелось вокруг меня. На самом деле я вел себя, как тиран, который всех подавлял.

Т: — Что вы делаете, чтобы уменьшить воз проблем, который тянется из прожитой жизни на земле, а может, и из цепи прожитых жизней?

УП: — Например, говорю с вами и объясняю, какова жизнь в послесмертии. Я работаю также в медицинской команде, которая занимается особо трудными случаями, когда человек испытывает адские муки, вызванные ... его собственными мыслями. Я вижу, вас искренне интересует этот предмет, тогда как многие отворачиваются и не хотят видеть того, что происходит у них под носом. Надо ли людям знать подробности о засорении ментального поля? Надо начать привыкать к мысли, что мы прибываем сюда отнюдь не ангелами. И чем больше ментального мусора мы здесь сбалансируем, тем приятнее и беззаботнее будет наша жизнь в нашем следующем воплощении на земле.

ПОДТВЕРЖДЕНИЯ

Уильям Пауэлл

Саша Барон Коэн — комедийный гений! Он до сих пор не может расстаться со своим русским именем. Да! Он русский душою, убитый в двадцатых годах в Санкт-Петербурге. Он был евреем и актером в театре Мейерхольда, найдите его в списке актеров Театра Пролеткульта в Москве.

Подтверждение

Пока мне не удалось найти списка актеров Пролеткульта. Так как я не знала истории театра, мне казалось, что Пролеткультовский театр находился в Санкт-Петербурге, но Уильям Пауэлл настаивал, что ему говорят о театре в Москве. Позднее в биографии Сергея Эйзенштейна я нашла подтверждение тому, что Пауэлл был прав. Театр Пролеткульта Мейерхольда находился в Москве.

Уильям Пауэлл

Когда я умер от сердечного приступа, перво-наперво я отправился на поиски моего сына и нашел его. Я спросил, ПОЧЕМУ? Почему ты не обратился ко мне за помощью?

Подтверждение

На Интернете многие источники подтверждают, что Уильям Пауэлл скончался от сердечного приступа 5 марта 1984 года в Палм-Спрингсе, Калифорния, в возрасте 91 года.

Таника Пальм

Владимир Высоцкий
(1938-1980)

Свидетельство Высоцкого о встрече с эгрегором, крупной мыслеформой, возникающей из энергий почитателей таланта

Жизнь в вечности. Часть первая

Т: Элвис Пресли, вспоминая, как он встретился с Высоцким в послесмертии, рассказывал, что на том свете его срочно вызвали "помочь русскому, который собрался повеситься". Высоцкий комментирует это событие.

ВВ: — Вы ошиблись, решив, что я хотел покончить с собой из-за "кино", которое здесь показывают прибывающим. Американцы называют это *the life revision* — пересмотром пройденной жизни.

Я не из-за этого хотел свести счеты, хотя смотреть на прожитую жизнь было тяжело. По мере того, как шел просмотр, меня затошнило. В голове был туман, тошнота становилась невыносимой, во рту скапливался вкус рвоты, а нескончаемый поток пьяни не прекращался. Но не это меня доконало. ...Так и быть, я дам вам все про тяжесть имени в послесмертии.

ВВ: — На картине "Владимир Высоцкий" Шемякин почти правильно изобразил мой эгрегор. Но тогда, увидев картину, я не мог понять, что он изобразил, да и он сам вряд ли это понимал. После смерти я был неподготовлен к неожиданной встрече с тем, что так походило на портретное изображение — моим эгрегором. Я не знал, что на астральном и ментальном уровнях, хотим мы этого или нет, создаются образования, то есть некие формы, которые в литературе называются то Васей, то Петей, то Акакием Акакиевичем, то Собакевичем, в зависимости от желания автора. Существуют крупные мыслеформы, которые называются эгрегорами.

Т: Дополню: мыслеформы создаются эманациями человеческого мозга. Энергетические потоки наших мыслей и эмоций, струясь, стремятся к соответствующим уровням тонкого мира. Музыкальные, литературные или визуальные образы, создаваемые художниками,— все те же мыслеформы, которые влияют на людей либо положительно, либо отрицательно. Когда у какого-либо художественного явления возникает группа фанатов, вместе с нею возникает и соответствующий групповой спирит — коллективный дух, или спирит участников группы. Если группа фанатов вырастает до толпы, например, толпы поклонников Аллы Пугачевой, то групповой спирит вырастает до размеров эгрегора Аллы Пугачевой, невидимый нам, но видимый для тех, кто может настроиться на частоту вибраций ментального уровня. Все это прекрасно описано Вадимом Зеландом в серии его книг о маятниках.

ВВ: — Эти образования существуют за наш счет. Они питаются нашими мыслями, всеми мыслями, как хорошими так и плохими, потому что эгрегоры всеядны. Им нужна наша энергия, а направление наших мыслей никакой разницы для них не имеет. Однако им приходится терпеть последствия собственной неразборчивости. Поглощая негативные эмоции — дурновкусье, злобу, мстительность, жадность, мелочность, неистребимое желание ничтожества доносить и этим в мыслях возвышаться над великаном - эгрегоры платят тем, что дурно выглядят.

ВВ: — Я всегда считал себя мягким, податливым, добрым, а главное — отзывчивым человеком. И вдруг, едва очнувшись на том свете, я увидел своего омерзительного двойника — монстра-великана, будто меня раздули до необъятных размеров. На шкуре того монстра, который называл себя Высоцким, буквально провисли мириады единиц, если таковые существуют, водки, нечистот, отчаяния, безысходности, подхалимства, трусости, распущенности, безграмотности, лени, подлости, доносительства. И все это находилось вперемежку с космическими паразитическими присосками, космической трухой и пылью. Но пыль эта, которая так легко сдувается на земле, здесь иная. Она сцементировала всю эту гниль в безобразную, отвратительную коросту.

Т: Видимо, обнаружив, что его ментальное тело также покрыто подобной коростой, он стал искать крючок, на котором повеситься, что и привело к встрече с Элвисом.

ВВ: — На земле мне казалось замечательным, что мои песни любили все — от зеков на нарах до тюремщиков, от простого люда до академиков, от диссидентов до работников КГБ, которые их преследовали, перетягивая на свою сторону. Так оно и было! Но эгрегору Высоцкого было наплевать, кто был кем на земле, так как эгрегоры питаются любой энергией — как положительной, добродетельной, так и отрицательной во всех ее градациях. Не секрет, что в мире греха больше, чем добра. И поэтому эгрегоры выглядят ужасно.

ВВ: — Я прошел прочистку, и поэтому мне разрешено говорить об этом... Я представлял, что на ментальном уровне я являл собою ужасное зрелище. Не буду описывать, что я чувствовал по этому поводу. Если с Элвисом рядом находился его брат-близнец Джессе, гордый шаман африканско-масонского разлива, самого высокого разряда, который чистил отрицательную энергию за Элвисом после каждого его концерта, "вынимая из поля певца по аудитории", как он подшучивал, то я такой роскоши не имел. Рядом со мной был мой ангел хранитель, который этого делать не мог, точка.

Хочется ли мне на землю после пережитого? Не хочется! Еще меньше мне хочется учить кого-либо, как жить. На земле чаще всего слепые учат слепых, это все, что я могу сказать.

Любите и прощайте, не судите о том, о чем вы ровным счетом ничего не знаете. ... Я сказал, я ушел!

30 лет спустя:
нынче я на многое смотрю иначе

ВВ: — Меня удивляет, как быстро меняется мир. Мне казалось, что меня затянуло в гигантскую воронку, подключенную к сети высоковольтного напряжения и работающую 24/7, как здесь говорят, то есть двадцать четыре часа в сутки семь дней в неделю, без выходных, отпусков, простоев, всегда с полной нагрузкой все 365 дней в году, из года в год. И я понял, как возник невероятный американский мир, не хуже мира Атлантиды. Они там также что-то в космос посылали и далеко летали. Мне кажется, что мы работали над книгой Channeling Vysotsky только вчера.

Т: Эта книга создавалась в 2001-2005 гг., а сегодня на дворе год 2011-й.

ВВ: — Но Америка сегодня уже другая. Мне подсказывают, что цифровая электроника только начала свой полет, который, как мне говорят по-английски, далеко пойдет, куда даже атланты не шагали. Но и Россия, которую я часто посещаю, уже не та, из которой я уходил. Иногда, гуляя по Москве, я помогаю бездомным, бомжам, как их теперь называют, пьяным и побирающимся. Я помогаю им петь моим хриплым и грубым голосом, чаще всего на площади у трех вокзалов. Прохожие останавливаются в изумлении и, "узнавая мой голос", кидают монетки в шапку. Когда накапливалось достаточно денег на очередную бутылку водки и бомж удивлялся, каким образом получилось столько денег, я бросал его и продолжал гулять по городу.

Москвички расцвели и похорошели. Свободный рынок пошел им на пользу. И страстное желание молодых женщин двинуть на запад и подзаработать проституцией пошло на убыль. Запад перестал быть манящей тайной, и русские люди стали понимать, что надо строить свой дом. Хочется ли мне жить в этом недостроенном доме с его политическими сквозняками и доносительством — вопрос иной. Волна моей судьбы отталкивает меня на Запад в иную, более насыщенную жизнь.

В Париже, да и в Германии мы всем набили оскомину. И русским пора возвращаться домой. Но у нас все еще нет дома, и долго не будет, потому что мир все еще не устроен, бурлит, и с войнами и народными волнениями не покончено. Многим из нас ничего более не остается, как влиться в местное население и стать либо французами, либо американцами. Особенно больно, когда русским евреям приходится становиться немцами. Лондон, Париж и Берлин желтеют и темнеют. А белое население сереет и все более уходит в себя, теряясь в век перемен. Не могу отделаться от мрачной картины, что настанет день, когда в лесах будут охотиться на белокожих, сажать их в клетки и показывать за деньги пестреющему человечеству. То есть мне кажется, что кадры фильма "Планета обезьян" (1968), в которой астронавта Тейлора везут в клетке на показ начальствующим обезьянам, окажутся пророческими. А мне этот фильм нравился когда-то.

Москва... Для актеров и людей искусства старение является подлинной трагедией. Встречая моих бывших друзей на неравных условиях — я уже здесь, а он все еще там, на земле, я прихожу к выводу, что совсем неплохо уходить молодым. Если ты не Лев Толстой или Федор Достоевский, то попрощаться вовремя — святое дело! Люди легко прощают тебе твои грехи, помнят тебя молодым и привлекательным, находящимся в здравом уме.

Во Франции я посещал театральные спектакли, которые поражают точностью постановок. В одном из маленьких театров на Монмартре я неожиданно встретил Андрея Тарковского. Мы обрадовались друг другу, и мне понравился его нынешний вид. Он также не вернется в

Россию. Удастся ли нам достичь чего-либо на Западе? Пригодится ли наш русский опыт, когда приходилось работать под недремлющим оком партийной цензуры, изобретавшей для нас немыслимые запреты и наказания? Нас приглашают на Запад, чтобы мы боролись за некоммерческое искусство и настоящее образование. Нам предстоит иметь дело с совершенно иным раскладом сил и неведомыми для нас проблемами. Андрея, которого ждет жизнь голливудского кинематографиста, интересует музыка, сегодня не существующая. Он будет связан с цифровой электронной революцией и будет дружить с Паоло Пазолини, который также находится на пути в Голливуд.

30 лет спустя. Продолжение

Т: Высоцкий добавил несколько слов о песне "Охота на волков".

ВВ: — Строка "Кровь на снегу и пятна красные флажков" воспринималась в 60-е и 70-е как символ неприступной границы, охраняемой армией и овчарками. Советская граница была закрыта для простого смертного, и мир называл эту границу "железным занавесом". По одну сторону "занавеса" запреты и голод, а по другую — цветущая лужайка. Тогда уже всем хотелось на ту лужайку, но прорывались только отчаянные. Их было мало, единицы, и в них стреляли. С Берлинской стены снимали трупы, а кое-кого просто сажали. И большинство молчало и ожидало чего-то.

> Волк не может нарушить традиций!
> Видно, в детстве — слепые щенки —
> Мы, волчата, сосали волчицу
> И всосали: нельзя за флажки!

Когда я пел это, мне почему-то казалось, что все понимали: мы с молоком матери всосали рабское послушание, которое мы либо преодолеем, либо... К тому времени я уже твердо решил, что прорвусь за красные флажки. Мне хотелось понять, почему нас, как прокаженных, отгородили от остальных двуногих, и загодя метились в тех, кого подозревали в выходе из повиновения.

Кстати, в Эстонии и в вас метили, и в вашего приемного сына, ой, как крепко метили. Главное, неизвестно за что и почему, и вы выбрались буквально в последнюю секунду, когда палец егеря уже нажимал на курок. Так как вы тот рывок меченого волка к свободе проделали не в песне, не во сне, не в воображении, а наяву, я думаю, именно этот ваш поступок дал нам возможность поработать вместе.

...Кровь на снегу и пятна красные флажков.
Я из повиновения вышел.
За флажки — жажда жизни сильней!
Только сзади я радостно слышал
Удивленные крики людей.

В далекие семидесятые эта песня разлетелась по стране на крыльях робингудовского магнитиздата, который ничего не продавал, но только раздавал запрещенное. Естественно, такого издательства не было. Им являлись люди, которые раздавали копии моих выступлений своим знакомым. Это были самодельные пленки, любительские звукозаписи, которые я разрешал делать энтузиастам, приходившим на концерт со своей аппаратурой. А затем эти записи копировались, как говорится, до дыр! Например, "Волков" слушали и те, у кого отняли свободу, и те, кто эту свободу отнимал — партийные начальники, аппаратчики и разведчики. К тому времени продовольственные прилавки начинали еще более пустеть, и приличную закуску доставали по знакомству или за взятку. Народное стремление к хорошей закуске, которой было почему-то навалом за линией красных флажков, пресек "железный занавес", вызвав перемены в стране, о которых вы знаете больше меня.

Наверное, так, как я пел эту песню, уже никто не споет. Ну и не надо. Новые времена требует иного исполнения, и я надеюсь, что со временем она привлечет новых исполнителей, которые выросли уже в свободной

России и которые, слава Богу, о бывшей "охоте" на своих же сограждан ничего не знают. Мне бы хотелось воспользоваться случаем и передать тем, у кого такое желание появится, не гасить его из страха, что кто-то будет сравнивать ваше исполнение с моим.

Сравнение, кто спел лучше — ты или я, глупо и бессмысленно, потому что сюжет этой песни универсален и может отразить не только проблемы советской жизни. Конечно же, капиталистическое общество не станет запрещать американцу посещать Париж, Рим или Лондон и не будет мешать стремлению американских мам вывозить детей в Европу на осмотр Ватикана, Лувра и египетских мумий в Британском музее. Здесь никто не требует, чтобы гражданин клялся в любви к своей стране. Здесь требуют только одного: чтобы человек платил налоги. Казалось бы, все очень просто — уплати налоги и беги снова зарабатывать доллары.

Но на деле предоставленный самому себе человек никогда не перестает охотиться. Человек становится и охотником, и "волком", то есть жертвой, за которой охотятся. Соблазн — жульничество, зависть, ревность, распущенность, стяжательство, мстительность, скупость подстерегают человека всюду. Ведь недаром существует поговорка: "Сколько волка не корми, а он все в лес сморит". Человек то рвется к свободе, то сажает своего "волка" на цепь и становится законопослушным гражданином. Но затем вдруг мечта о свободе берет верх, и охота на волков начинается сначала. Стоит ли продолжать?

В демократическом обществе армия священников, проповедников, философов, психологов, педагогов, психиатров, бихейвиористов, то есть исследователей человеческого поведения, социологов, специалистов по этике занята укрощением зверя в человеке, причесыванием его естественных инстинктов и превращением его в послушного плательщика налогов. Казалось бы, что нового можно сказать о вечной борьбе добра и зла в человеческих сердцах? Про это написаны тысячи прекрасных книг. Но тема эта никогда не исчерпается, потому что жизнь меняется, и каждому поколению приходится вести эту борьбу иными методами и способами. Так что у писателей и поэтов никогда не будет нехватки идей, как творить и о чем писать.

Т: Мне кажется, Владимир Высоцкий хотел добавить, что он надеется, что со временем более общий смысл "Охоты на волков" будет понят и найдутся исполнители, которые будут петь его любимую песню по-новому.

Слухи о Викторе

Т: — До меня дошли слухи о тебе как об агенте КГБ, Викторе. В той стране все доносили на всех. Сегодня смешно друг на друга пальцем показывать. Или наоборот — надо! Расскажи лучше, как недавно преставившийся Золотухин поживает?

ВВ: — Валера тоскует по-чёрному — по дому, любовнице молодой, которая его довела, по жене, детям, театру, по жизни...

Т: — Умеешь ли ты раздваиваться? Пользуешься ли ты такой возможностью? Я слышала, ты давал концерт погибшим подводникам "Курска", а я, почему-то ничего не слышала об этом концерте от тебя? Говорят, кто-то там стихи читал.

ВВ: — Никакого концерта не было. Я бы с удовольствием спел для них, но они уже давно не вместе, а разбрелись по Вселенной. Мое время вышло, мне обратно на землю спускаться. Мне выпадает не то, что я думал. Мне петь на улице, иначе не получается...

Т: — Неужели ничего нельзя сделать?

ВВ: — Я все растратил, что имел...

Т: — Не деньги же? Ты говоришь о капитале духовном? Разве можно измерить вес и стоимость энергии духа?

ВВ: — Я все спустил на вранье, на растление ребят, называя это помощью. Все потрачено на привычку врать, на неумение не врать, на подлости, которые я многим устраивал просто из привычки злобствовать. А главное — совестно за Марину! Этой вины мне не снять с себя много инкарнаций — за то, во что я ее превратил эту красивую, удачливую женщину. За то, что тебе, кстати, дорогу закрыл из вредности, теперь рою проход. Алле я гадости делал, театр не уважал. Многое исходило от непомерной усталости и злобы, вызванной унижениями со стороны тех, кому я служил. Не надо было мне с ними связываться со страху, как ты. Но ты ускользнула, ты им фигу показала, они тебя преследовали, но ты с себя позор смыла, приняв унижения в свою эстонскую бытность, а главное, здесь, в Америке.

Я теперь знаю, как раздваиваться, Кэри знает, многие знают, но редко пользуемся — не надо, незачем. Кокаин? Это трудно объяснить. Ужас в душе, что разонравлюсь, оттого и кокаин... Зараза страшная, не знаю, как избавиться...

5-22-2013

Прощай, Татьяна, меня снова уводят. Я жалею, почему я с тобой ругался, почему подсылал китайца, которого я кокаином совратил, и который называл себя спьяну Архангелом Гавриилом. Он из-за дозы кокаина готов был тебя задушить. Никакой он не архангел, а ученик на ангела, всего лишь. Печатай, что я говорю сейчас, это мое покаяние. Я жалею, что больше не рассказал, как они меня вербовали, и кто вербовал, кстати, Валера может много рассказать.

Т: — Говори сейчас, сколько успеешь.

ВВ: — Они меня в "шестерку" вербовали, на это я не пошел, потом в надсмотрщики за информаторами, на это я также не пошёл, но на загранку они меня купили по дешевке. Я тогда не понимал, кто был кто в их заведении, и поддался "огням большого города", не на Мухосранск закордонный, а Париж. Огни Парижа манили меня с такой силой, что я забыл и честь и совесть. Ты правильно почувствовала, что цель засылок агентов в эмигрантские круги состояла в том, чтобы сеять ссоры и раздоры. Я получил расписанную во всех подробностях инструкцию как сталкивать лбами тщеславных, борющихся за лидерство среди русских, в основном русских евреев на Западе.

Т: — Ты принимал участие в убийстве диссидента Георгия Маркова и барда Алекснадра Галича?

ВВ: — Нет не принимал, это они мне шьют свои провалы. Они думали тихо убрать этих ярких людей, но тайное стало явным, и Запад знал, что произошло на самом деле. Мне непонятно, почему, зная, и следя за ними, Запад давал им действовать почти открыто. Запад знал также, что рано или поздно, те погубят Литвиненко и Березовского, и не только их...

Более жадной своры, чем наша разведка на Западе, я не видал. Воровство, обман, и лицедейство являлись нормой в рядах сотрудников КГБ. Думаю, воз и ныне там! Потому что лебедь, рак и щука никогда не перестанут этот воз растаскивать, каждый под себя. Я им служил, но в то же время, оставался и белой вороной, потому что они понимали, что я с ними никогда полностью не сольюсь. За это они меня люто ненавидели. А за то, что я сам напросился сотрудничать, они меня презирали. Я это сделал, чтобы бывать как можно чаше заграницей, естественно, на Маринины деньги. Ох, сколько я ей задолжал...

Меня уводят. Обнимаю, не поминайте лихом... Уводят очищаться страданием на московских улицах, где мне придется петь, собирая в качестве бездомного бомжа милостыню на водку.

Меня уже нет, я сказал, я ушел.

Т: Высоцкий не ушел. Он снова обещал пойти лечиться от кокаиновой зависимости. Дай Бог ему сил расправиться с «заразой».

Через несколько дней наш разговор продолжился. И снова возникла темя кокаиновой зависимости.

Т: — Каким образом тебе известно, что ты все потратил? У древних египтян бог Потусторонии, человеко-шакал Анубис занимался взвешиванием сердец, определяя, кому в ад, а кому в рай. А кто наши сердца взвешивает?

ВВ: — Это трудно объяснить, это делают за нас «местные» технологии, на много опережающие земные.

Т: — Но кто современные Анубисы, на каких весах они взвешивают наши сердца?

ВВ: — Это интересный вопрос, но мы не знаем кто, и мы толком не знаем как они это делают.

Т: — Из ниоткуда появляется кто-то и сообщает результат?

ВВ: — Нет, нам его показывают, кого мы убили, повесили, а кого помиловали... Я шучу и преувеличиваю, конечно!

Т: — Где вас "взвешивают"? В лаборатории, в парке, в церкви, в храме, или в каком-то специальном помещении?

ВВ: — Это происходит в овальном зале с прозрачными стенами, на которых появляются коллажи с видоизменяющимися формами. Красочные геометрические и абстрактные формы переходят одна в другую, сменяясь конкретными изображениями, в которые вплетаются графики, цифры, фотографии, какие-то звуки, отрывки из фильмов. Я еле успевал схватывать этот гигантский нескончаемый коллаж. Мне казалось, что эти видения являются результатом "взвешивания", о чем мы, к сожалению, ничего не знаем. Это связано с нашим сознанием, состоянием совести, которую обмануть невозможно, потому что она наша, но и не наша, а искра Божья! Все дело в ней, теперь я понимаю...

Т: — Так что ты видел, когда тебя "взвешивали", почему ты решил, что ты "все потратил"?

ВВ: — Я здесь, считай, с 1980 года, то есть тридцать с чем-то лет. Это не возраст в Потусторонии. Моего хрипа хватило бы лет на 500 с гаком, если бы не...

Т: — Что?

ВВ: — Знаешь, я не могу говорить об этом. Я ничего не могу отпустить, я не могу забыть. Я принял сейчас на душу не сто граммов, а более, чтобы говорить об этом. Я привык сам за себя, все сам, один против всех, один за всех, и я не могу измениться вот так сразу. Не могу я сдаться на суд Божий; может быть Он и простил бы меня, а я – нет! И я смотрел, как на прозрачных стенах овального зала гасли цвета радости и легкости. Розовый, оранжевый, изумрудно зеленый, чистый фиолетовый угасали и серели, вот-вот совсем исчезнут. Вдруг я увидел, что я не один, откуда-то взялся мой ангел хранитель, который кричал, "Уходи, не дай погаснуть краскам, падай на колени, проси прощения, уходи оттуда!" Но я не мог с места сдвинуться, не я, а ангел упал на колени, стал молиться за меня, шептать, мол, ищи в себе добро, оно там, копай, ищи!

Но я не находил в себе ни добра, ни покаяния, ни будущего, ничего, кроме видений московских улиц, площади у трех вокзалов, и себя поводырем изуродованного взрывом шальной мины боевика. Мы нашли уголок в тенечке, я положил шапку перед ним на мостовую, и мы над ней затянули нашу жалобу Всевышнему, прислушиваясь к редким звукам падавших на дно шапки копеек. Они падали глухо, а это означало, что дно шапки все еще не покрылось монетками. Мы продолжали петь, чтобы заработать на горячие пирожки, запах которых доносился из-за угла.

На потемневших стенах овального зала побежали золотые строчки: "Это твой кратчайший путь к очищению. Ты им сочувствовал, ты им пел, и на твоем московском дне они будут тебе защитой, и выведут тебя на путь истинный. Когда придет твой срок, ты начнешь свое следующее восхождение".

ВВ: — Я смог рассказать тебе эту историю, потому что я и тогда не ушел на перерождение... Я снова струсил спускаться, я сова выклянчил отсрочку...

Т: Высоцкий замолчал. А я думала о земном Овальном Зале. Кто построил этот зал? И почему именно овальным? *The White House, the Oval Office!* Не символизирует ли выбранная форма главного кабинета страны невидимую связь президентов с космическими силами, защиту, провидение? Отцы основатели этого государства были масонами. Трудно поверить, что овальная форма этого кабинета случайна?

Таника Пальм

Борис Березовский (1946-2013)

Я не совершил самоубийства

24 август, 2013

— Меня зовут Борис Березовский, и я не хватался за веревку, потому что у меня не было для этого никакой надобности. Да, я проиграл судебный иск Абрамовичу. Но заплатив судебные издержки, я остался Березовским, и у меня был план, как возместить утерянное. В Великобритании я научился многому. Для меня деньги не причина для сведения счетов с жизнью.

Если не деньги, не довели ли меня до крайности любовь, секс или женщины? Пресса часто писала обо мне. Я не был дон Жуаном, но я любил красивых женщин, и они отвечали мне тем же. То есть, и в этой области у меня не было проблем. Были проблемы в других областях, например, в отношениях с властями. Я любил одерживать верх, но подобные споры не ведут к депрессии, скорее наоборот. Потерю в суде значительной суммы денег я рассматривал как вызов, и не более. Энтузиазм вдохновлял. Собираясь окунуться в дела, я не мог дождаться, когда я открою новый бизнес. Я чувствовал себя помолодевшим, откуда то появилась энергия, агрессивность, надежда. Вместо депрессии, я ощущал душевный подъем, и спешил начать мою активную деловую жизнь на западе. Зачем мне было сводить счеты с жизнью, сами подумайте? Моя профессия — делать деньги, и это единственное дело, которое я знал досконально.

Обсуждая случившееся, я встречался с русскими и английскими экстрасенсами. Они предупреждали меня о готовящемся покушении на мою жизнь. Являлся ли Путин вдохновителем этого заговора? Думаю, у юристов Абрамовича было достаточно причин стремиться обезвредить меня на случай, если мне вздумается подать на встречный судебный иск. Наученный опытом, я знал бы, как к нему подготовиться. Смог ли я снова проиграть? Не думаю. Я знал, как вернуть мои три миллиарда долларов. К тому же я стал приходить к выводу, что мне не нужно столько денег.

Я стал ценить покой больше денег. В свободном мире меня стали прельщать иные разделы знаний, достойные изучения. Я интересовался путешествиями во времени, загадочными периодами истории, когда в разных уголках планеты люди возводили строения из неподъемных мегалитов, закладывая в них информацию о вселенной. Человечество и сегодня ломает голову над загадками вроде Сфинкса, когда его возвели, а главное — зачем? Ученые продолжают интересоваться тайнами пирамид Гизы, Стоунхенджа, Андийских Кордельеров с их таинственными силовыми полями. Мне хотелось узнать больше о Шекспире, кем он был, и почему он не оставил благородным потомкам сведений для идентификации его личности.

Мне хотелось знать больше о самом себе, кем я был в моих прошлых воплощениях, какое из них привело к обладанию состоянием, и что мне предстояло сделать с ним, куда поместить, или что построить? И почему мне пришлось расплатиться жизнью за это состояние? Почему я оказался втянутым в чеченские войны, и почему мне предстояло проложить Путину дорогу к власти? Кем я был на самом деле под маской удачливого московского еврея?

В то роковое утро мой завтрак был, как обычно, свежим, кофе горячим, и ни что не предвещало беды. У меня было свиданье с женщиной, и я ждал ее приезда. Я расскажу то, что произошло... ближе к делу. В первый раз, когда мы говорили, я все еще не мог сказать, как оно было. Я ограничился рассказом о том, как я ушел из столовой к себе в офис, попросив принести мне сок, который оказался отравленным. Я тогда пропустил, что она приехала. Думаю, она, человек далекий от политики и полицейских детективов, притащила, ничего не подозревая, хвоста. Вдруг к нам ворвался человек с иглой наготове. Я не успел опомниться, как уготовленный мне яд оказался во мне. Все произошло мгновенно. Меня вынесло в иное, неземное измерение.

Я шел по скучному берегу северного моря. И чей-то голос сообщил, что, мол, Бонапарт также часто гулял по берегу моря. Мне этот голос не понравился. Я возразил: «Я не побежден!» — обращаясь не то к ангелу, не то к дьяволу, сравнившему меня с Наполеоном, я добавил, «Уходи, оставь меня в покое, черт. Я в расцвете сил. Лучшая часть моей жизни впереди. Мне предсказывали, что я доживу до глубокой старости, что внуки будут меня любить, и кем-то из них я буду гордиться».

Вдруг стало темнеть. Влияние яда стало проходить, и я заявил, что мне пора домой, мне могут позвонить. Улыбка, не предвещавшая ничего хорошего, пробежала по лицу моего провожатого. Мы шли к моему дому.

Первое, что я увидел, было мое тело. Страшная мысль, что я остался без тела, пронзила меня. Я закричал, и обнаружил, что у меня нет голосовых связок. А затем я увидел, что серебряная «пуповина», нить жизни, также порвана. И я понял, что я мертв и уже не могу вернуться к нормальному существованию на земле. Меня убили, предали, обманули, но кто? Русские, чеченцы, служба М-16? Я до сих пор не знаю, кто! У меня все еще нет сил рассмотреть детали этого дела – кто, как и почему.

Т: -- Борис Абрамович, уже прошло больше года после того, что случилось, и вам все еще страшно взглянуть на подробности? Вы прикрываете кого-то, или боитесь за кого-то?

ББ: -- Пока мне ясно одно: человек с иглой наготове и его помощники были профессионалами, которые за собой следов не оставляют.

В Москве они понимали, что несмотря ни на что, я никак не человек конченный, и они расправились со мной. Естественно, я догадываюсь, кто заказал меня. Да и вам его фамилия не безызвестна. Он полагает, что мы никогда уже не встретимся, но он заблуждается. Ему повезло, что он пребывает в неведении, чем здесь все может обернуться. И я был не святым на земле. Тем не менее, когда они убивали меня, много грехов буквально слетело с меня, но, к сожалению, не все. Осталось и такое, что надо сбалансировать, чем я и занимаюсь в моем нынешнем состоянии.

Будущее России? Нет, я не занимаюсь предсказаниями, и не буду даже задаваться вопросом, каково будущее России или Англии или Соединенных Штатов Америки. Будущее этих стран — бизнес Божий, а кто я такой, чтобы вмешиваться в дела, планы и намерения Всевышнего? Мне он такого поручения не давал.

Интернет сообщал

Тело олигарха было найдено на полу запертой ванной. Медицинский работник отметил странные детали, включая цвет кожи, не бледный, как обычно в таких случаях, а пунцовый.

The witness said: "In my experience normally when we go to patients in these circumstances they tend to be quite pale. I felt that the color was quite a deep purple."

Таника Пальм

Элвис Пресли (1935-1977)

Джессе: "Я подготовил Элвису дорогу хирурга, но он снова хочет петь!"

В гостях у вечности. Часть первая

Церкви моего имени надо закрыть

Причина, почему Элвис Пресли обратился ко мне, медиуму из бывшего Советского Союза, с просьбой принять от него несколько известий, оказалась не столь уж загадочной. Он хотел заявить публично, что не является воплощением Иисуса Христа, как его многочисленные поклонницы утверждали на Интернете, и он просил не молиться на него, как на божество, с просьбами о помощи, потому что он всего лишь простой смертный, и никому с того света помочь не может. Элвис был щедрым человеком и помогал многим. Молясь на него, люди продолжали просить о денежной помощи, которую Элвис уже оказать не мог. Он повторял, что молиться надо Богу, Иисусу, Деве Марии, а не ему, грешнику, который употреблял наркотики, слишком много ел, слишком много любил и угождал толпе. Еще он просил передать "кому следует" его просьбу закрыть церкви-часовни его имени. Мол, эти часовни обман и служат не Богу, а вытягиванию последних копеек из тех, у кого денег и так нет. И что личности, которые наживаются сейчас на его имени, рано или поздно жестоко поплатятся за это безобразие.

В конце 90-х годов спиритические сообщения от Элвиса Пресли настигли меня врасплох: я приехала в Соединенные штаты недавно, и не увлекаясь поп-музыкой, мне имя Элвиса Пресли мало о чем говорило.

Но Интернет выдал немедленно десятки сайтов поклонников, исповедовавших религию Элвиса. Слух, что Элвис является реинкарнацией Иисуса Христа, также не являлся откровением на этих сайтах. Более того, уже вышла книга в твердой обложке, сияющая белизной, в которой автор доказывал неопровержимо, что Элвис и есть Иисус Христос второго пришествия. Но когда я, обрадованная находкой, взялась за статью об этой книге, меня остановило очередное сообщение от Элвиса с просьбой не склонять имя автора. Он говорил: "Профессиональному критику вроде вас ничего не стоит разнести автора в пух и прах. Но велика ли победа над убогой? Разве не ясно, что она больна психически?"

Дельцы, или так называемые бизнесмены, поддерживали новую религию выпуском сопутствующих товаров. Наивным обоснованием религии Элвиса служило его увлечение духовными напевами, которые он слышал с детства в церквях чернокожего населения в Южном штате Миссисипи, родине американской *Gospel music*. Вспомните Тома Сойера и Геккльберри Финна, обитателей того же штата, где духовный мир чернокожей Америки расцвечивал добропорядочный, но скучноватый лютеранский быт яркими красками суеверий, сильных эмоций и страстных религиозных напевов в ритмах, которые смело вошли в музыку 20 столетия.

Превратное толкование личных привязанностей раздражало Пресли. В моем лице он, видимо, рассчитывал найти нейтрального медиума, который относился бы к его проблемам непредвзято. Постепенно я выяснила, что биографы Пресли изучили его жизнь по дням, если не по часам, и американцам она была известна лучше, чем священное писание. В такой ситуации найти медиума более нейтрального, чем я, было трудно.

Ох как я неверно поняла, почему Пресли включил меня в свое посмертное существование! Правда откроется мне лишь через 15 лет, а читателям — в заключительной главе этой книги.

Когда они молятся на меня, это тянет меня вниз

19 июня 2000

ЭП: — Не надо скрывать симпатию ко мне. То, что вы не знаете моей музыки, неважно. Важно то, что вы слышите меня; не так много тех, кто нас слышат.

Т: — Насколько мне известно, вы говорите через медиума Дороти (Ханс Холцер пишет о ней в своей книге *Elvis Speaks from Beyond New York: Gramercy Books, 1999*).

ЭП: — Она действительно хороший медиум. Но мне хотелось бы продолжать общение и, если возможно, на несколько ином уровне, чтобы рассказать о моей трудной жизни на земле.

Т: — Ваш голос пропадает... Но почему именно я, почему вам кажется, что я подхожу на эту роль? Наверное, есть что-то главное, что вы хотите передать тем, кто вас любит и помнит?

ЭП: — Я прошу прекратить молиться и обращаться ко мне с просьбами. Я не могу помочь, только Бог может. Церкви имени Элвиса надо закрыть. То же самое происходит и с Джеймсом Дином.

Т: Киноактер Джеймс Дин (1931-1955), рано погибший в автомобильной катастрофе, успел сняться только в трех серьезных фильмах - "К востоку от рая", "Бунтовщик без причины" и "Гигант". Тем не менее, он почитается как *cultural icon* и считается одним из самых влиятельных киноактеров Голливуда.

ЭП: — Нам здесь плохо от поклонения нашим образам. Богу надо молиться, а не нам, грешникам, льстецам, заискивавшим перед толпой. *Love Me Tender* – "Люби меня нежно!" Боже, что я пел! А нынче верность поклонников не дает мне уйти на покой. Каждый раз, когда кто-то "любит" или молится на меня, их мысли и эмоции тянут меня вниз. Выдержать это невозможно. А мне пора подняться выше! Вместо этого я страдаю от того, что они цепляются за мое имя. Я не заслуживаю находиться так низко, никто не заслуживает находиться так низко. Ваш котик будет здесь в лучших условиях, чем я. Включите это в вашу книгу, пожалуйста, напечатайте это, пусть дойдет до людей. У вас очень приличная энергия, я вижу это. Скоро, с нашей помощью, вы начнете видеть тонкий мир. Нам легче вам помочь, чем учителям на земле. Ладно, я вас отпускаю.

Т: Я опубликовала это сообщение на Интернете и постаралась связаться с администрацией Грейсленда и лос-анджелесского клуба фанатов Пресли без какого-либо успеха. Клуб фанатов Кэри Гранта также не заинтересовался спиритическими сообщениями от Кэри Гранта. А директор Музея Высоцкого в Москве Никита Высоцкий не соизволил поблагодарить за посланные музею в подарок книги *Channeling Vysotsky* и "Мертвые говорят". Наконец я поняла, что деловым людям в подобных заведениях не нужны живые Элвис, Кэри, Володя, они нужны им мертвыми. Бывшие звезды — бизнес серьезный!

Вот соответствующая таблица Форбса.

Мертвые продолжают зарабатывать

2 августа 2002

Не всякий посчитает свою смерть полезной для бизнеса. Однако есть звезды, которые после смерти продолжают зарабатывать. Например рэп-звезда Тупак Шакур (1971-1996), которого застрелили в Лас-Вегасе в возрасте 25 лет, заработал в 2001 г. на продаже дисков

2.7 миллионов долларов, общая посмертная прибыль от продажи пластинок — 7 миллионов долларов. Когда Шакур погиб, у него оказалось 200 записанных звуковых дорожек, и, таким образом, мертвый Шакур выпустил больше дисков, чем живой Шакур в течение всей своей жизни на земле. Составленная в 2002 году таблица посмертных доходов звезд гласит:
Элвис Пресли — $37 млн.
Чарльз Шульц — $28 млн.
Джон Леннон — $20 млн.
Дейл Эрнхард — $20 млн.
Теодор (Др. Зус) Гейзел — $19 мнл.
Георг Харрисон — $17 мнл.
Дж.Р.Р. Толкинен — $12 мнл.
Боб Марлей — $10 мнл.
Джимми Хендрикс — 8 мнл.
Тупак Шакур — 7 мнл.
Мэрилин Монро — 7мнл.
Джерри Гарсия — 5 мнл.
Роберт Лудлум — 5 мнл.

25 лет после смерти Элвис Пресли оставался не только королем рок-н-ролла, но и королем заработков!
Из статьи Бетси Шифман в журнале "Форбс"

Верните ребят домой!

12 июля 1999

Война в Косово шла полным ходом.
ЭП: — Верните ребят домой, верните ребят домой, верните их домой живыми.
То есть имеется в виду: "Верните их домой живыми, а не в цинковых гробах".
ЭП: — Теперь я буду петь только "Верните ребят домой!" Я не был на войне, но служил в Германии вскоре после Второй мировой войны, разделившей страну на части. Каким-то образом я вобрал ужас от пролитой крови, боль и кошмар от развалин в прошлом процветающей страны. Здесь я пою: "Верните ребят домой!", потому что ничто другое уже не имеет значения.

Нет больше других песен или иной жизни, потому что нет одного без другого. Жизнь и есть песня.

ЭП: — Я жил на земле ради той публики, которая приходила на мои концерты. Я растрачивал себя, но настал день, когда я стал медленно угасать, и, наконец, я ускользнул от них от всех. Они хотели от меня слишком многого, и я ел слишком много, я пил слишком много, я любил слишком много, и всего было слишком много в моей жизни на земле. Я не мог выдержать больше этого давления. Мне хотелось уйти домой, освободиться. Мне хотелось свободы, домой, домой.... Я любил своих слушателей, и они отвечали мне тем же. На каждом концерте возникало море любви, океан любви, и эти волны проникали всюду. Леннон делал то же самое. Вам надо написать об этом. Мы распространяли любовь. И энергия любви вливалась в жадных, торопливых и пустых людей. Мы посылали им волны любви, а они убивали и убивали нас. Мы же продолжали посылать эти волны, пока атмосфера не изменилась.

Т: — Что изменилось?

ЭП: — Во время концертов мы прочищали пространство над Америкой. Фанаты производили невероятную очистительную энергию. Но когда небо над Америкой стало затуманиваться, мы не смогли больше чистить, и нас забрали с земли. Мы покидали земной мир каждый в соответствии со своей судьбой. Людям казалось, что мы уходили рано, и они основали мою религию. На интернете вам попалась фотография, на которой традиционный лик Иисуса Христа заменили моим портретом. Я вместо Сына Божьего, Иисуса! Но я не Иисус. Я простой смертный, который любил ... жареную картошку! Просто Вселенский Разум работал через меня: я был подключен к нему каналом связи. Когда я пел, соответствующая энергия лилась через меня в зал. Мои песни несли им любовь, и поэтому они решили, что я Иисус.

И я снова пою: "Верните ребят, верните ребят домой!". Все остальное можно отложить до завтра. Сегодня я не буду петь никаких иных песен.

Мое время вышло на земле. Если бы я продержался дольше, они посадили бы меня в тюрьму — в действительную, реальную тюрьму на очень долгий срок. Мне выпало время, когда в стране зарождалась техническая революция.

Т: — За что вас можно было посадить в тюрьму?

ЭП: — Не спрашивайте, мне неприятно и больно все это вспоминать. За то, что я постоянно находился под воздействием наркотиков и за путаницу с налогами. Мой менеджер должен был вести бухгалтерский отчет, но он не занимался этим, и отчеты были в таком состоянии, что налоговое управление могло привлечь меня в любую минуту. В то время, в начале 70-х годов, мое имя защищало меня, но сегодня оно меня уже не защитило бы.

Т: — Почему?

ЭП: — Сегодня все переменилось. Люди озлоблены и мстительны из-за денежных проблем. Нынче люди ненавидят знаменитых из-за их больших заработков и стремятся их проучить. Как только один скандал утихает, каналы массовой информации скармливают народу следующий скандал. Таким образом, динозавр выпускает пары недовольства.

Т: Под словом "динозавр" вы имеете в виду слепой гнев толпы? Можно ли из вашего измерения расчищать землю от негативных энергий?

ЭП: — Нет, прочисткой надо заниматься на земле, как мы делали это в свое время.

Т: — Встречали ли вы Высоцкого в вашем нынешнем мире?

ЭП: — Да. Наркотики были и его проблемой. Я не мог сойти с них. Ничто не помогало. Я измерял мое время наркотиками. Он делал то же самое. Наркотики были нашей общей проблемой. Он, и я, и Леннон — мы все предавали себя. Это было время, когда все употребляли наркотики. Нам было не угнаться за переменами. Когда мы закончили нашу работу, мы вышли из нашего времени. Высоцкий в порядке. Наша работа признана. Я нахожусь в медицинской команде, и мне кажется, когда вы прибудете, вы будете также в той же команде.

Погибшие от передозировок души прибывают в массовом порядке

ЭП: — Погибшие от передозировок души прибывают пачками в ужасном состоянии.

Т: — Что вы делаете с ними?

ЭП: — Их мучают наркотические страхи; образы ужаса держат их в силках, и они парализованы этими видениями, потому что в нашем измерении эти видения оживают и кажутся реальными. Этот "домашний театр" трудно вынуть из их ауры, не повредив ее.

ЭП: — Мы стараемся облегчить чувство ужаса, которое парализует наркомана. Он не знает, что эти кошмары порождены его собственной ненавистью, жадностью, ревностью. Важно очистить этих людей хотя бы настолько, чтобы в них пробудилось желание улучшить свое положение на нашем свете. Мы многое делаем для них. В конце прочистки мы говорим с ними, иногда поем вместе, но сперва им предстоит пережить операцию, похожую на хирургическое вмешательство на земле. Мы вырезаем дьявольские и демонические видения, а затем они проходят энергетическое промывание. И новоприбывшие, и "мойщики", то есть работающие с обмывающими энергиями, должны пройти очистку. Они не любят говорить про это. Это грязная работа, но ее необходимо выполнить.

На земле люди помогают себе медитацией. У нас здесь больше энергии, и мы рады помочь наркоманам, фокусируя энергию до такой степени, что она как бы "выжигает" их боль. Это трудно объяснить. Мир, в котором вы живете, отрицательный, и вы почти не можете контролировать ваши мысли. В моем нынешнем состоянии я вижу, что мне надо было делать на земле, чтобы улучшить концентрацию и память, но ведь на земле я этого и не видел, и не делал.

Персонификаторы

Август 1999

ЭП: — Это я, король преувеличений. Я стал снова петь после долгого перерыва. Я работал в госпитале по реабилитации наркоманов, кем и я являлся на земле. Я отработал свое и обрел свободу петь. Теперь я мог бы петь, но вместо этого мне приходится стирать ужасные образы моих имитаторов, или персонификаторов, которые выскакивают ниоткуда, окружая меня как маски монстров во время Хэллоуина. Мне приходится расчищать эту гадость. Я ищу кого-то, кто помог бы остановить этот поток чудовищных карикатур на меня? Имитируя Элвиса, они хотят прикоснуться к его славе. Но вместо славы они персонифицируют безвкусицу и безобразие.

Сообщение об отношении Пресли к его лас-вегасским имитаторам было записано летом 1999 г. Через два года, летом 2001-го, состоялась моя встреча с известным английским медиумом Робертом Брауном по поводу спиритических сообщений от Владимира Высоцкого. Браун подтвердил аутентичность этих сообщений, так как в качестве медиума он "переговорил" с Высоцким. (Об этой встрече подробно рассказано в книгах *"Channeling Vysotsky"* и "Мертвые говорят".) Во время этой встречи поговорить с Робертом Брауном вышел также и Элвис Пресли, невольно подтвердив аутентичность его сообщений в моих текстах. Когда речь зашла об имитаторах, Браун спросил Элвиса, не кажется ли ему, что они хранят память о нем. Пресли не ответил Брауну, но вернулся к этой теме позднее, снова повторив, что ищет управы на персонификаторов. Только запрет избавил бы его от "постоянных спутников" — чудовищных ментальных образов людей, разгуливающих в его костюмах по Лас-Вегасу.

ЭП: — Они продлевают память обо мне? Нет никакой необходимости продлевать память обо мне. Я готовлюсь к моему следующему воплощению. И совершенно определенно мне не надо, чтобы эти карикатуры на Элвиса вторгались в мое личное пространство и засоряли его. Разгуливать в "моих костюмах" равно насильственному вторжению в чужую жизнь. Представьте, что сквозь стеклянную дверь легковая машина въезжает прямо в ваш living room, разбивает камин, мебель, а водитель выскакивает и, не дожидаясь пока машина взорвется, исчезает, оставляя вас убирать осколки, золу, кирпичи — все последствия взрыва. Если бы это случилось с вами, что бы вы подумали о сбежавшем водителе? Вы бы полюбили его?

Будущее

Октябрь 2001

ЭП: — Мне предлагают стать в Италии оперным певцом уровня Энрико Карузо. Я согласился на такой вариант, потому что ничего более привлекательного мне не светит. К сожалению, если я соглашусь снова стать звездой, это привнесет много трудностей в мою предстоящую жизнь. Когда я опущусь снова в тяжелую атмосферу земли, у меня восстановится тот же эгоистический, себялюбивый характер, как в моем американском воплощении. Такой характер был нужен, чтобы выстоять, настаивать на своем и нередко идти одному против всех, добиваясь высокого качества исполнения.

Но, как и в моей американской жизни, в будущем я снова причиню много страданий моей семье, любовницам и любовникам, ассистентам, телохранителям и остальным, с кем мне придется работать. И, конечно, моя бывшая команда из Мемфиса (так называемая "мемфисская мафия") будет снова работать на меня. Нынешние хранители Грейсленда также объявятся с требованиями рассчитаться за их верность. И я рассчитаюсь. Они получат компенсацию не только за преданность и хорошие дела, но и за злые дела — раздражительность, настырность, дурной вкус, за распространение моей "религии" и обман людей; за создание фальшивых икон, за прикарманивание сумасшедших прибылей за счет моих страданий. Я буду жестоко обращаться с теми, чья близость будет будить память об этом, в особенности о моей борьбе с потоком безобразных образов имперсонаторов, которые преследуют меня в этом мире. Я буду жесток с теми подчиненными, кто сегодня опустошает карманы бедняков продажей им пустых надежд, что я якобы творю чудеса для тех, кто молится на икону Элвиса Пресли. Боже мой! Я никакой не Бог; я был всего лишь певцом, я подстраивался под вкусы толпы, заставляя любить меня!

Эй вы там, на земле! Оставьте меня в покое, дайте мне побыть здесь одному, занимаясь моими личными проблемами, и не заставляйте меня вычищать грязь за вами. Это относится ко всем, кто продолжает наживаться на мне. Если они не остановятся, я доберусь до них и поделюсь с ними моим грузом страданий. Им будет, о чем подумать.

Мне предстоит родиться в Италии, чтобы расширить мое образование. Паоло Пазолини (1922-1975), кинорежиссер, поэт и лингвист, зверски убитый после окончания фильма *Salo: The 120 Days of Sodom* — о жестоких сексуальных извращениях, и я — поменяемся местами. Пазолини родится в Америке и продвинет киноиндустрию развитием технологии производства фильмов. А я стану певцом в Италии, чтобы, наоборот, продолжать великую традицию итальянского бельканто. Моим коронным номером будет ария Джованни из одноименной оперы Моцарта. Я буду петь эту арию всю мою жизнь. И Моцарт уже сейчас помогает мне разучивать ее.

На земле у меня не будет времени учиться чему-либо. Мое время будет перегружено исполнением. Как в моей американской жизни, у меня не будет времени на любовь и семью. И, как в той жизни, единственным человеком, в котором я буду действительно нуждаться, будет моя мать, как Глэдис, которая заботилась обо мне в Америке.

Моей задачей будет продемонстрировать, на что способен человеческий голос: я добьюсь исключительного звучания, и это будет привлекать слушателей.

Предстоящая инкарнация будет короткой, она, как и предыдущая, продлится всего 42 года. Когда тело мое износится, меня заберут с земного плана. Первые пять лет моей сознательной жизни (самые счастливые годы) будут наполнены борьбой за место под солнцем и за признание профессиональными музыкантами достоинств моего исполнения. Последующие пять лет будут заполнены непрерывным исполнением, которое будет записываться самой новой звукозаписывающей аппаратурой. Затем последуют еще пять лет пения, которое будет записываться устройствами, еще не созданными пока на земле. Пятнадцать лет непрерывной звукозаписи! Кто это может выдержать! Я не буду пить, я не буду употреблять наркотики, у меня не будет женщин. Но чем больше я буду сторониться так называемых искушений, тем больше будет портиться мой характер, что явится одной из причин, почему предстоящая жизнь будет короткой. При более продолжительной жизни вес моего "багажа" превысил бы предел, с которым я справился бы в послесмертии.

Т: — О каком багаже вы говорите?

ЭП: — Мне надо идти, мое время вышло. *Auf wiedersehen.* Пройдут годы, пока я пойму, что речь шла о багаже ментального поля, покрытого "одеялом" отрицательных мыслеформ.

Альберт Маротта

Когда я спросила Элвиса Пресли, нужны ли ему услуги Альберта Маротта, психиатра, лечащего гипнозом,

Элвис ответил: "Не беспокойтесь. Здесь помощники знают, что надо делать. Они будут работать через него". Я договорилась с Альбертом Маротта о сеансе. Мне как медиуму предстояло передавать на словах, что я увижу и услышу в астральном мире.

Темный туман расползался по пустой сцене. Каким-то образом я знала, что дело происходит в Лас-Вегасе. Элвис Пресли находился в самом центре сцены. Он жаловался: "Я застрял. Я не могу пошевелиться". Я описала туман и повторила восклицание Элвиса. Магнитофон записывал как мои слова, так и указания Маротта Элвису:

АМ: — Сосредоточьтесь на ногах. Расскажите, кто держит вас за ноги?

Я продолжала передавать ответы Элвиса.

ЭП: — Я "заморожен" злобой, жадностью, бесконечными требованиями моих бывших телохранителей. Здесь, на сцене Санни, один из моих телохранителей, а также фанаты. Так как я выше ростом, их энергии, как положительная, так и отрицательная, оплели мои ноги. Но именно отрицательная энергия не дает мне двигаться. Я прикован к месту. Мне не отделаться от этого видения, оно всегда со мной. Я не могу рассеять его и сдвинуться с места. Вы должны помочь мне.

АМ: — Делайте, что я вам говорю. Возьмите чистый белый свет и закутайте всю отрицательную энергию в шар света.

ЭП: — Там тысячи фанатов и тысячи рук тянутся к сцене.

АМ: — Закутайте все это в свет. Не рассуждайте, закутывайте. Не задавайтесь вопросами. Тащите свет. Укутывайте всех их светом. Прислушивайтесь к звучанию вашего голоса, который разносится на тысячи и тысячи квадратных километров в вашем измерении. Силой вашего голоса толкните белую энергию в темноту, пусть белая энергия окутает и запечатает всю ту темноту и отрицательную энергию. Запечатайте ее! Вы запечатали шар?

ЭП: — Сделано!

АМ: — А теперь подвесьте этот шар во времени и пространстве. Вложите шар в баллон и снова запечатайте хорошенько. Отправьте баллон к свету. По мере того, как баллон с отрицательной энергией будет подниматься выше к свету, свет примет его в себя, трансформируя и преобразовывая отрицательную энергию. Она вернется к вам уже в форме положительной энергии, как источник силы, которую вы сможете использовать для лечения.

ЭП: — Ладно, я сделал это, я смог выйти оттуда, я вышел.

Элвис показывает, что он может прыгать и двигаться свободно по сцене.

АМ: — Ни положительную, ни отрицательную энергию нельзя уничтожить, но ее можно трансформировать одну в другую. Мы только преобразили отрицательную энергию в положительную.

Т: —Элвис объясняет, что от уровня фанатов он поднялся на следующий, и более близкий к нему уровень телохранителей. Он говорит, что их хватка куда более жадная, и поэтому более сильная. Он говорит, что понял: так называемое "королевство", которое он построил, оказалось его тюрьмой. Стены этой тюрьмы выстроены из чувства его вины. Он сам себя замуровал в этой тюрьме. Для телохранителей он был воплощением этого королевства. В самом конце, уже перед вылетом в мир иной, он пригласил их стать придворными при короле. Они приняли его приглашение. А он бросил их и ушел в мир иной. Но они остались там же в роли придворных исчезнувшего короля, как в Камелоте, королевстве короля Артура. Король исчез, а его верные рыцари и поныне там. В ожидании возвращения короля Артура они рассказывают друг другу "истории круглого стола", вновь и вновь переживая события при короле, потому что он был той единственной причиной, по которой они находились при дворе. Мои верные рыцари вдобавок требуют оплаты за верность.

Элвис Пресли показывает, что если его фанаты держали его за пятки, то телохранители держат его за колени.

АМ: — Ладно, мы повторим то же действие. Делайте, что я говорю. Соберите отрицательную энергию, жадность и все остальное, что там провисает, в волны чистой белой энергии. Иными словами, оберните шар отрицательных энергий чистым белым светом, точно так же, как вы окутывали и запечатывали отрицательные энергии фанатов. Вы сделали это?

ЭП: — Нет еще. На этот раз отрицательная энергия не поддается, они не хотят...

АМ: — Нет, мы не спрашиваем их, хотят ли они сидеть запечатанными под замком или не хотят. Мы не спрашиваем яблоко, хочет ли оно быть сорванным с ветки дерева. Мы просто срываем его. Делайте, что я говорю.

ЭП: — Ладно.

АМ: — Соберите жадность и все остальное отрицательное в шар. Запечатайте шар светом и толкните его в пространство и время подальше от вашего тела. Отправьте его в подвешенном состоянии к свету. Дайте свету поглотить эти отрицательные энергии и отрицательные воспоминания, прочистить их и преобразить. Та же энергия вернется к вам как положительная лечебная сила. И не только к вам, но и ко всем вовлеченным в эти воспоминания.

Т:— Элвис говорит, что теперь надвигается уровень его любовниц.

ЭП: — Я не помню, кто они, я не помню их имен, я не помню.... Но боль, вызванная нарушенными обещаниями, жадностью и ложным ожиданием, возвращается ко мне. Огромный долг за очень скромное удовольствие!

АМ: — Не надо анализировать эмоции. Соберите осадок отрицательных воспоминаний, боль и печаль, причиненные сознательно или бессознательно, в шар, оберните его и запечатайте светом.

ЭП: — Ох, что за огромный шар получился! (Он смеется, и в его голосе звучит облегчение.)

АМ: — Запечатав светом, толкните шар во время и пространство подальше от тела. Дайте шару уплыть в свет. Пусть он плывет, отдавая свету отрицательные энергии, боль как физическую, так и духовную. Пусть свет поглотит и преобразит боль и страдание. Наблюдайте, как эта энергия вернется оздоровляющей мощью, как к вам, так и ко всем вступившим в отношения с вами.

Т: Элвис просит освободить его от еще одного уровня зависимости — употребления лекарств не по назначению. Он говорит: "Это то, что я сам сделал над собой".

АМ: — Посмотри хорошенько, откуда это идет. Посмотри на свое тело в зеркало. Оно чистое или потемневшее?

ЭП:: — Я глотал таблетки. Я ускорил смерть этими таблетками. Я убил себя лекарствами.

АМ: — Нет, нет, нет, это не так, это самообман! Всмотритесь в Зеркало Истины. Нет ли там изображения некой внешней силы, которая вошла в вас.

ЭП: — Нет. Что бы там ни было, я вызвал это сам на себя.

АМ: — Хорошо, скажем, вы ответственны за это! Но нет ли там некой внешней силы, которая влияла на вас, затуманивая и омрачая ваше суждение?

ЭП: — Вы имеете в виду докторские предписания? Я принимал то, что доктора мне выписывали.

АМ: — Нет! Вникните в вопрос — не отражает ли зеркало некую внешнюю силу, некую внешнюю духовную силу, которая влияла на ваше суждение? Всмотритесь в Зеркало Истины и скажите мне, что вы видите в нем? Постарайтесь разглядеть, даже если почему-то вам не хочется видеть того, что там есть! Что там?

ЭП: — В правой стороне зеркала я вижу ствол... да, ствол. Или нечто похожее на ствол.

АМ: — Возьмите этот ствол, или что бы это ни было, оберните и запечатайте "пакет" светом. Окутывайте светом, крепко сжимая его. Если этот ствол вдруг заговорит, передайте его слова.

ЭП: — Я сделал это.

Т: Вдруг картина резко меняется, я продолжаю описывать то, что вижу.

Т: — Странно, я вижу совершенно иное. В отражении того зеркала силуэт Элвиса видится на фоне голубого неба и изумрудно-зеленой травы. На нем белый костюм.

АМ: — Но что стало с серым стволом, который мы запечатали светом? Нам надо отправить "пакет" к свету, чтобы свет поглотил и преобразил отрицательную энергию и она вернулась в качестве оздоровляющей силы. ... Свершилось ли это?

ЭП: — Должно быть... да...!

АМ: — Теперь все негативные воспоминания и болевые ощущения в области живота, вся застоявшаяся отрицательная энергия освобождена и отослана к свету. Свет поглотит, преобразует и вернет ее Элвису в виде оздоровляющей силы. Предоставим ему минуту-другую для переживания результатов лечения: облегчения, теплого, покалывающего ощущения, что часто сопровождает лечение духовными и психическими силами. Все уровни, которые подвергались чистке, охвачены происходящим процессом. Может какая-то часть души потеряна? Я обращаюсь к очищенным частицам; я приказываю им вернуться на место таким образом, чтобы восстановилась целостность души.

Т: —Внешне Пресли изменился. Вместо костюма "короля", в котором он выходил на сцену в Лас-Вегасе, на нем летний белый костюм. Он говорит, что, наконец, расстался с Лас-Вегасом и готов перейти к своей следующей задаче в послесмертии.

АМ: — Спросите его, находится ли он в свете? Является ли это истинным светом? Встречает ли его кто-либо? Пожалуйста, пусть он проверит. Являются ли встречающие посланцами света? Нет ли туманности в его глазах?

Т: — Я слышу, как Элвис Пресли звонко смеется. Он сообщает, что его встретили коллеги, такие же, как он, музыканты, что он встречен равными. Я вижу то же голубое небо, как в отражении Зеркала Истины, ту же зеленую траву. Я вижу парк; это небо музыкантов и композиторов. Среди встречающих Элвиса я вижу Моцарта. Звучит его музыка; там и другие музыканты. Вспоминается, что в одном из спиритических сообщений Элвис говорил, что в следующем воплощении он будет петь партию Дон Жуана в опере Моцарта. Итак, его учителя уже определились, его обласкали по случаю прибытия "в рай музыкантов". Ему радуются, ему как бы говорят: "Проходи, ты один из нас, ты наш!"

АМ: — Отправьте его к свету с любовью.

Т: — По-моему, он уже там! Он смеется и счастлив. Все случилось так быстро.

АМ: — Да, там все по-другому. Тысяча лет, эпоха и пять минут пролетают мгновенно!

Т: — Ворота в то небо все еще открыты, разные певцы подходят к нему с приветствиями, там праздник! И Элвис Пресли рассказывает им, как его "парализованные" ноги мешали ему прибыть раньше в компанию музыкантов.

АМ: — Завершена ли картина того, что вы видите?

Т: — Да, завершена! Элвис Пресли прошел сквозь Зеркало Истины к более высокому уровню. Там музыканты из Европы. Там радость, там веселье, они поют! Музыка льется, я слышу прекрасную музыку.

Контакт: Альберт Маротта. Телефон (323) 222-3874; электронный адрес: remotehlr@aol.com.

Сегодня, переводя запись этой сессии с английского на русский, мне кажется, что слова Элвиса на предмет "серого ствола", появившегося в Зеркале Истины, звучат неубедительно. Альберт был прав: что-то мешало ему высказаться более определенно. В следующем спиритическом сообщении от Джессе, брата-близнеца Элвиса, речь снова пойдет о том же "сером стволе", по мнению Альберта отрицательной силе, которая причиняла Элвису много неприятностей.

Говорит Джессе

Брат близнец Элвиса Пресли, Джессе Гарон Пресли, родился и умер 8 января 1935 г. Мать Глэдис Смиф (1912-1958) родила двойню в двухкомнатном доме в Тупало, Миссисипи. Джессе Гарона похоронили в обувной коробке. Никаких следов о могилке Джессе не осталось.

24 октября 2001

ДП: — Записывайте, меня зовут Джессе. Все мы из одной индусской деревни, затерянной в джунглях, и из одного цыганского табора в Молдавии... Я вижу, вы вспомнили в подробностях, как в вашем цыганском воплощении в одно "прекрасное" утро почти всех цыган нашего табора повесили. Судьба пощадила только одного цыгана, которому предстояло стать Элвисом и петь в Америке. Отсюда наша связь.

Продолжайте записывать то, что мы вам говорим, и доверьтесь мне настолько, чтобы разрешить вам помочь с редактированием сообщений от Элвиса. Он сейчас болен после работы с застрявшими и страждущими душами в Нью-Йорке. Общаться с душами, которые пережили взрывы одиннадцатого сентября, искать их, находить и освобождать из развалин опасно и трудно. Записывайте меня быстрее. У меня мало времени, мне надо обратно к Элвису.

Около Элвиса сформировалось образование, напоминающее канат. Он провисает до самой земли. Придет день, целая бригада помощников займется ликвидацией этого "каната".

Т: Джессе называет "канатом" эгрегор Элвиса Пресли, или "маятник" по Вадиму Зиланду. Кстати, вспомните, чем закончились попытки Альберта Маротта изгнать "серый столб" из спирита Элвиса. Эгрегор оказался сильнее, и можно предположить, "позавтракал" нашим общим усилием освободиться от него.

ДП: — Нынче я работаю с бездомными, вы это прошли. (Намек на мою инкарнацию бездомного монаха в Мумбаи – Т.) Вас уже не пригласят изведать хлебушка бездомного. Но вы приглашены работать с бездомными, так как в вас живет страх стать снова бездомной. Если вам удастся развить свой бизнес, вносите в помощь бездомным сумму не более той, которую вы сможете себе позволить. Это улучшит самочувствие.

ДП: — Спасибо, что заглянули в наш цыганский мир. Цыганка — вот ваша подлинная национальность с вашим темпераментом и тоской. Элвис очень болен, не раздражайте его сейчас, скажите ему, что вы не предадите его.

Т: — Пожалуйста, подтвердите, что вы действительно Джессе. У вас невероятная энергия. Разговаривая с вами, мне кажется, что я вот-вот полечу. Я понимаю, что вам трудно представить какое-либо подтверждение вашей личности, но все же...

ДП: — Какие я могу привести доказательства, если я и часу не прожил на земле? ...Я открыл Элвису дорогу стать в следующем воплощении хирургом. Но он хочет снова быть певцом, хотя ему следовало бы стать врачом. Он хочет петь и, скорее всего, добьется своего. И снова его жизнь будет короткой. Но после жизни европейского оперного певца ему придется все-таки стать врачом, потому что ему, как вам сейчас, предстоит дожить до старости. Это то, чем вы сейчас заняты — наукой как стариться. Вас не дали убить в Эстонии, откуда вы родом. Вместо этого вас вырвали из цикла коротких воплощений, которые заканчивались насильственными смертями. Вы шли по дорожке коротких жизней много тысяч лет, но вам пересекли эту тропку тем, что привезли вас в Америку стариться и набираться ума-разума.

Т: Вы родились и умерли 8 января 1935 года как идентичный близнец Элвиса. Почему вам не захотелось задержаться на земле? Как вы выглядите сейчас? В третьем глазу возникает образ чернокожего африканца, похожего на телохранителя из племени Массаи, который разгуливают по Вашингтону рослыми красавцами в европейских костюмах самого дорогого пошива.

ДП: — Принять образ африканского шамана дается легче всего. У меня нет больше лица как такового. Когда для Элвиса настало время обрести тело, я спустился на землю вместе с ним, чтобы крепким узлом подсоединить его главный энергетический канал к питанию вибрациями более высокого уровня. В мою задачу входило обеспечить работу этого канала, чтобы Элвис смог выполнить свою миссию: лечить пением сердца людей. Его пение напоминало, что пока они дерутся, обкрадывают, обманывают и предают друг друга, строят свои карьеры и тешат свое ненасытное эго, они теряют то единственное, что им нужно по-настоящему в жизни — любовь. Человеку нужна любовь, любовь и только любовь! Элвис, этот цыганский лгун и враль, твердил толпе своих поклонников, насколько они нуждаются в любви, и в особенности быть любимыми.

Т: — Но если вы можете так много, то почему не уберете тот "канат" (который Элвис увидел в Зеркале Истины у Альберта на сеансе и назвал его "стволом")? Если этот канат раскачивает энергию отрицательных воспоминаний, которые причиняют боль, почему вы не убираете его уже сейчас?

ДП: — Этот "канат" проходит через самое его сердце. Я не могу просто взять и отрезать его. И по той же причине ни вы, ни Альберт не смогли помочь ему с этим "канатом". Ему самому придется заниматься им. Но, может быть, только благодаря этому "канату" он будет петь в следующей инкарнации. Однако тот же "канат" явится источником злости, желания отомстить своим обидчикам в прошлых жизнях. Он будет притягивать как отрицательную энергию, так и повтор карьеры состоявшегося певца. Элвис хочет быть певцом, стать снова звездой, и поэтому ему нельзя "забыть", наоборот, он должен помнить свою жизнь знаменитости. Он цепляется за свои воспоминания, он борется за будущую карьеру; его стремление повторить успех является выражением его свободной воли, и поэтому никому не положено вмешиваться.

Меня уже здесь нет, по дороге я прихвачу непрошеных гостей, которые задержались и запутались в вашей ауре. Не беспокойтесь, занимайтесь своими делами, в этом деле вы можете положиться на меня. Я выводил их из ауры Элвиса после каждого его концерта. Мне случалось вынимать целые аудитории из его астрального тела. Мы будем еще говорить. Мои позывные будут: *"Jesse is here to heal!"* – "Джессе прибыл лечить". Если я открою ваши каналы для спиритической коммуникации, вы будете пользоваться ими и в ваших последующих работах.

Т: Обещание это не было выполнено, и вообще, зачем Джессе приходил на самом деле, будет также рассказано в последней главе книги.

Элвис Пресли о Ленноне и Высоцком

22 сентября 2000

В тот день по кабельному телевидению шла передача о том, как Элвису Пресли подарили его первую гитару. Журналисты не раз пересказывали эту историю. Когда будущему певцу исполнилось одиннадцать лет, он надеялся, что ему подарят на день рождения пистолет двадцать второго калибра. Но вместо этого мама Глэдис подарила ему шестиструнную гитару. Когда я смотрела эту передачу, я услышала голос Элвиса Пресли.

ЭП: — Король поп-музыки явился поговорить! Владимир Высоцкий осваивается. Я признаю, что он сделал больше, чем я. Но он не добился международного признания, как я. Будущее Володи будет иным, чем мое, потому что он вмешивался в политику. Его история приводит в восхищение, история моей жизни скорее сентиментальна и жестока. Я просил подарить мне огнестрельное оружие, чтобы сбалансировать женскую энергию во мне. Я был награжден ею, чтобы мог петь на сцене — выходить и выстаивать там перед ними в зале. Но мне нужна была и мужская энергия, чтобы преодолевать препятствия на пути. А препятствий было предостаточно на пути к звукозаписи моей первой студийной пластинки. Да, я родился в 1935 году, и первая звукозапись состоялась в 1953 году, когда цифра 35 доросла до обратной цифры 53. Итак, я просил купить мне пистолет. Мне повезло, что у нас не было денег на револьвер .22 калибра, о котором они сейчас там (на телевизионном экране) толкуют, и мне пришлось смириться с подаренной мне фанерной гитарой. Думаю, судьба говорит с нами через такие детали.

Теперь пишут, что в конце моей жизни я стремился к новой профессии и хотел стать детективом или частным сыщиком, или полицейским, или еще кем-то. Это неправда. Я никогда не буду никем иным кроме как музыкантом.

Обратите внимание, мне было одиннадцать лет, когда мне подарили гитару! Посмотрите, что случилось с Высоцким, когда ему исполнилось одиннадцать лет, и вы очень удивитесь. Мы оба дожили до возраста 42 года, и вы найдете еще немало совпадений. Нас, способных повлиять на сердца людей, спускали с определенным заданием изменить погоду на земле. Джон Леннон изменил ее более чем кто-либо!

Т: — Был ли Леннон также королем?

ЭП: — Нет, не был! Он был вне иерархий, он уже оставил позади (в своем развитии) военные игры. Ему не нужны были ружья, и он не пел про войну, как Высоцкий. Джон Леннон не стрелял, его застрелили. И теперь он может покинуть наш космос когда ему угодно, потому что он сделал больше всех: он остановил Третью мировую войну путем *tranquilization* — усмирения энергетических бурь, вызывающих протесты, народные волнения, забастовки и войны. Высоцкий и я — мы были королями.

Т: — ...личных королевств с мировым влиянием...

ЭП: — Леннон же лечил Вселенную без каких-либо титулов.

Т: — Вы и Высоцкий! Сводила ли вас судьба и в прошлых воплощениях? Или вам предстоит встретиться в будущем? Или вы встретились только для этой работы?

ЭП: — Только для этой работы. Мы идем по разным дорогам, и в этом весь смысл нашей встречи. Высоцкий познакомил меня с совершенно иным отношением к действительности, с трагическим подходом, который раскрывает болевой нерв всего народа и лечит боль тем, что оглашает ее. В народном сознании боль сперва переходит в откровение, затем в смех, а затем испаряется.

Я почти дошел до этого в песне *Jail Rock* — "Тюремный рок", но... Я давал названия и ярлыки совершенно иным чувствам.

ЭП: — Да, в наших судьбах есть и схожие черты. Я ушел "на облаке". Высоцкого били до смерти. Но в это время он был также "на облаке" и был не прочь сбросить тело. Он ничего не чувствовал, когда они его били. Трудно поверить, но он как бы говорил им: "Бейте, сволочи, бейте сильнее ... и дайте мне выйти из тела..." И они били его крепко, так как он был все еще очень сильным. И он отпустил нечистоты и стал снова сияющим существом. В нем божественная энергия и, кроме того, в нем воистину монархическая энергия.

Т: — Что вы имеете в виду, говоря "монархическая энергия"? Мы говорим "голубая кровь", но что такое аристократическая или королевская, или монархическая энергия?

ЭП: — Никто не может стать королем; надо родиться королем. Потому что нельзя выучиться на короля. Королем можно быть только по рождению. Или ты король, или ты не король. Ты можешь быть немытым, заросшим, вонючим нищим и, тем не менее, королем! Ты можешь быть последним мерзавцем и, тем не менее, королем! Ты можешь находиться в изгнании в нищете, но оставаться королем. Я родился в нищете, но я родился королем. Владимир Высоцкий родился в семье советского военнослужащего, но был королем. Отец ненавидел его за это, и бросил его и его мать в нищете и беде, но Высоцкий остался королем. Это не имеет отношения к родословной, но имеет прямое отношение к памяти души о монархических воплощениях, в которых душа обрела опыт короля, опыт аристократа, но также и понятие об обязанностях короля, о которых, не будучи королем, ты знать не будешь.

Т: — Так в чем разница между королем и его вассалами?

ЭП: — С биологической точки зрения нет никакой разницы. Вы выпиваете бутылку водки, как Высоцкий выпивал. Вы пьянеете, пачкаете штаны, вас рвет, вы падаете и засыпаете на улице. Милиция вас подбирает и сдает в ближайший вытрезвитель. Там вас все презирают, но вы остаетесь королем. И вот вы снова в своем уме и трезвый, и презиравшие вас люди снова низко кланяются вам и целуют ваши следы.

Но у вас болит голова, вы страдаете от ужасного похмелья, и вам хочется, чтобы вас оставили в покое. В вашей больной и виноватой голове зарождаются нехорошие мысли о самоубийстве. Но ваши послушные подданные, ваши поклонники, напоминают вам, что вы король. Они ждут, чтобы вы сделали для них то, чего они сами сделать не могут. Они полагаются на вас. Вы должны догадаться, что же это такое. И, наконец, до вас доходит, что вы не что иное, как священное животное, которое рано или поздно принесут в жертву, чтобы замолить и задобрить богов, чтобы те благословили жизнь на земле.

Понимая это, вы думаете: ничего себе, почему именно меня надо приносить в жертву? Надо бежать, пока не поздно! Но вам некуда бежать, потому что ваши поклонники перекрыли все пути к бегству. Они стоят у любой двери и у любого выхода, и вам ничего не остается, как ползти обратно на сцену. Они, не то слушатели, не то ваши подданные, уже в зале, и они ждут своего короля! У вас смутное предчувствие, что произойдет что-то необыкновенное. И оно происходит! Короли и поклонники, мы разрываем вуаль, и чистая, незамутненная ничем энергия выливается на моих поклонников. Они принимают благословение, нисходящее на них из высших миров и чувствуют себя осчастливленными.

ЭП: — Мы посланники, нас посылают на землю, и вскоре мы покинем эту галактику. Мы здесь, чтобы дать крылья вечной мечте о красоте и свободе. Мы не можем дать вам свободу, но мечты, которые мы насаждаем в ваши души, изменят вашу жизнь на земле.

ЭП: — Передавая известие русским от подводника С. (с затонувшей субмарины "Курск"), не касайтесь политики, *let them gnaw on that bone*. — Предоставьте им волноваться. *Auf wiedersehen!"*

Замечание это задело меня за живое: никакие попытки передать спиритическое сообщение от подводников не удавались. Молчали, как в заговоре, обе стороны — родные подводников на родине и русские, живущие за рубежом. Все боялись чего-то. Не то Путина, не то духов, в которых они не верили.

Я снова пою

ЭП: — Я пришел поболтать во время моего перерыва. Наконец-то я снова пою. Я весь в звуках музыки, это замечательно. Здесь гораздо легче петь, чем на земле. Музыка сама льется из тебя. Все, что от тебя требуется, это ловить волну. Я исполнил здесь все мои песни, и они просят подготовить новые песни.

Т: — Но в тонком мире у спиритов нет голосовых связок, так как же вы поете?

ЭП: — Восполнение отсутствующих голосовых связок не более чем вопрос техники.

Из разговора с Лилиан, моей эстонской приятельницей, которая работала на эстонском телевидении и умерла рано в результате медицинской ошибки, допущенной в правительственной больнице "для более равных": "В послесмертии Элвис Пресли уже всех покорил исполнением *Vesti la guibba*, арии Паяца из оперы Леонкавалло. Никто не спорит, думаю, его будущее определилось".

Репертуар меняется

13 апреля 2001

ЭП: — Я пою, моя душа в песне. Я счастлив! Здесь поется легче, чем на земле, потому что музыка буквально льется через тебя без усилия. Я всего лишь ловлю волну! Здесь я спел все мои песни, и они просят меня подготовить новые. Но, в основном, я репетирую классику. Мне надо учить и русскую музыку, а я ее терпеть не могу.

Признаюсь, иногда я просто не понимаю русских. Например, Евгений Онегин, кто он такой? Почему он застрелил своего единственного друга? Ну что это за отношения между друзьями? Русские, вы просто сумасшедшие, если стреляетесь из-за *chicks*, девчонок.

Боже мой, любой в моем оркестре был бы десять раз мертв, если бы мы стрелялись из-за... И чего ему не хватало? Он был богатым *son of a bitch* — мерзавцем, к тому же еще и бездельником. Он мог спать, сколько захочется. Он жил на всем готовом и умудрялся быть несчастным. И мне надо полюбить и понять его? Но как? Я американец, который пахал за десятерых. Сколько я не ищу, я не нахожу в Онегине ни единой созвучной мне нотки. Я надеюсь, это изменится в будущем. Может быть, я пойму его, когда разбогатею настолько, что мне не надо будет работать. Кто знает, может со временем бездельничанье мне также надоест.

Мне разрешено издеваться над классикой. Но я понятия не имею, как переписать непостижимую серьезность русской классической музыки. Если бы я мог ограничиться Дон Жуаном и его другом Лепорелло! Дополнительная музыка будет написана, чтобы расширить забавную часть нечестивых приключений этих похотливых жизнелюбцев.

Т: В неприятии образа Евгения Онегина Элвисом слышится память о хроническом недосыпании — национальной проблеме американцев. Америке некогда спать, ее крупные города не спят никогда.

Шаляпин

29 апреля 2001

ЭП: — Я встретил Федора Шаляпина[1]. Что за горло, что за личность! Какой талант, какая жизнь! И какие женщины его любили!

Я встретился с ним в его среде, где он построил свой мир. Там я встретил также и других русских артистов и певцов. Я, наконец, увидел, кто такие настоящие русские! Вы, конечно, русская, но и не русская. В вас есть и другие энергии, в основном эстонские. Продолжайте слушать музыку, Мусоргский, Римский Корсаков... У русских много великих музыкантов.

Т: — Расскажите о вашей встрече с Шаляпиным.

ЭП: — Он показал мне своего Мефистофеля из оперы "Фауст" и, конечно же, Риголетто! Мефистофель нравится мне за его иронию, мудрость и смех... Я говорю вам, интересно было бы соединить Мефистофеля с Онегиным. Вышла бы отличная пара искателей приключений, которая не пропустила бы случая повеселиться. А в конце Бог откажет Онегину в спасении, даже если тот будет ползать перед ним на коленях. Я был бы рад показать его раскаяние, а не заканчивать поверхностной сценой, в которой он ни с того ни с сего вдруг влюбляется в Татьяну. Это мальчишеская уловка, не более! Я бы заставил Онегина вымаливать у Бога прощение за убийство единственного друга от скуки, за совращение замечательных жен своих друзей, лишь бы убить время, ничего не делая, никого не любя. Тем не менее, во мне стало появляться сочувствие к русскому Дон Жуану. Если они позволят мне спеть эту роль как русского Дон Жуана, возможно, я возьмусь за это. Но я не буду копировать этот образ первых постановок оперы. Я попрошу расширить и переписать либретто, найти новую музыкальную интерпретацию, создать новые костюмы. Я прорабатывал обе партии антагонистов — Фауста и Мефистофеля, Риголетто и герцога Мантуанского. Я здесь занят музыкой и счастлив. Я преодолеваю мои привязанности. Мои наследники могут продать или сдать в аренду Грейсленд, наш дом в Мемфисе, Теннесси. Грейсленд уже не мой. Я сделал свой выбор: музыка — моя жизнь, моя душа, а музыканты — мой народ, мои мать и отец, моя жена и дочь. Кроме музыки, у меня нет более ничего, что любить и холить. Я знаю это. Музыкальный мир признал меня, и это все, что я хотел сказать сегодня. *Auf wiedersehen!*

1 Артуро Тосканини о Шаляпине (1873 — 1938): *"the greatest operatic talent with whom I have ever worked"* — это величайший оперный талант, с которым мне когда-либо приходилось работать.

С нуля

29 мая 2001

Т: — Я слышу, как вы поете арию Онегина из оперы Чайковского "Евгений Онегин".

ЭП: — Вы заставили меня взглянуть иными глазами на Онегина, и я стал привыкать к незнакомому образу мыслей. В каком-то смысле переживания Онегина напоминают мне то, что происходит с моими близкими, женой и дочерью. И Присцилла и Лиза Мари имеют решительно все, но скучают и страдают от равнодушия. Но они не станут убивать. Хотя кто знает, как далеко жизнь в полном довольстве может завести человека. Я уже знаю, как обновить исполнение во всех операх; я буду работать с операми "Аида", "Юлий Цезарь" и другими историческими постановками. Я работаю дни напролет. Может быть, я попрошу вас купить диски этих опер. Если вы будете их слушать, мне будет легче объяснить, как протекают репетиции на этом свете.

ЭП: — Мои друзья на земле не поверят, чем я здесь занят. Я пою до, ре, ми, фа, соль. Некоторые европейцы сходят с ума, когда им приходится петь гаммы, но мне нравится это скучное занятие. Да, я пою эти упражнения для начинающих, я пою мои гаммы последовательно и аккордами, и вверх и вниз. Иногда я дразню моего учителя, вставляя три или четыре полутона между нотами до и ре. Мой учитель и я получаем удовольствие от уроков.

Т: — Кто ваш учитель?

ЭП: — У меня разные учителя. Они все итальянцы. Они тоскуют по итальянской кухне, женщинам и вине. Я чувствую себя американским мальчишкой среди важных и довольных собой европейцев. Они до того сдержаны и холодны! Я стараюсь хоть немного разогреть их. Они учат меня сдержанности и указывают мне, когда я пою, где, в каком месте и когда следует выказывать эмоции. Они стараются научить меня петь правильно. Они говорят, что на земле у меня не будет времени для ученичества. Я встречу человека, который узнает меня и вытолкнет на сцену без волокиты и промедления. И я закончу мое формальное образование уже певцом и звездой оперной сцены.

Мой Папагено

29 июня 2001

ЭП: — Да, вы слышите арию птицелова Папагено[1]. Моцарт работает со мной. Он сердится на меня, он называет меня тяжеловесным американцем. Он спел Папагено для меня, заставляя следовать заданному ритму. Это было великолепно! Затем он выкопал множество старых, забытых и прекрасных опер. Я их всех пропел, и мы пели вместе. Мне приходилось настраивать свой голос и звучание, чтобы спеть все то, что там было написано. Я спел также Виолетту, и мы весело посмеялись над ее предсмертной арией. Если вы внимательно посмотрите на эту сцену, вы увидите там детали, которые могут вызвать улыбку. Проснитесь, Таника, вы сегодня медлительнее, чем улитка на садовой тропинке

Т: — Я постараюсь записывать вас быстрее. Если вы будете петь Дон Жуана, будете ли вы петь также и арию Лепорелло?

ЭП: — Конечно, хороший визуальный медиум найдет все эти образы во мне.

1 Папагено — птицелов из оперы Моцарта "Волшебная флейта".

Блестящие ботинки

4 июня 2001

Т: — Какие моменты своей жизни вы считаете самыми счастливыми?

ЭП: — Я был счастлив с Присциллой. Ее книжка[1] правдива, так оно и было в действительности. Я был также счастлив на моем первом концерте. ... На мне был черный короткий пиджак, брюки и блестящие ботинки. Блестящие ботинки были новые; и это было все, что я мог себе позволить. Мне было 18 лет, и мне дали спеть пару песен. Люди стали аплодировать и не отпускали меня. Но другие исполнители ждали своей очереди, и я ушел со сцены. Но аудитория продолжала ритмично аплодировать, свистеть и топать ногами. Они хотели, чтобы я еще что-то спел. Тогда мне сказали выйти снова на сцену и петь. Солнце садилось, и свет был каким-то необычным. Это случилось в Мемфисе. Эта сцена описана в некоторых книгах обо мне. Только никто не упомянул, что я был в новых блестящих ботинках.

Когда я услышал аплодисменты, я знал, что слился с аудиторией. Я знал, что спел хорошо. Я знал, что буду владеть моими слушателями. Слияние с залом состоялось. Я чувствовал толпу. Я был дома на сцене. Сцена была моим домом во многих предыдущих жизнях, и она снова будет моим домом в моей предстоящей жизни на земле. Каждый человек знает, чем он должен заниматься на земле, но многие не могут вписаться в нужную среду или найти свою нишу. Многих мучает конфликт между призванием и ответственностью — за семью, финансы, будущее детей, здоровье родителей. Они чувствуют себя виновными, отдавая себе отчет в том, что предают себя и Господа Бога, но ничего не могут с собой поделать. Они мечутся, потому что не видят и не слышат, не могут дотянуться до того, что им надо на самом деле. Они не могут найти своего настоящего места в жизни, свою настоящую любовь, семью, друзей, свою собаку, лошадь, настоящий дом, свою подлинную жизнь... и они кочуют с места на место. Они стараются устроиться, но все кажется ненастоящим, не тем, потому что они делают не то, что они должны были бы делать.

Мне повезло, я знал, что должен делать на земле, и я был занят своим делом с 18 лет. Я знал, что взлечу высоко. Судьба дала мне крылья, и я несся навстречу записи моей первой пластинки и моим первым конфликтам с теми, кто в меня не верил. Я знал, что иду по верной стезе, но я встречал многих, кому так не казалось. Они считали меня сумасшедшим, самовлюбленным эгоцентриком, который решил, что может петь и ничем иным заниматься не хочет! Им казалось, что восторг толпы на моем первом концертном выступлении был не более чем печальным недоразумением, которое быстро пройдет. Но восторг толпы не проходил. И я стал нуждаться в администраторе, который организовывал бы мне концерты. Первым таким человеком был Дьюи (*Dewey*[2]). Как диск-жокей на мемфисском радио он был тем первым человеком, который проиграл в эфире мою песню *That's All Right, Mama* — "Все в порядке, мама". По требованию слушателей, которые звонили в студию, он повторил запись этой песни 14 раз.

Т: В ответ на энтузиазм слушателей Дьюи Филлипс тут же, в эфире, взял интервью у Элвиса, то есть в эфире прозвучало и первое интервью с Элвисом.

ЭП: — Затем были и другие администраторы, пока я не нашел Тома Паркера или, точнее, он нашел меня и стал моим импресарио. Это случилось, когда я уже добирался до национальной сцены. Я был растерян, не знал, что делать, и был один со своими проблемами, а он, первый, протянул мне руку помощи. Именно тогда он стал присваивать меня, строить стеклянную стену вокруг меня, но я предпочитал не замечать этого. Вместе мы заработали наши первые деньги, и оба мы вдруг вынырнули из нищеты и стали богатыми. Мне нужны были деньги. Мои родители нуждались в деньгах. Мы все нуждались в деньгах, и я был ослеплен деньгами. Мне не хотелось смотреть глубже. Я не думал о будущем. Я вдыхал мой успех и счастье. Я не замечал, что эфирные "тяжести" скапливаются вокруг меня.

1 *Elvis and Me* — "Элвис и я", 1985, биография, Присцилла Пресли и Сандра Хармон.
2 *"Daddy-O" Dewey Phillips* -- «Папа-О» Дьюи Филлипс (1926 – 1968), известный диск жокей и ведущий журналист на мемфисском радио. В 1954 году он первым проиграл на радио дебютный диск молодого Пресли *That's All Right/Blue Moon Of Kentucky*.

Стать европейцем

10 августа 2001

ЭП: — Стравинский, Малер и современная европейская музыка казались мне чуждой поначалу. На земле я не знал о ней. Но позднее, уже в послесмертии, когда я изучал музыку в библиотеке для класса истории музыки, я нашел нечто, что привлекло мое внимание. Мне пришлось заниматься не только Моцартом, но изучать также волшебную церковную музыку, например, русскую церковную музыку, основанную не на звуках органа, а на звучании человеческого голоса. Это совершенная музыка, потому что она живая. Она звучит, как пение ангельского хора. В библиотеке я нашел лечебную музыку, которой лечат в Африке и Индии. Определенные звуки прочищают определенные чакры. Звук для прочистки Анахаты, сердечной чакры, очень красив, он вызывает в сердце сладкую боль, а в памяти картины детства. Ко мне приходили воспоминания о маме, как мы когда-то играли вместе.

Я слушал звуки падающих капель — всплывали картины капель, стекающих с заснеженных крыш в теплый полуденный час. Этот звук очищает Вишудху, горловую чакру, вызывая видения голубого неба и белизны. Я чувствовал голубую свежесть и тишину, в которой капли тихо падали на стеклянную поверхность.

Звуком седьмой чакры, Сахасрара, является гортанный звук Ом, произносится как "оуууууууууум," как будто вы стараетесь что-то развернуть у себя в мозгу. Ом входит в самый центр головы, как молитва. Вы начинаете с молитвы, с самой священной молитвы, как "Отче наш" у русских. После молитвы вводится оркестр. Он играет тихую музыку, волну вздоха, "ах-ххх-аххххаххоаеиу", внушая, что надо сохранять спокойствие, что бы внутри ни происходило. Оум успокаивает, приводит в чувство. Эти звуки создают абсолютную тишину, в которой золото — божественный золотой свет - входит в человека, облагораживая его сознание.

Но человек не начинает духовное обучение с переживания тишины. Его увлекают шумные барабаны, рок-музыка, современный металл и тому подобные музыкальные течения. Громкие звуки этой музыки, африканских там-тамов соответствуют ритму первых двух коренных чакр, Муладхары и Свадхустаны. Эти чакры ответственны за физическое существование человечества.

Третья чакра, Манипура, говорит: "Прошу, дайте дорогу для самовыражения. Я личность и мне надо выделиться из толпы! Я есть!" Популярное движение I am — "я есть" вышло из вибраций третьей чакры. Сила этой чакры используется более для индивидуализации, чем для интеграции индивида в тело человечества. Развитие начинается с работы с сердечной чакрой. Личность с открытой четвертой чакрой принимает в себя боль мира. Такой человек готов к сочувствию и диалогу с миром и теми, кого он любит.

Правильная работа с энергией пятой чакры, Вишидха, состоит в том, чтобы научиться слушать. Человек может говорить, если он понимает, что он говорит. Чтобы знать, что сказать, надо вслушиваться и услышать, что происходит в сердцах тех, с кем он говорит — родными, посторонними, коллективом, народом, нацией, человечеством... Богом. Если человек услышит собеседника, он будет знать, что сказать. Люди думают, что пятая чакра руководит тем, как мы говорим. Нет, Вишидха — чакра тишины. Ее открытость определяет, как мы слушаем, проникая в желания, страсти, мысли, цели и амбиции людей вокруг нас. Иными словами, волны пятой чакры помогают нам общаться с миром, говорить и понимать друг друга.

Кстати, ваша жизнь является хорошим примером, как пятая чакра работает в тишине. Когда вы в качестве кинокритика разбирали фильмы, практически задаром в течение довольно долгого периода времени, вы научились слышать других артистов. А когда ваши обстоятельства, судьба и любимые коллеги остановили вас, началось очищение вашей горловой чакры.

Каждая музыка принадлежит какой-либо эпохе, культуре.

Музыка первой чакры — там-тамы и выбивание дроби на барабанах — принадлежит Африке.

Музыка второй чакры - рок-н-ролл, металл и подобное — принадлежит американской музыке.

Музыка третьей чакры выражена в западноевропейской культуре через таких композиторов, как Шуберт и Бах. Эта музыка говорит: "Бог, я здесь, я служу тебе. Бог, возьми меня, позволь мне служить. Я индивид. Я европеец". Это музыка культуры Гамлета.

Музыка четвертой чакры встречается очень редко. Ее можно услышать лишь в малодоступных монастырях Европы и Малой Азии. Некоторые матери напевают ее интуитивно, когда укладывают младенцев спать и когда они очень хотят понять, что нужно их младенцу. Звуки четвертой чакры звучат и в "Аве Марии" и в некоторых оперных ариях. Но, в общем, эта музыка звучит редко.

Музыка пятой чакры очень сложна. Только тибетские монахи владеют ею. Еще не родился гений, который выразил бы тишину, свойственную пятой чакре. Это трудное задание.

Вибрации шестой чакры могут быть задействованы лишь через молитву и звук "аум". Музыка для этой чакры еще не родилась.

Седьмая чакра - смесь всего! Странно, но музыка современных симфоний стремится синтезировать звуки и музыку разных чакр и культур.

Я буду петь это по-иному

11 октября 2001

ЭП: — Сладость музыки Моцарта в шведской постановке "Волшебной флейты" Ингмаром Бергманом просто очаровала меня. Я спою Папагено в самом начале моей карьеры, и эта роль введет меня в мир оперной музыки. Позднее я спою все оперы Моцарта и многое другое. Я буду петь партию Папагено иначе. Я постараюсь быть не столь жестким. Напротив, я постараюсь выразить его человечность. Папагено... мне нравится та часть, в которой звенят колокольчики. Эту часть можно расширить, и расширить можно также историю отношений с Папагеной. Конечно, другие партии считаются более важными в этой опере, но мне кажется, что звон колокольчиков пронизывает всю оперу.

Т: — Сыграет ли партия Папагено такую же роль в вашей предстоящей европейской инкарнации, как песня "It's All Right Mama" в Америке?

ЭП: — Я никогда не думал об этом. Но, видимо, так оно и будет. Папагено будет моим пропуском на международную сцену. Я буду много путешествовать, на этот раз в комфортабельных условиях. Я не буду больше толкать в гору машину с заглохшим мотором, как это случилось однажды в Мемфисе, Теннесси. Я буду останавливаться в замечательных старомодных гостиницах.

Т: — Вы говорили, что в вашем послесмертии вы встретили многих известных европейских певцов. Не приходилось ли вам встретить также известного эстонского певца Георга Отса?

ЭП: — Георг Отс? Минуту! Боже, это тот замечательный певец, который решил стать монахом? Он почему-то готов отказаться от своего голоса, и какого голоса! Почему? Он пел Порги в опере Гершвина "Порги и Бэсс" в Советском Союзе. Я поговорю с ним. Спасибо, что вы спросили о нем. Нет, нет, я узнаю, в чем там дело. Это моя обязанность помогать таким талантам, как он.

Великие спорят

3 ноября 2001

Т: Я мыла посуду на кухне, когда ворвавшаяся ниоткуда музыка "Волшебной флейты" перекрыла журчание воды из крана. Внутренним взором я увидела бледного, сосредоточенного Элвиса Пресли. В руках он нес гору дисков, выкладывая их на стол, уже заваленный дисками звукозаписей. Мне казалось, он говорил Моцарту, что, ухаживая за своей второй половинкой, Папагеной, Папагено не нуждается в режущем ухо звуке свистульки "виух и ваух". Указывая на гору дисков на столе, как бы призывая их в свидетели, он повторял: "Боже мой, Папагено призывает любовь в свою жизнь. Здесь звукозаписи птичьих любовных напевов. Я нашел их в библиотеке. Я могу спеть их; я могу воспроизвести их голосом".

Проигрыватель заработал, и зазвучали птичьи голоса, которые Элвис воспроизводил немедленно. "Мне нужно больше места для них. Они прекрасны! А звук свистульки слишком металлический, слишком формальный, слишком холодный! Когда один человек тянется к другому человеку, он обращается к нему голосом, а не свистками свистулек!"

Моцарт молчал. Элвис наседал на великого композитора: "Я могу спеть все партии, от Папагено до Заратустра. Или хотя бы Папагено и Тамино, потому что любой бывает и низок и высок, вульгарен и тонок, смешон и серьезен. Папагена может также спеть Тамино, и это будет куда интересней.

Подарок на день рождения

8 января 2002

Т: — Поздравляю, мне говорили об успехе вашего концерта в тонком мире. Расскажите об этом концерте. Был ли это ваш первый концерт после столь долгого перерыва? Почему я вижу вас босым на сцене?

ЭП: — Я пел Папагено, босого птицелова, как я вижу и слышу этот образ. Моцарта это возмутило, но и понравилось одновременно. Он подумал и сказал: "Ладно, исполняйте это как хотите... "и ваух", которые мы слышим в любой постановке "Волшебной флейты", мой Папагено спел трель соловья, сладкозвучную трель, которую я повторил вариациями натуральных трелей. Джон Леннон прыгнул ко мне на сцену и расплакался, а аудитория просто сошла с ума. Я снова оказался победителем; любому было ясно, что мне не время становится хирургом в моем предстоящем земном воплощении. Я буду снова петь. Нынче я студент класса пения в консерватории, и мое будущее не вызывает более ни у кого никаких сомнений.

Т: Вскоре после этого я получила сообщение от Моцарта: "Этот американский *buffalo* мой освободитель. Ему не терпится уничтожить мои оперы. Но может быть настало время разрушить их, и этим дать мне подняться на более высокий уровень. Констанция и я, обретя свободу, поднимемся на следующий, более высокий, уровень здешнего мира".

Ответ Элвиса последовал незамедлительно: "Австрийская газель и дня бы не выдержала в моих американских шузах (обуви)."

Наконец я дома

18 мая 2002

ЭП: — Они закабалили меня. Я действительно, на полном серьезе стал студентом консерватории. Моцарт нашел мне учителя, который понимает меня и которого я понимаю. Я понимаю, что он хочет от меня. Этот человек не собирался более возвращаться на землю, но он жертвует своей свободой и спустится ради меня. На земле его жизнь будет нелегкой. Странно, в последнем его воплощении его окрестили Джованни, и на этот раз ему дадут то же имя. Он будет полной противоположностью того Джованни, который при этом имени вспоминается как мифологический Дон Жуан. Он будет человеком ухоженным, утонченным, духовно развитым, но болезненным и физически слабым. Он будет моим учителем недолго, наш срок на земле будет коротким. Поэтому мне надо заниматься здесь. На земле я буду только вспоминать то, чему научусь здесь. Мы будем друзьями, настоящими друзьями на земле.

Т: — Все чаще говорят, что душа человека пребывает на нескольких уровнях тонкого мира. Как вы видите это?

ЕР: — Отсчет начинается с астральных уровней. Нижний астрал очень туманное место. Там много серого, непрозрачного тумана. Он выглядит, как струя выхлопных газов из старой неухоженной машины на дороге. Этот след может быть черным, густым и полностью непрозрачным. Во время сессии с Альбертом вы видели этот туман, когда мои ноги были освобождены от прилипшего к ним густого темно-серого тумана, который притягивал меня к земле, вызывая нелепые статьи в желтой прессе под заголовками "Elvis sightings" — "видения духа Элвиса".

Насколько мне известно, следующий астральный уровень — это уровень коммуникации. Разговаривая с вами сейчас, я нахожусь именно на этом уровне. Здесь у меня мой человеческий облик. На этом уровне я лечил наркоманов. Здесь я встретил тысячи больных душ, освобождая их от страшных, темных видений. В течение моей сессии с Альбертом мы изъяли несколько ваших темных образов, но не все. Некоторые остались, и, если вы продолжите работу с ним, я приду и помогу вытащить их вон. Я научился вырезать и убирать нежелательные отрицательные образы из ауры, так что мне можно довериться. Это приведет вас на более высокий уровень прощения. Этот уровень гораздо ближе к свету и красоте, где разгуливают таланты и гении. Если и вы попадете на этот уровень, вы также станете талантливым, потому что будете "вдыхать" ту же энергию, которая доступна им. Теперь я могу свободно перемещаться с одного уровня на другой и находиться на любом уровне. Например, сейчас я здесь, на уровне прощения! И на этом уровне я, наконец, дома!

Но существуют и более высокие уровни, например, уровень миссии. У меня есть связь с этим уровнем. Но пока мне не дано освоить этот уровень сознательно. Когда я туда попадаю, мною манипулируют, руководят, мне говорят, что я должен делать. Полагаю, там еще много уровней, о которых я наслышан в общих чертах или ничего не знаю. Например, есть уровень планирования, а также отделение космических путешествий, откуда более продвинутые души, the explorers, отправляются на другие планеты или в другие галактики. Я не принадлежу к исследователям, но я справился с заданием *fulfillment* — исполнения. Важны намерение и способность посвятить всего себя своей миссии. На земле я сделал все возможное с моими данными певца, а здесь я сделал все возможное для доверенных мне наркоманов, чем и заработал продвижение в послесмертии. Что бы ты ни делал, делай это хорошо. Работая с трудными душами, я научился помогать им наиболее эффективным способом. Нью-Йорк, Рим и все европейские столицы "обеспечивали" нас непрерывным потоком душ, погибших от передозировок. Россия также не отстает, она заняла второе место, спустив Колумбию и другие латинские страны на третье место.

Разрешите дать совет по борьбе с лишним весом. Если вы сосредоточитесь на одном каком-либо направлении, то станете тонкой в астральном мире и будете терять вес на земле.

Неожиданное предложение

28 февраля 2012

Т: — Как поживает Джованни?

ЭП: — Мне казалось, что мы подружимся, но этого не случилось. Они (европейцы) считают себя выше нас. Может быть, так оно и есть, но никто из них, включая Моцарта, не проходил того кошмара, который мы проходим в Америке начиная с нуля. Моцарта ввел в мир высокого искусства его отец. Мой отец сидел в тюрьме, ваш был убит на войне. Отец Высоцкого бил его и не разрешал даже думать о театре. Мы все *self-starters*...

Т: *Self-starters* терпят лихо и в России. Русские *self-starters* называются "выходцами из народа", видимо, в память о разночинцах. Действительно, в русской традиции народ не имеет никакого отношения к искусству, тем более высокому. Чтобы туда войти, кандидату надо для начала "выйти вон из народа". Традиции, как известно, живучи. Я никогда не забуду телевизионного интервью с актрисой Лидией Федосеевой после смерти ее мужа, писателя, актера и кинорежиссера Василия Шукшина (1929-1974). Она о том и говорила, как трудно "выйти из народа" и войти в мир, в котором у тебя никакого места быть не может в глазах той среды, в которую ты собираешься войти. В данном случае это был сибиряк, сын крестьянина, который хотел войти в среду "избранных". Она говорила о бесконечных унижениях, способствовавших ранней смерти ее мужа.

ЭП: — Такое начало меняет решительно все. Кэри Грант начинал в качестве циркового артиста. Он спал в клетке с экзотическими животными, львами и слонами. Подобное начало всех нас отшлифовало. Европейцы понятия не имеют, что значит быть *a self-starter* в Америке, какой стыд, какие унижения мы переживаем. На нашем пути титулы, иерархические лестницы, самомнение социальных классов и категорий постоянно ставят нас "на место"...

Т: — Виделись ли вы с Моцартом в последнее время?

ЭП: — Столько боли во всем этом... Нет, в последнее время мы не встречались, но договоренности не изменились. Я стану оперным певцом. Но мне было предложено не настаивать на обновлении сложившихся постановок классических опер, так как время для этого еще не настало. Мне открыли дорогу для иной возможности: под моим именем и под мою личную ответственность пародировать и модернизировать постановки классических опер или отдельных сцен для телевидения и театров с малыми зрительными залами. И я уже присматриваюсь к подходящим композиторам и сценаристам среди американцев, которым предстоит вернуться на землю европейцами. Мне не терпится начать работу в этом направлении.

Т: — Конечно, вы будете оперным певцом. Но свою неудовлетворенность традиционными постановками вы будете компенсировать попытками оживить на малых сценах то, что вам покажется устаревшим и отмирающим в традиционных постановках опер.

Т: — Мне вспоминается, вам предлагали роль Тони в фильме "Вестсайдская история", в мюзикле на тему шекспировских Ромео и Джульетты. Но ваш менеджер заломил настолько высокий гонорар, что роль Тони досталась другому актеру. Сейчас, кажется, ваша судьба стучится в ту же дверь, и вам снова предлагают участие в модернизации классики.

Т: — Предстоит ли вам решить проблемы с вашим эгрегором до реинкарнации?

ЭП: — Это моя личная проблема, о ней мы говорить не будем

Т: — Я ведь не из любопытства спрашиваю. У многих звезд бывают проблемы с их личными эгрегорами. Это, так сказать, общая, а вовсе не частная проблема... Вы принимаете итальянскую инкарнацию, и вам снова предстоит родиться не в богатой семье и начинать снова практически с нуля.

ЭП: — Я принимаю итальянскую инкарнацию, куда бы она меня ни завела, то ли петь на улице туристам, то ли быть оперным певцом на международной сцене, потому что я хочу петь и готов начать снова как *a self-starter*, как неаполитанский уличный певец. Время покажет, что из всего этого получится.

Еще одно посещение Джессе

19 июля 2009

Меня зовут Джессе, по крайней мере, для этого сообщения. У меня нет больше лица, и я могу заставить вас увидеть меня в любом виде. Но я не буду вас обманывать и прикидываться кем-то, кем не являюсь. Чем меньше я потрачу энергии на детскую и смешную игру в "доказательство моей личности", тем лучше вы будете меня слышать. Вы правы в своих догадках, что мы встречались во многих инкарнациях до той, цыганской, о которой шла речь раньше. Были воплощения, в которых нас тренировали в группе, где раскрывались наши способности, но где мы и грешили, за что пришлось изведать цыганского хлебушка. Элвис помнит то отчуждение и неприятие, которые выпадают на долю любого цыгана. В его последней инкарнации он оставался чужим среди своих, несмотря на сумасшедший успех у публики, особенно женщин, и сумасшедшие деньги, которые он зарабатывал и транжирил. Мерзкое ощущение изгоя впитывается в кожу, как вонь в стены помещений, в которых тушили пожар. Это ощущение изгоя сохраняется у человека на много инкарнаций. Правда, то же чувство подталкивает его к славе, всеобщему признанию в качестве певца.

Вы правильно почувствовали, что он уже не тот Элвис, которого знала Америка. Он теперь уже европеец, и его энергия изменилась. Он гораздо лучше понимает вас, потому что увидел вас в ином свете. Он попросил меня передать, что любит вас. Он не будет больше говорить не потому, что не хочет говорить, а из-за тех изменений, которые произошли в его сознании. Он посылает любовь жене Присцилле и дочери Лизе Мари. Он очень сожалеет, что причинил столько боли им обеим, несмотря на то, что всегда очень любил их, вопреки всему тому, что тогда происходило с ним на земле. Он просит передать им: "Дети будут под защитой небес, Милли-Ванилли1 будут в порядке. Ангелы хранители присматривают за ними". Среди детей там есть мальчик, внук Элвиса, который чувствует его присутствие. Элвис просит не поднимать его на смех, когда он говорит, что дедушка здесь. Элвис сказал: "Когда мой внук говорит, что он видит меня, я там, вместе с вами! Когда он видит меня, ему не страшно, он не боится меня. И настанет день, когда он напишет мою настоящую биографию. Он напишет правду, как все было на самом деле. Гуральник написал очень хорошую книгу, и она хорошо воспринята. Но там есть и другой аспект, или иной внутренний слой событий в моей жизни, слой, который был еще недоступен автору, когда он работал над историей моей жизни".

1Милли-Ванилли – псевдоним поп-певцов Фаба Морвина и Роба Пилатуса. Скорее всего, Милли-Ванилли — ласкательные имена девочек-близнецов, дочерей Лизы Мари. Я записала это имя на слух, как услышала, и не знаю, так ли семья называет детей.

ПОДТВЕРЖДЕНИЯ
Элвис Пресли о Джоне Ленноне и Высоцком

Обратите внимание, мне было 11 лет, когда вместо вожделенного ружья .22 калибра мне подарили гитару. Посмотрите, что случилось с Высоцким, когда ему было также 11 лет. Это может вас удивить.

Подтверждение

В 2003 году вышла замечательная книга Вл. Новикова "Высоцкий", и в ней сообщается, что, когда Высоцкому исполнилось 11 лет, он попросил в подарок военный мундир, который заказали у портного. Вторая жена его отца, Евгения Лихалатова, пошла на все издержки, чтобы выполнить просьбу Володи. В то время они жили в Эбервалде, Германия, и Лихалатовой пришлось съездить в Берлин за аксессуарами для костюма.

Элвис Пресли о Джоне Ленноне и Высоцком

Когда Высоцкого били до смерти, он находился также на "облаке" и был не прочь сбросить тело. Он был болен и в бесчувственном состоянии. Трудно поверить, но он как бы говорил им: "Ладно, подлые, бейте, бейте сильнее, дайте мне уйти". Они били его крепко, так как он все еще был полон сил. Наконец он отпустил духовные нечистоты и стал снова сияющей сущностью.

Подтверждение

Ряд профессиональных американских и английских медиумов подтвердил это сообщение. Отчеты об этих встречах вошли в книги *Channeling Vysotsky* и "Мертвые говорят". Иными словами, за много лет духи сообщили правду, о которой сегодня пишут и говорят открыто в русских СМИ, что КГБ приложило руку к смерти Высоцкого.

Таника Пальм

Верните ребят домой

ЭП: — Теперь я буду петь только "Верните ребят домой!" Я не был на войне, но я проходил военную службу в Германии вскоре после Второй мировой войны, разделившей страну на две части. Каким-то образом я вобрал ужас от пролитой крови, боль и кошмар от развалин когда-то процветающей страны. Здесь я пою: "Верните ребят домой", потому что ничто другое уже не имеет значения.

Подтверждение

Девять лет спустя, в 2009 г., я нашла на Интернете автора и певца Пита Сигера с его известной песней *"Bring 'em Home"* — "Верните их домой". Пит Сигер пел о солдатах во Вьетнаме: *"If you love your Uncle Sam, bring 'em home. Bring 'em home."* — "Если вы любите дядю Сэма, верните их домой. Верните их домой". Недавно Сигер обновил песню как дань солдатам, воевавшим в Ираке и Афганистане. В 2006 г. Брус Спрингстин также включил эту песню в свой репертуар. В свое время, когда я записывала первые сообщения от Пресли, мне было сказано, чтобы я не нервничала по поводу подтверждений его личности. Мол, в будущем я обнаружу подтверждения в текстах сообщений. Близость строк песен в спиритическом сообщении и в известной авторской песне Сигера не может быть случайной.

В 1989 году мы бежали из Советского Союза. У меня было в кармане 15 долларов. В 1999-м и 2000 г., когда я стала записывать Пресли, я ничего не знала о Пите Сигере. Первое десятилетие у новоприбывших в эту страну с пустыми руками не остается много времени на изучение имен композиторов популярных песен.

Одна тонкость: в строке у Сигера "Верните их домой" дается сокращение слова "их". В слове *them* выпущен начальный звук *"th"*, в результате остается разговорное *'em*. Элвис не надеется, что я, при моем знании английского, услышу или пойму эту тонкость разговорной речи, и заменяет *'em* на *boys* – мальчики, ребята, парни.

Элвис Пресли о Ленноне и Высоцком

Последняя строка этого послания гласит: "Передавая известие русским от подводника С. (с затонувшей субмарины "Курск"), не касайтесь политики, *let them gnaw on that bone* — предоставьте им волноваться. *Aufidersehen*".

Подтверждение

Идиоматическое выражение *let them gnaw on that bone* — "пусть они грызут эту кость" - я услышала впервые из уст спирита. Кроме того, слово *"gnaw"* — "грызть" или "жевать" — было мне и вовсе не знакомо. Закончив принимать сообщение, я обратилась к словарю и немало удивилась, найдя в нем и слово *"gnaw"*, и соответствующую идиому.

Еще одно посещение Джессе

Элвис: "Милли-Ванилли будут в порядке".

Подтверждение

Милли-Ванилли — псевдоним поп-певцов Фаба Морвина и Роба Пилатуса, популярных в 80-х и 90-х годах. Скорее всего, Милли-Ванилли ласкательные имена девочек близнецов, дочерей Лизы Мари. Я записала это имя на слух, и у меня нет подтверждения, этим ли ласкательным именем мать называет детей.

Вольфганг Амадей Моцарт (1756 — 1791)

Слушайте классическую музыку, которая вносит свет. Подключение слушателей к Источнику — единственная цель классической музыки, да и всего искусства, которое дается свыше.

Чистите тонкие тела, остальное не имеет значения

2 ноября 1999

Вольфганг Амадей Моцарт: — Вихрь волн привел меня к этому каналу. Я Вольфганг Моцарт, упомянутый сегодня много раз во время астрологического сеанса. *Vier und zwanzig!* Вы забыли немецкий. Томас, гайд канала, переводит мои слова на английский. Я рад, что добрался. Слухи о моей реинкарнации не верны. Я буду находиться на моем нынешнем уровне в послесмертии, пока они будут играть мою музыку на земле. Мне разрешено пребывать в так называемом раю музыкантов, потому что на земле моя музыка работает за меня.

Следовательно, мне не надо спускаться на землю. К тому же, мне туда и не хочется. Так как моя "инвестиция" работает на меня, я живу в голубом небесном раю с моими друзьями музыкантами. Мы здесь наслаждаемся нашими юными женами, вином, к которому мы едва прикасаемся, и нас не угнетают здесь денежные заботы. Мы находимся в постоянном состоянии музыкальной импровизации. В эстонском композиторе Валгре (Раймонд Валгре - эстонский композитор, 1913-1949) была капля моей души. Он также все еще здесь, и он тоже не спешит возвращаться на землю. Нам здесь весело. Мы любим Чайковского, но мы иногда подшучиваем над ним. Он, как прежде, слишком сентиментален и не может отделаться от своего балета "Лебединое озеро", музыка которого до сих пор преследует его. Когда эту музыку играют на земле, а играют они ее часто, вокруг Чайковского появляются стайки очаровательных белых лебедей. Хотя на земле лебеди отвратительные и грязные птицы. Я ненавидел лебедей в мою бытность на земле. И лебеди, и утки оставляли свои следы на парковых дорожках, которые я пересекал на пути в княжеский дворец. Я давал княжеским детям уроки музыки. Когда я, наконец, добирался до дворца, моя обувь была измазана лебедиными нечистотами, и это доставляло мне немало хлопот и огорчений. Земля есть земля.

Разрешите я пошлю вам немного музыки. Мы будем защищать ваш канал. Музыка будет прочищать ваш канал.

Т: —Мне слышится концерт для фортепьяно Моцарта, звук чист и легок. Я не могу поверить, что минуту назад я слышала голос создателя этой музыки.

Великие спорят

В начале часа спиритической коммуникации вижу, как Моцарт и Элвис разговаривают. Когда они, наконец, заметили меня за моим компьютером, я оказалась втянутой в их беседу. Для разогрева перед предстоящей нелегкой беседой я спросила Моцарта, известно ли ему о том, что на западе появился термин "эффект Моцарта".

Ряд ученых, в результате научных опытов, установил, что определенные музыкальные сочинения Моцарта лечат, усиливая, укрепляя, убыстряя умственную деятельность студентов[1]. Школьники умнеют и решают успешнее трудные головоломки, ребусы. В результате этого открытия появилось понятие "эффект Моцарта". Некоторые доктора утверждают, что число недугов, поддающихся лечению музыкой Моцарта, значительно шире и прописывают своим пациентам "лекарство" — слушать Моцарта по 40 минут в день. Может быть, по этой причине нельзя модернизировать музыку Моцарта, так как она дана через Моцарта человечеству для того, чтобы облагораживать нас. Если это действительно так, повлияло ли это на ваши отношения с Элвисом Пресли?

Моцарт: — Давайте, забудем про "эффект Моцарта". Я говорил Элвису, что не могу с ним работать, пока он носится с идеей разрушения моей музыки. Мы несколько раз говорили об этом, но он не отступился от своего намерения. Он не верит мне. Он не любит моей музыки. Ему надо дорасти до того задания, которое он хочет взять на себя. Он знает, что ему надо сделать, - я говорил с ним об этом. Он должен подвергнуть себя клиническому очищению, которое доступно ему как американскому божеству, американскому Аполлону. Что я еще могу добавить? Музыка, которую он творил на земле, приятна и мила, но этого недостаточно для классической музыки.

Что мне нравится в нем, так это его сосредоточенное стремление стать певцом. Он хочет петь и говорит, что это единственное, что ему нужно в жизни — петь! Но его карма ужасно трудная. Слава Богу, он не был скупым человеком на земле и делился своим состоянием с людьми, которые его обслуживали. Но, несмотря на это, его личные каналы недостаточно открыты, чтобы слышать Божий глас, быть руководимым информацией из сфер.

А наркотики? В его состоянии они ему не помощники. Наркотики создают дополнительные проблемы для Элвиса. В послесмертии он должен принять жизнь в среде монахов в каком-либо монастыре и начать целеустремленно работать над собой. Музыка — суровая любовница: если она не может завладеть тобой целиком, она бросает тебя.

Я не отказывал ему. Мне нравится его голос, его артистический потенциал огромен. Все, что от него требуется, это взглянуть правде в лицо и осознать, что ему не хватает образования. Он бы подумал немножко, почему некий эстонский певец Георг Отс пребывает нынче в болгарском монастыре. Почему? Почему? Вместо того, чтобы бороться со мной — тратить время и энергию на отупляющий кокаин и бунт против меня, ему надо начать работать над собой. Он должен молиться и медитировать — не для развлечения, как это делается в Нью Эйдж, но для утончения всех данных нам чувств.

Если он преодолеет чудовищные барьеры сопротивления, выстроенные его избалованным и капризным эго, я приму его обратно, и он знает это.

Лечит ли моя музыка, как некоторые считают? Что за странное утверждение! Конечно, подобная лесть щекочет мое самолюбие, но взгляните на это трезвыми глазами. Почему именно Моцарт? Почему не Бетховен или великий Иоганн Себастьян Бах? Лечить, чистить органы восприятия, утончать интуицию и подсоединять слушателей к источникам энергии с более высокой частотой вибрации — это и есть единственная цель подлинной музыки.

Выживет ли современная "реалистическая музыка" — отгороженная от высших вибраций, показывающая, во что превратилось коллективное сознание в эпоху заката цивилизации? Конечно, нет. Для композиторов никогда еще не было такого трудного времени, как сейчас. Сферы посылают нам тонны музыки, которая не достигает ушей современных композиторов. Почему? Потому что музыка не должна описывать и воспроизводить хаос, но призвана искать красоту и увеличивать чувствительность восприятия.

Элвис! Если он согласится на пять лет по земному времени на моление и медитацию вместе с Георгом Отсом в монастыре, он будет со мной.

Т: Наверное, была причина, почему Элвис встретил Георга Отса в послесмертии в некоем высокогорном монастыре, в котором тот молится и медитирует. Пресли хотел "помочь" бедному оперному певцу из никому неизвестной Эстонии, но, оказывается, все обстояло наоборот. Отсу суждено было показать великому Элвису Пресли, чем тому следовало бы заняться в перерыве между земными воплощениями.

Моцарт: — Спасибо, медиум, ваш теплый прием примирил меня с этим негодником, который воображает о себе слишком много. В этом твоя самая ужасная проблема, Элвис. Запомни, мы все всего лишь господни слуги на земле. Искусство должно быть дано! Искусство должно быть дано Источником! Только в таком случае оно чистое и не оставляет на ментальных телах нежелательных наслоений. В самом искусстве, которое дается сверху, содержится нечто очистительное. Оно очищает художника, артиста, если тот готов воспринять его. Пожалуйста, опубликуйте это. Я вижу, вы сделаете это. Спасибо всем присутствующим.

Т: У меня создалось впечатление, что Элвис Пресли и его друзья в послесмертии, пылая энтузиазмом, отправились в болгарский монастырь вблизи албанской границы навестить Георга Отса. Но они быстро вернулись, поникшие и молчаливые, и ничего о том визите не рассказывали. Вскоре Моцарт снова пришел, на этот раз с переводчиком, который отказался назвать свое имя.

Я здесь из-за его таланта, а не его дурного характера

20 января 2013

ЭП: — Я хочу сказать маэстро Моцарту, что не могу пойти в болгарский монастырь. Я хочу, чтобы он объяснил мне, зачем он гонит меня в монастырь и почему отказывается принять меня в мир классической музыки? Чем я хуже других с куда меньшим талантом, чем мой? Почему они будут петь арию Джованни, а я нет? Чем я его не устраиваю? Что мне надо делать, чтобы соответствовать его требованиям?

Переводчик: "Моцарт сказал, что если он хочет услышать правду, Моцарт скажет ему правду".

Моцарт: — Я нахожусь сейчас здесь из-за его таланта, а не из-за его дурного характера. Его уровень интеллигентности слишком низок для мира классической музыки, его уровень отрицательных влечений и наклонностей в астральном, ментальном и каузальном телах слишком высок. Говоря без обиняков, его чакры и тонкие тела полны нечистот. Не я, Моцарт, но эта духовная грязь не даст ему быть воспринятым на нужном уровне человеческого общения. А теперь, я прошу, сделайте мне одолжение — спросите его, понял ли он то, что я ему сказал? ... Я так и знал, он не понял!

Моцарт: — Он не готов говорить со мной! Если он думает, что я буду учить его основам эзотерических знаний, он ошибается, я занят. Если он соблаговолит потрудиться понять, что я сказал ему, мы продолжим наш разговор. Но он должен прийти ко мне, я не буду приходить к нему и беспокоить медиума поутру по воскресеньям. Я вижу, ее ждет также масса неотложных дел.

Моцарт: — Элвис болен. Я здесь, потому что он очень болен и отказывается от лечения...

ЭП: — О чем он говорит?

Моцарт: — Мое последнее слово: ему предлагается пять лет работы с итальянскими монахами, если ему не хочется трудиться над собой в Болгарии в группе продвинутых эзотеристов. Они основали там школу по изучению очистки влиятельных личностей.

Уважаемый переводчик, скажите ему: я не буду его администратором по поиску подходящего для него монастыря; я не буду вести переговоры по поступлению в такого рода заведения. Он не воспитан, у него нет манер, и он не понимает, кто есть кто. Он *an infant the terrible*! Я ставлю ему условие: посвятить пять лет жизни в послесмертии очистке сознания. Ему предстоит найти настоящего продвинутого эзотериста, который захочет работать с ним во имя спасения его огромного таланта. Если он найдет таких людей, я разрешаю им говорить и советоваться со мной. Я все сказал. Удачи тебе, Элвис!

Т: Во время этой головомойки Элвис оставался собранным и почтительным, но каким-то уж слишком безучастным. Он поблагодарил Моцарта за то, что тот ответил на его вопросы. Пока я записывала последние фразы, они исчезли из моего поля зрения. Я осталась одна в размышлениях о том, что здесь произошло.

1 Википедия об "эффекте Моцарта": "Французский исследователь, доктор А. Томатис описал "эффект Моцарта" в 1991 году в книге *Pourquoi Mozart?* ("Почему Моцарт?") Он использовал музыку Моцарта, пытаясь приучить ухо пациента к слушанию музыки, звучащей на более высоких вибрационных частотах, что способствует лечению и развитию мозга.
Американский исследователь Раушер с сотрудниками изучали влияние музыки Моцарта на решение задач стэнфордского теста (the Stanford-Binet IQ test). Сравнивали результаты, давая слушать сонату Моцарта, музыку для релаксации и полную тишину. Выяснилось, что музыка Моцарта действительно делала студентов умнее, то есть на время повышала их умственные способности.

2 У эзотеристов сложилось впечатление, что в нижних слоях астрального и ментального планов проблема наркотической и алкогольной зависимости не снимается, а обостряется, что является серьезным препятствием для развития души, закрывая ей возможность подъема в более высокие сферы потустороннего мира

Элвис: "Моцарт хочет говорить с вами"

14 февраля 2013

Через несколько недель Элвис Пресли сообщил, что Моцарт принял его обратно в свой круг и хочет говорить со мной, чтобы подтвердить это сообщение.

Я немедленно включила компьютер и записала короткое и ясное сообщение, которое действительно относилось более ко мне, чем к Элвису, и, как мне кажется, относится к любому читателю этой книги. Я ничего не буду менять в этом сообщении, не буду его редактировать, смягчать или украшать виньетками современного эзотерического словоблудия.

Моцарт: — Я был тронут тем, что вы отнеслись серьезно к моим словам, продолжая размышлять, что эта за парочка вещей — *"a couple of things"*, над которыми вам надо поработать, чтобы в будущем работать с людьми, которым предстоит восстановление европейской культуры после определенных исторических событий. У вас были и высокие, и низкие инкарнации. 6000 лет назад вы были придворной правящего египетского фараона, а 200 лет назад вы были цыганкой, зарабатывая право вернуться к так называемой "нормальной жизни" на земле с возможностью получить образование и войти в артистический мир. И куда же это вас привело?

Чистота тонких тел является единственным условием, имеющим значение. Забудьте все остальное, потому что ничто иное не имеет длительного положительного влияния, которое лечит и улучшает жизнь человека. Из разговора с Элвисом я узнал, что вы подвергались чудовищному насилию со стороны группы русских душ. Они сидели годами в вашей ауре, и у вас не было никаких средств от них избавиться. Вы сделали книжку из сообщений Высоцкого, забитую украшательством и возвеличиванием, и эта книга вам чести также не сделает. Эта книжка будет также на пути в высшие сферы. Вам надо найти способ очиститься от внесенных в вашу ауру нечистот той группы, которую образовал ее лидер, небезызвестный вам поэт, сообщения которого вы записывали. Я предлагаю три вещи:

Медитировать как минимум 2 часа в день

Молиться три раза в день

Слушать классическую музыку, которая вносит свет.

Это верно, музыка Моцарта, моя музыка, обладает лечебной силой. Ее давали мне таким образом, и поэтому я не могу согласиться на модернизацию. Но музыка Иоганна Себастьяна Баха, все, что он написал, — лечит не меньше, потому что его музыка родилась в церкви, писалась для богослужения и исполнялась в церкви. Лечебная сила свойственна музыке Бетховена, Генделя и Вивальди, последнее может показаться странным, но это так. Когда вы вслушаетесь в произведения Вивальди, вы почувствуете это.

Далее, море, берег океана, прогулки вдоль берега. Надо не сидеть у моря, как вы делаете, а ходить вдоль берега пока есть силы...

Внесите эти изменения в вашу жизнь, и через несколько месяцев я загляну к вам убедиться, что дела идут на улучшение. Меры будут приняты, чтобы вас не беспокоили.

Люди, которых вы любите, будут вас посещать, так как эти посещения не включают запрещенных сексуальных отношений. Любовь не уходит от отсутствия половых отношений. Споря со знакомой недавно, вы были правы, утверждая, что любовь живет в сердце, а не ниже. То, что ниже, предусмотрено для продолжения рода человеческого, а вовсе не для любви.

А теперь мне надо идти, и я заберу Элвиса с собой. Пожалуйста, включите и этот наш разговор в свою книгу. Я нашел способ, как работать с ним, потому что я вижу, он созревает к переменам в своем отношении к жизни.

Т: — Господин Моцарт, я всем сердцем благодарю вас за то, что вы пришли и сказали мне правду о состоянии моих тонких тел. Мое чувство благодарности глубже того, что я могу выразить. Я не знаю, чем заслужила это, но я хочу работать над прочисткой тонких тел и космических каналов, чтобы они стали пропускать свет и информацию от света, Источника. Из мира иного поступает много спиритических сообщений. И я не всегда знаю, как их толковать и передавать людям. Мне нужна помощь из чистого Источника.

Моцарт: Я оставляю вас искать связи с Источником. Эта живая связь появится, если вы будете в молитве просить. Не откладывайте это в долгий ящик, просите услышать голос связи, молитесь, просите! Вы нуждаетесь в небесном руководстве для дела, которым вы занимаетесь, я чувствую это. Мне было приятно встретить вас, потому что вы человек мира искусства. Если вы будете развиваться, так сказать, до последнего дыхания на земле, у вас будет возможность заниматься этим и в послесмертии. Не теряйте желания, стремления заниматься развитием интуиции.

Узники славы

Бете Дейвис
(1908-1989)

Я привыкаю к общению с разными людьми, с любым человеком

Как сбалансировать славу?

Как произнести по-русски имя величайшей американской киноактрисы *Bette Davis*? Различные русские источники предлагают Бет Дэвис или Бетти Дэвис. Мне кажется, имя *Bette Davis* нужно произносить по-русски так, как его выговаривают американцы, и как оно на слуху у всего мира — Бете Дейвис. Она одиннадцать раз номинировалась на "Оскара" за лучшую главную женскую роль. Золотая фигурка присуждалась Бете Дейвис дважды за роли в фильмах "Иезавель" и

"Опасная". Всемирным признанием, любовью и восхищением пользуются многие ее роли, в особенности роли в фильмах "Что случилось с Бэби Джейн" и "Все о Еве". Одна из заслуг Бете Дейвис состоит в том, что она отвоевала право подчинять образы своих героинь внутренней логике образа, а не голливудским стандартам красивости. Сегодня трудно представить, какие усилия понадобились, чтобы преодолеть шаблон красивости во имя правды образа и открыть этим дорогу постановке совершенно иного плана сценариев. Мирна Лой, которая не раз удивляла меня точностью анализа фильмов, сказала о Бете Дейвис: "Она выразила доселе незатронутый, более глубокий слой чувств, который включает сочувствие к страданиям души человеческой".

Ниже следует рассказ Бете Дейвис, о том, что она предпринимала, решая свои проблемы с ее эгрегором и перегруженным ментальным телом — "как у всех звезд", по ее собственным словам, "потому что здесь я ничем не отличаюсь от остальных звезд".

Приглашение

18 мая 2012

В один прекрасный весенний день раздался голос незнакомого спирита: "Я прочла здесь интересный вопрос и решила вмешаться!"

"Интересный вопрос" находился в статье, которую я правила в компьютере: "В послесмертии среди тех, кто являлся на земле властителем умов, наблюдается два разных подхода к проблеме засоренности ментального тела. Подход *of self-starters* — как Элвис Пресли называет тех, кто пробивался в Голливуде исключительно своими силами, и тех, кого жизнь хоть как-то готовила и выводила на путь звезды. В послесмертии *self-starters* ищут занятие для балансировки негативных мыслеформ, покрывающих их ментальное тело. "Нормальные звезды" полагаются больше на эффективность очистительных сооружений, которые также имеются на том свете, и о которых не любят говорить. В них смывают грязь, осевшую в тонких телах не только на земле, но в астрале, как мне говорили спириты, избегая прямых ответов на мои вопросы обо этих заведениях".

Незнакомка продолжала: "Я также считаю себя *a self-starter*, хочу слово вставить. Вы ничего не знаете обо мне, но я вижу, вы любите мои фильмы".

Я старалась вспомнить, где я слышала этот голос.

Т: — Боже, Бете Дейвис! — вырвалось у меня. — Конечно, я люблю ваши фильмы, ваша Бэби Джейн потрясла меня. Мне удалось посмотреть этот фильм еще в Советском Союзе на просмотре в Доме кино.

Т: "Что случилось с Бэби Джейн" был фильмом о неверном свете славы, боли старения, грузе вины и кошмаре неопределенности. Я лишний раз почувствовала, как безнадежно мы, русские, имея столько великолепных актеров, отстали от мирового кино из-за нелепого содержания, продиктованного идеологическими требованиями партии. Спасибо вам за тот фильм! Будете ли вы снова актрисой в вашем следующем воплощении?

БД: — Никогда более. Я буду школьным учителем в нынешние страшные времена, когда учителя трясутся от страха, что на них падет обвинение в сексуальном домогательстве учеников, и еще более от страха потерять работу из-за сокращений бюджетов на образование.

Т: — Почему вы решили стать учителем?

БД: — Мои гайды посоветовали мне эту профессию как кратчайший путь балансировки моих личных проблем.

Т: — Говорят, мысли, которые мы повторяем — утверждения, убеждения, рассуждения, о которых мы знаем мало, либо ничего не знаем, но имеем твердое мнение, материализуются в среде с более высокой частотой вибрации. Слова превращаются в некую назойливую реальность, от которой трудно избавиться. Пришлось ли и вам пережить подобный процесс материализации ваших мыслей?

БД: — Конечно. Я ничем не отличаюсь от других звезд. Я пережила мою долю ужасов — увидела свое перегруженное ментальное тело и познакомилась с моим сильным эгрегором, которому очень хотелось подружиться со мной. Мне повезло, у меня хватило сил отказаться от услуг этого скользкого господина. Он предлагал "защиту" в обмен на мою энергию. Я предпочла адский труд в послесмертии.

Т: ... В качестве медиума мне приходилось слышать рассказы о том, как эгрегоры известных артистов предлагают им "взаимовыгодный обмен" — защиту в обмен на витальную энергию артиста. Существует убеждение, что в послесмертии только те звезды, которые умудрялись не отдавать волю и отстаивать свои взгляды на земле, избегают общения со своим эгрегором в послесмертии. Так ли это?

БД: — Более или менее! Или ты становишься столовой, или лучше сказать — забитым холодильником для эгрегора, или ты трудишься. Я выбрала работу с детьми, чтобы улучшить судьбу этих детей как в послесмертии, так и на земле, а заодно и мою собственную. Я работаю в особой школе, назовем ее школой для детей с аутизмом. Они замкнуты в своих внутренних мирах и не могут общаться с людьми, которых они в свои миры не включили.

В каком-то смысле мы, звезды, походили на этих детей. Достигнув определенного положения, мы теряли способность делиться с теми, кто служил нам. Я вижу, вы также "великий коммуникатор" — человек не понятый! И я сказала себе: я пойду учить тому, что мне самой дается с трудом, — общению с разными людьми, высокими духом и низкими, талантливыми и бесталанными, умными и глупыми — с любыми людьми! Мне хочется научиться понимать людей, кто они, как они живут, что происходит с ними.

Я начала с изучения сказок, это была интереснейшая работа. Я сама многому научилась, когда учила детей читать, когда мы вместе учились пересказывать сказки и, наконец, когда мы создавали пьески по разученным сказкам и ставили по ним спектакли. Это была моя любимая часть обучения. Потому что, работая над постановками, я учила детей тому, чему сама научилась на земле. Я пробуду здесь как можно дольше, насколько это окажется возможным.

БД: — Конечно же, работа с больными детьми является моделью для создания международного общества, в котором разные цвета кожи и классы встречаются, живут бок о бок, потому что детей принимают в мою школу из-за их проблем со здоровьем, а не из-за социального статуса родителей. В результате, мне достаются самые трудные дети. Расспросите тех, с кем вы работали, всякий подтвердит, что я занята школой и детьми.

БД: — Когда я прибыла в этот мир, я не обнаружила каменных стен вокруг себя, о которых вам рассказывали (намек на рассказ Кэри Гранта), или ледяных гор, с которыми небезызвестному режиссеру (Андрею Тарковскому) предстоит иметь дело. Мне достались водопады, непроницаемые водопады. Поначалу мне никак не удавалось выкарабкаться из них. Они не выглядели устрашающими. Наоборот, в каком-то смысле, они живописны. Я плавала в воде и мылась; я мылась и мылась, пока не поняла, что если я ничего не предприму и буду продолжать мыться, то, в конце концов, сбегу отсюда. А куда бежать? Разве что в прислуги к какой-либо очередной Еве (намек на фильм "Все о Еве"). Иными словами, сбегу к следующей фальшивой голливудской звезде, которая ничего не представляет собой на экране, но "шагает в ногу"? Так поступают некоторые вездесущие девицы, *the socialites*! Я не буду называть имен, которые и так у всех на слуху. Но скажите, какое публике дело, как *socialites*, например, рожают своих детей? Разве они королевы, рожающие наследников династий? Почему роды подобных "около" обсуждаются по нынешнему телевидению? Они сошли с ума в Голливуде! И они называли нас сумасшедшими? Уважаемая, войдите в медитацию, я покажу вам кое-что?

Т: Я расслабилась, закрыла глаза и полетела над тихим и действительно живописным водоемом, стараясь не отставать от Бете Дейвис. Вскоре мы прибыли в класс, залитый солнечным светом. Две стеклянные стены этого здания выходили в цветущий сад на фоне лесопарка. Живописные сосны росли редко, отмеряя место для лужаек зеленоватого и светло-серого мха, на котором пестрели ярко-желтые петушки, здесь и там сквозь этот мох прорывались удивительные неземные цветы. Этот заколдованный лес из сказки братьев Гримм простирался до самого голубого моря на горизонте.

В классе было тесно. Некоторые ученики, калеки, сидели за партами в инвалидных колясках. Скорее всего, в том стеклянном здании среди фантастического парка были и другие классы.

В каждом классе было около 50 учащихся, и далеко не все было поражены аутизмом. В инвалидных колясках находились дети с поврежденными либо отсутствующими конечностями — безногие, однорукие, с искаженными телами — слоновой болезнью, рваными ушами и выколотыми глазами. Чем эти искажения были вызваны — радиацией, оставшейся в воздухе после атомных взрывов в Хиросиме, Нагасаки, Чернобыле, на испытательных полигонах, излучениями отходов атомного производства или чем-то совершенно иным?

Или... По моей спине пробежал холодный пот. Нет... не может быть... Мне хотелось спросить, но Бете куда-то пропала... У кого спросить? Аборты! Абортированные души![1] Что, если мне показывали детей, души которых приняли на себя вину, боль, повреждения и искажения, вызванные абортами? Верна ли моя догадка? Все кричало во мне — нет! Этого быть не может, этого не может быть никогда!

БД: — Моя задача очеловечивать страдающие души до такой степени, когда произойдет естественное восстановление их облика, каждого из них. Но ни единая душа здесь не переживает эти испытания случайно. Каждый из них не смог иначе сбалансировать свои кармические проблемы. Здесь много высокоразвитых душ в лучшем смысле этого слова. Наше дело направлять на них волны любви, восстанавливать в них веру, что они достойны любви и что их будущее будет светлым и прекрасным!

Короче, я приглашаю вас присоединиться к моей команде в качестве помощницы и учительницы.

Я приглашаю вас, потому что я мечтаю об интернациональном учительском коллективе. Вы, как душа развитая, успели наработать кучу своих проблем, как я посмотрю. Трудно найти более эффективный путь их решения, чем работа в моей школе. Если вы примете мое предложение, они вас приведут ко мне сразу после вашего перехода, когда вы, наконец, освободитесь от всего, что вас сейчас тяготит на земле.

Я Бете Дейвис, и, конечно же, я директор этой школы. Они хоть это мне оставили! Я занимаюсь проблемами энергетического воздействия на детей. Я рада, что мне удалось поговорить с вами. Присоединяйтесь к нам, будем очеловечивать и очеловечиваться... Я знаю, вы были хорошим кинокритиком в очень маленькой стране под давлением жесткого политического режима. А здесь, в Соединенных Штатах, вы натерпелись от расизма. Тем не менее, в вас нет и следа горечи или злобы. Мне нужны такие, как вы, в моей команде себялюбивых и достаточно эгоистичных людей.

Т: — Могу я задать вам вопрос? Когда обычный человек совершает переход, он принимает свою оптимальную форму. Моя мама перешла в мир иной в возрасте 99 лет и тут же, из послесмертия, заговорила со мной до неузнаваемости молодым и бодрым голосом. Также, говорят, что когда переход совершает человек, покалеченный войной, автомобильной аварией, то отсутствующие части тела сразу восстанавливаются. Так ли это? Откуда берутся дети калеки на вашем свете?

Неужели душа может пережить такую сильную боль, что в послесмертии нормальный человеческий образ автоматически не восстанавливается?

БД: — Вы поняли, в чем дело, и поэтому я вас и приглашаю присоединиться к нам. Обычно мы имеем ум без сердца или сердце без ума. А вы обладаете и тем, и другим. Ваш ангел-хранитель одобрил мое приглашение, он "за", чтобы вы потрудились на почве очеловечивания. Подобный опыт может вам пригодится в будущем.

Т: — Изменилось ли ваше ментальное тело за то время, пока вы учительствовали в вашей школе?

БД: — Теперь у меня там образовался небольшой остров, на котором растут пальмы. И там, на суше, у нас есть дом — место для меня, и общежитие для учителей. Еще раз приглашаю вас на свой остров, в чем-то похожий на Маркизские острова во французской Полинезии, где находилось последнее жилище Поля

Гогена. Нам надо расширить сушу, чтобы вода отступила подальше от зданий... Мы ждем вас...

Т: Бете Дейвис замолчала. Но молнией поразившая меня мысль о последствиях абортов, искалечивших спиритов, не давала мне покоя. На одном полюсе либеральное отношение к абортам, что приводит к физическим повреждениям спиритов, которые, если их не вылечат в послесмертии, вернутся на землю калеками, на противоположном полюсе — консервативное отношение к абортам, что приводит к религиозному фанатизму с преследованием женщин, решившихся на аборты, взрывам в соответствующих клиниках, убийству гинекологов. Кто здесь прав, кто виноват? И я решилась на еще один вопрос: "Неужели аутизм и аборты связаны более чем одинаковой начальной буквой "а"?

БД: — Там есть связь, но я не сведущая в этой области, мое дело любить и внушать им веру, что жизнь замечательна.

Неожиданный поворот событий

Так как Бете Дейвис посоветовала мне расспросить народ (то есть спиритов) об ее школе, я стала расспрашивать. Откликнулся мой коллега, венгерский кинокритик Генри, бывший сотрудник будапештского киножурнала "Метрополис". Как и полагается приличному журналисту, он отлетел с сердечным приступом по дороге из своего офиса к буфетной, скорее всего, за очередной стопочкой коньяка. В свое время кто-то познакомил нас на одном из московских кинофестивалей. Услышав о приглашении, которым Бете Дейвис меня отметила и осчастливила, он рассмеялся и посоветовал хорошенько подумать, почему известная кинозвезда вдруг основывает какую-то непонятную школу и приглашает незнакомку... в учителя. Мол, вы кинокритик, при чем здесь учительство?

Генри: — Вы, конечно, услышав голос звезды созвездия Андромеды, которая облагодетельствовала вас приглашением, растаяли и согласились быть "учительницей"? Вы говорите, она была очень вежлива и говорила приятным тоном? Значит ей действительно что-то надо от вас. Подумайте, что вы можете дать такого, из-за чего стоило бы разыскивать вас и надеть маску участливого человека? Насколько я понял, она спела вам, чужому человеку, целый панегирик. Она замечательная актриса, но в быту остра, как отточенный нож. Думайте! Мне кажется, умной она вас не считает. Увы, ошибаются даже великие, закончил он, подшучивая надо мной.

Т: Наконец мне удалось вставить слово:

Т: — Но я видела школу, она показала мне школу!

Генри не любил, когда ему перечили, он выкрикнул: "Думайте, что ей надо от вас, потому что там никакой школы нет!"

Мне показалось, что в воздухе взорвалось что-то, а затем воцарилась тишина. Я услышала, как произношу неуверенно:

Т: — Но я собственными глазами видела класс, детей в инвалидных колясках.

Генри: — Спирит с развитым воображением может послать вам любую картину, в особенности, если картину можно взять непосредственно из вашей головы.

Т: Конечно, я сразу заметила что-то подозрительное, но отказывалась признать очевидное. Я увидела школьный парк, который до боли походил на мой любимый уголок на эстонском острове Хийумаа. Сразу за светло-желтоватой полоской морского берега возвышался холм, на котором росли редкие пышные сосны. Как в диснеевском мультике, между королевскими соснами расстилались островки курчавого суховатого мха, в котором горели яркие россыпи желто-оранжевых петушков; здесь и там цвели крупные лиловые колокольчики. В ясные дни сквозь редкие сосны виднелось бирюзовое море, сливаясь вдали с голубым небом. Я называла это место "под голубым куполом" и иногда, завороженная прелестью этого уголка, усаживалась на пенек, чтобы дождаться встречи с настоящими обитателями этого местечка. То появится трусливый серенький, под цвет сухого мха, зайчишка, а иногда красновато-рыжий наглый и самодовольный лис с поразительными глазками, которые, казалось, видят тебя насквозь. Этот хитрый и проворный зверек застывает, глядя на тебя, и, насладившись своим лисьим превосходством, вдруг со скоростью света срывается с места и исчезает в кустарнике, ведущего в темный лес поодаль.

Наконец меня осенило, зачем приходила Дейвис: ей нужна компаньонка, по совместительству — прислуга. Она решила нанять меня загодя, пока я здесь, на земле, договориться с моими проводниками, чтобы после моего перехода они сразу привели бы меня в ее "школу". Ей, видимо, как и властелинам древнего Египта, нужна прислуга на том свете.

Казалось, на моих догадках дело и закончилось. Но через несколько недель знаменитая актриса появилась в сопровождении какого-то послушного джентльмена, которого она забыла представить.

БД: — Я понятия не имела, что вы знакомы с Генри. Что же он вам рассказал о моей школе?

Т: Бете Дейвис забыла улыбаться, волчица в ней готовилась, если понадобится, вцепиться в глотку оппонента. Я услышала, как задаю роковой вопрос:

Т: — Что происходит с женскими сексуальными влечениями после смерти? В разговорах со спиритами до меня доходят странные истории о бывших выдающихся дамах, которые в вашем мире, растеряв посты, звания и достижения, охотятся за мужчинами, готовыми немедленно удовлетворить их обострившиеся влечения. Не буду называть имен, некоторые из них слишком известны. Чего они ищут?

БД: — Любви, конечно. Мужчинам свойственно обещать любовь, а затем исчезать.

Т: Мне следовало остановиться на достигнутом, но я продолжала расспрашивать. Волчица, на против, притаилась.

Т: — Каковы ваши отношения с мальчиками, которых я видела в школе? Мне кажется, вы хотите говорить о вещах, которые вас действительно волнуют, о ваших проблемах... Я ничего не опубликую без вашего согласия. У вас будет возможность прочесть все то, что я сумею записать. Мне кажется, истина хочет вырваться на свободу...

БД: — *Come again...* — повтори вопрос, мол, я не поняла, о чем ты!

Т: Ее жесткий напор провоцировал меня дойти до крайности, и я переиначила вопрос.

Т: — Постарайтесь сосредоточиться на истинных причинах, которые вызывают у бывших знаменитых женщин потребность искать любовь на каждом перекрестке, уподобляясь проституткам, которых они презирали на земле... Записывая рассказы спиритов, я сталкивалась с историями, которые ничего кроме ужаса мне не внушали.

БД: — И до меня кое-что доходило, нет нужды называть вещи своими именами.

Т: Низкая мысль: «О нет, так просто ты от меня, потенциальной судомойки в отсветах голливудского блеска, не отделаешься» — зацепилась за мою мозговую извилину, и я спросила:

Т: — Что ожидает наркоманов в послесмертии? Вы употребляете наркотики, в особенности — в школе?

Бете хранила спокойствие, но с трудом. Ее энергия была настолько сильной, что я совершенно забыла, что разговариваю с нежным спиритом. Передо мной была доведенная до ярости женщина, полностью спроектировавшая себя в человеческую форму. Да, я чувствовала себя обиженной судомойкой, мстящей за унижение. Я понимала, что куда благороднее отступиться, но не могла.

Бете смерила меня оценивающим взглядом и предложила мне отступного.

БД: — До какой-то степени мы все употребляли...

Т: — На каком уровне астрального мира находится ваша школа — на низшем, среднем или на более высоких уровнях для развитых душ?

БД: — Если я скажу правду, кому она нужна?

Т: — Вам в первую очередь. Что происходит в вашей школе? Ваши ученики также употребляют наркотики? Как они достают их? Кто поставляет им зелье? Откуда оно берется в вашем мире?

БД: — Кто сказал вам об этом?

Т: — Некто, кого вы прекрасно знаете, и кто часто задерживается у вас на ночь.

Намека на предательство Генри она не выдержала. Она взорвалась. Она крикнула своему дремлющему компаньону:

БД: — Я хочу уйти отсюда, она (то есть я – *Т.*) сумасшедшая. Я не желаю ее больше слушать. Пошли!

Компаньон Бете, мужчина без лица, повторил эхом:
— Она желает уйти!

Т: — Идите, вас никто здесь не держит!

Я почему-то встала, прощаясь не со спиритом Бете Дейвис, а с актрисой, одетой в летнее платье покроя шестидесятых годов, чем-то напоминающим платье из фильма "Что случилось с Бэби Джейн". Я совершенно забыла, что говорю со спиритом.

Бете Дейвис снова взорвалась, на этот раз намного сильнее прежнего. Ее огромные глаза вспыхнули неземным светом, миниатюрная фигурка поднялась в воздух и полетела в мою сторону, видимо, намереваясь сжечь меня своим взглядом дотла.

БД: — Никакой школы нет! Они побили меня дважды. Вы не будете учительницей в моей школе. Мне не нужны учителя, которые будут поучать меня и читать мне лекции. Я пригласила вас прийти ко мне, но я беру обратно мое приглашение. Извольте бесцельно скитаться, пожалуйста! Вы не знаете, что вас ждет, ваша спесь вмиг слетит с вас, как ни бывало! Кто посмеется последним, так это буду я. Вы не представляете, что вы носите на вашем поясе в вашем ментальном теле. До скорой встречи, дорогая, я надеялась на сотрудничество, но вижу, вы упрямая ведьма.

Т:— Спасибо вам за ваши теплые слова. Так скажите вслух, что вы подразумеваете под словом "школа". Скажите правду.

БД: — Сказать правду? Я скажу вам правду. Там нет никакой школы, и никогда не было. Я сплю с ними. Так я вливаю в них любовь. И я буду делать это на земле в качестве школьного учителя. Я буду унижена, меня будут порицать публично в газетах, и посадят в тюрьму. Вот как я буду балансировать мою славу.

Я посмотрю, как вы это напечатаете. Подумайте об этом. Я обо всем этом сказала вам в приемлемом виде, если суметь это прочесть. Но вы наивная идиотка, которая не может отличить меня от телеграфного столба и у которой нет ни малейшего понятия, что вы обнаружите, когда явитесь сюда, что творится вокруг вашего живота и почему вам приходится нести это на себе.

Меня несло, я воскликнула:

Т:— Любовь живёт в сердце, а не в б...

Т: Думаю, выражение *"we make love"*, обозначающее акт половой близости, сбивает с толку: любовь живёт в сердце, а не в той части тела, которая предназначается для продолжения рода человеческого.

Вскоре меня настигли слухи, что Бете Дейвис *"is murdering my reputation"* на каждом перекрёстке астрального мира.

Мне удалось задать моему проводнику вопрос, может ли Бете Дейвис отмолить груз её огромной славы? Можно ли сбалансировать груз отрицательных энергий, сопровождающих славу, — зависть коллег, боль тех, кто мечтал стать знаменитым, но никогда им не стал, жажду достичь славы во имя значительных заработков, которой томимы полчища так называемых "последователей", фанатов, любителей кинематографа. Мой проводник ответил: "Если она поверит в Бога, то её молитва поможет, и не надо будет подвергать себя немыслимым унижениям".

Дождавшись очередного появления Бете Дейвис, я передала ей совет моего проводника и рассказала о положительном опыте Рут Монтгомери, которой удалось отмолить славу и подняться на более высокий уровень ментального плана, где чисто, красиво и нет душ находящихся во власти наркотиков, водки, приспособленчества, злобы и раздражения.

И снова первая реакция Бете Дейвис оказалась взрывной. Она повторила, что не собирается разговаривать с человеком, который учит её, как жить. Я также в долгу не осталась, заставив её признать, что приглашение учительствовать в её несуществующей школе было вежливой формой найма меня прислугой загодя, до моей физической смерти. Я имела также удовольствие сообщить, что не собираюсь становится уборщицей, и грязь за ней чистить не буду. Опускаю последовавший обмен любезностями, что никак не повредит моему отчету о встрече со спиритом Бете Дейвис.

Выговорившись, я успокоилась и, наконец, услышала причину ее нелепых решений, заставлявших ее создавать для себя уничижительную предстоящую инкарнацию, включающую публичные поношения, позор и тюремное заключение. На земле нам трудно понять, почему человек на том свете принимает решение сесть в тюрьму для очищения своих тонких тел. Я почувствовала, что причина ее редкой даже для звезды беспардонности в обращении со мной крылась в невероятной боли, страхе, предчувствии полного одиночества. Это отчаяние было такой силы, что я простила ей ее выходки и нападки. Раздражение во мне заменилось искренним сочувствием. Мне удалось заставить ее прочесть в моем компьютере спиритические сообщения Рут Монтгомери.

Вскоре до меня дошли слухи, что дамы встретились, и что Бете Дейвис вновь обошла круг потустороннего актерского сообщества с известием, что она берет обратно свою отрицательную оценку моей особы, сменив клеймо "стервы" на определение меня как наивной доброй русской, готовой поделиться и помочь.

Вскоре настал день, когда мы смогли спокойно поговорить о жизни.

БД: — Я всю жизнь работала. У меня не было времени подумать о том, как складывается моя жизнь. Я была занята настолько, что вообще ни о чем не думала, кроме работы. Так оно было лучше, иначе я сошла бы с ума. Если бы я стала думать, то увидела бы, что все в моей жизни кувырком — и мужчины, и дети. Все было неверным и неправильным. И мне кажется, что вызвано это было не только работой и моей вечной занятостью. Во мне жила энергия, сила, которая все искажала и выворачивала наизнанку. Я никогда не была счастлива, ничто меня не устраивало. Вы это почувствовали, ваш диагноз моего состояния верен. Иногда людей объединяют именно их несчастья, а деньги, наоборот, разрушают человеческие связи. Давайте сменим роли. Вы больше не будете критиковать меня, а критиковать буду я, восхищаясь вашей исключительной смелостью.

Т: — Спасибо, но не хотелось бы вам поговорить о проблемах ментального тела, которые касаются любого человека и на земле, и в послесмертии?

БД: — Ладно. Правда в том, что покрытие, или "одеяло" моего ментального тела, все еще здесь, оно никуда не девалось. Но, на мое счастье, оно оказалось не столь тяжелым, чтобы опустить меня сквозь отверстие ментального тела в самые низкие слои, которые раньше назывались адом[2]. Это оказалось уделом многих. Я также не буду называть имен, потому что некоторые из этих имен очень звонкие. В этом отношении алкоголь является *the bitch* — "стервой", которая притягивает все виды низости, доступные в низших слоях послесмертия. Ваш русский знакомый (Владимир Высоцкий — *Т.*) ничего уже не может изменить, даже зная отлично, что его ждет в его предстоящем воплощении. По этой причине он старается отложить и отодвинуть свое перерождение, насколько это возможно. Но время его истекает, и поэтому он так печален и агрессивен.

БД: — Я очень вспыльчивая, и это рождает чешуйки, которых я больше вынести не в состоянии. Каждая моя вспышка раздражения рождает волны, которые проносятся через мое ментальное поле, приводя его в движение. Короче, мое ментальное тело находится в постоянном движении, потому что время от времени оно взрывается автоматически. Определенные взрывчатые чешуйки притягивают к себе подобные чешуйки, уже не мои, а те, которые витают в моем пространстве. Иногда мне кажется, что миф Горгоны — история Медузы — порожден именно феноменом тонких тел, находящихся в постоянном движении из-за автоматических взрывов, происходящих в тонких телах. В восприятии ясновидящих разлетающиеся волны этих взрывов вполне могут показаться клубящимися змеями. Это пугает, и ментальное тело надо как-то успокоить.

Долгое время у меня не было никакой надежды справиться с моими страхами, я была в ужасе от постоянных взрывов в черной ватной массе вокруг меня. Я находилась все время в темном тумане, вдыхая в себя клейкую пыль, и мне не удавалось ее отмыть, несмотря на то, что меня окружали самые красивые водопады, которые только можно себе представить. И это заставляло меня плавать и плавать, оттирать пыль и смывать ее. Мне надо было остановить автоматические взрывы в моем ментальном поле, чтобы всплески этой липкой грязи перестали меня обрызгивать.

Мы ссорились, но я вам искренне благодарна за то, что вы познакомили меня заочно с Рут Монтгомери. Я ее разыскала, и мы встретились. Она шлет вам искреннее приветствие. Мы говорили часами по земному времяисчислению. Она учила меня, как молиться, и я уже стала молиться. Это непостижимо, но именно вы дали мне идею, как обойти очистку публичным поношением. Даже мои проводники мне этого не подсказали. В вас еще живет то сочувствие, которое мы растеряли, живя в атмосфере, в которой каждое мгновение наполнено борьбой за место под солнцем. Глядя на вас, я понимаю, что у вас нет ни малейшего понятия, о чем я говорю. Вас вырастила ваша бабушка, русская аристократка, которую ее страшная судьба забросила в Эстонию. Она разрешила свои проблемы, согласившись покинуть Москву, в которой родилась, чтобы воспитать вас, чтобы вы смогли вернуться в подобающую для вас среду в вашей следующей жизни на земле. Ей удалось внушить вам, так сказать, основы аристократизма.

Теперь я обрела свободу создать план моей будущей жизни и начать действовать в новом направлении.

Т: Так ли мирно и просто все обойдется? Хватит ли у Бете терпения молиться? Вскоре, при мне, Юктесвар, учитель Йогананды, скажет Бете: "Давление вашей славы заморозило вам мозги задолго до вашего перехода, и они и сейчас пребывают в застывшем состоянии. Если хотите знать, что делать по этому поводу, поговорим отдельно.

Т: О клейкой пыли, которая отмывается и стирается с трудом, я впервые услышала от моей эстонской приятельницы, «босса» детских передач на Эстонском телевидении Лилиан Пылдре. Она погибла безвременно во время легкой операции в больнице номер 4 для партийной номенклатуры. (Осветительная лампа упала с потолка во время операции, и рука хирурга дрогнула...) Когда Лилиан впервые нашла меня, она первая рассказала мне, что, мол, "везде проблемы", космическая пыль клеится и стирается очень трудно... Я знала, что она говорит правду, но чувствовалось, что она многого не договаривает.

Дорогой читатель, я поделилась тем, что мне удалось выяснить о послесмертии. Я отдаю себе отчет, что узнала не так уж много. Более подробно о повседневном быте в нижних слоях астрала вы сможете прочесть в последней главе "В гостях у вечности".

1 На русских эзотерических сайтах я нашла следующую справку, связанную с мифом о горгонах: "В древнегреческой мифологии горгонами назывались змееголовые чудовища, дочери морского бога бурного моря Форкия и его сестры — драконоподобного морского чудовища Кето. В «Одиссее» Гомер упоминает лишь Медузу, а Гесиод (VIII—VII вв. до н. э) в «Теогонии» говорит о трех сестрах-горгонах. Этим существам приписывались различные охранные функции, которые осуществлялись через отпугивание врагов ужасным видом голов горгон.

Таника Пальм

Парамаханса Йогананда (1893–1952)

*В старину люди принимали монашество,
в надежде очистить тонкие тела*

Судьба человека закладывается в тонком мире...

Парамаханса Йогананда — эмиссар индийской вековой мудрости на Западе — родился в Горахпуре, Индия. Его гражданское имя Мукунда Лол Гош. В 17 лет он стал учеником Свами Шри Юктесвара Гири, йога и духовного учителя, астролога. Окончив Калькуттский университет, Мукунда принял формальный обет монашества в Ордене Свами и с тех пор носит имя Йогананда.

В 1920 году Йогананда был послан делегатом от Индии для участия в Международном конгрессе религиозных либералов в Бостоне. Его речь "Наука и религия" была встречена с энтузиазмом. В 1925 г. Йогананда создал в Лос-Анджелесе Общество самореализации, которое стало духовным и административным центром его деятельности в Соединенных Штатах. Йогананда много ездил с лекциями. Он подчеркивал скрытое единство всех мировых религий и учил, как достичь личного общения с Богом.

В 1935 г. Йогананда вернулся в Индию и в последний раз встретился со своим гуру Шри Юктесвара (1855–1936), который присвоил ему самый высокий индийский духовный титул парамаханса, что означает "достигший единения с Богом".

7 марта 1952 г. Парамаханса Йогананда вошел в махасамадхи — сознательный выход мастера из тела как окончательный переход в мир иной. Директор лос-анджелесского кладбища "Форест Лоун" составил следующее письменное свидетельство:

"На 21 день после смерти, в день захоронения, на теле Парамаханса Йогананды не было обнаружено никаких признаков разложения. Казалось, что тело Йогананды находится в неизмененном состоянии".

Спустя 60 лет после смерти Йогананды его книгу *Autobiography of a Yogi* — "Автобиография йога" можно купить в любом американском книжном магазине. Эта повесть о духовном поиске истины и просветления выдержала проверку временем, переводилась и переиздавалась множество раз в Соединенных Штатах, Европе и Индии.

Отпускайте помять о негативных событиях в вашем подсознании. Эта память, как магнит, притягивает несчастья в вашу жизнь

Читая книги, мы невольно притягиваем души их авторов. Когда я читала "Автобиографию йога", я услышала мужской голос, говоривший по-английски с легким индийским акцентом.

Парамаханса Йогананда: — Спасибо за то, что вы прочли эту книгу до конца, потому что читатели не всегда доходят до ее последних страниц.

Таника: — Спасибо за прекрасную книгу. Можно мне воспользоваться тем, что вы здесь, и задать вам несколько вопросов о нашем ментальном теле, о котором мы до сих пор знаем очень немного. Составляя сборник свидетельств из тонкого мира, записанных в разные годы, недавно я записала рассказ моей знакомой Лины, живущей нынче в духовном мире. Она, нынче спирит "нормального" человека, говорила о том, как ужасно выглядит покров мыслей на ментальном теле. Она искренне воскликнула: "Хоть иди мыть полы!" Она считает, что когда убираешь и чистишь, заодно что-то стирается с ментального тела. Короче, иногда я получаю известия от спиритов, что после смерти человек становится молодым и красивым, а иногда, наоборот, что на том свете человек обнаруживает, что тащит на себе что-то безобразное. Как примирить это противоречие? Кстати, кроме мытья полов существуют ли и иные способы очистки ментального тела? Кто может лучше ответить на эти вопросы как не Парамаханса Йогананда?

ПЙ: — Голливуд не скупится на сцены с так называемым *shape shifting* — перетеканием образа в свое противоположное качество. Юноша превращается в страшного вампира, молодая красавица — в жуткую ведьму. Казалось бы, в сказке все возможно. И если авторы дают этим отвратительным персонажам дожить до восхода солнца, первое прикосновение солнечных лучей уничтожает их. От них остается "мокрое место", кипящая и исчезающая на глазах лужица, либо крохотная горстка золы. На самом деле, эти сказочные сюжеты отражают формулу двойственного сосуществования красоты и уродства на более высоких уровнях существования. Наш лучший вид на земле порождает нашего красивого астрального двойника, но моральный аспект нашей ментальности формирует наше ментальное тело с его неприглядным покровом наших ментальных нечистот. Продвинутые ясновидящие видят его "в полном сиянии". Поэтому многие из нас, ясновидящих, стараются избежать ненужных встреч с людьми, потому что приятного мало в созерцании ментального тела человека.

Очень немногие готовы посмотреть правде в глаза и начать чистку. Для этого надо пересмотреть наши намерения, убеждения, эмоции и страсти, потому что они являются магнитами для негативных мыслеформ. Они похожи на чешуйки, которые, прилипая, покрывают ментальное тело неким "одеялом", от которого мы стремимся отделаться.

Т: — Я поняла, мне кажется. Это "одеяло" не пропускает космическую энергию, витальную энергию, как на рисунке Барбары Бреннан в ее книге "Лечущие руки". Об этом речь в главе с сообщениями Кэри Гранта.

ПЙ: — Так как в этих чешуйках находится некоторая жизненная энергия, они продолжают "работать", притягивая и внося в нашу жизнь то, что "написано" на этих чешуйках, то есть в прямом смысле слова — содержание наших мыслей, часто полусознательных мыслей.

Частый повтор этих мыслей притягивает автоматически события и приключения, которые никак не радуют. Вы уверены, что вы никогда не призывали эти события в вашу жизнь. Но это не так, именно вы и призвали, и пригласили эти неприятности в вашу жизнь. Ваши мысли сделали это за вас. Ваши страхи и бесконечные беспокойства пригласили их! Поэтому часто легкомысленные люди, которых мы называем счастливыми перекати-поле, проходят по жизни куда успешнее, чем люди умные и положительные. И в этой связи эзотерические учения самых разных школ всегда уделяли особое внимание тому, что способствует to *let it go* — отпусканию "содержания" этих чешуек.

Меня всегда поражало, что люди, которые свято верят, что они посвятили себя развитию интуиции, никогда не спрашивают: "Что собственно я должен или должна отпустить?" Они сидят тихо у ног своих учителей и думают, что знают. Но они не знают! И их самозваные учителя также молчат, потому что большинство из них понятия не имеет, о чем они говорят.

Поражает и то, что те же мифы, легенды и сказки о видоизменяющихся существах указывают также на совершенный инструмент очистки. Попробуйте вообразить восходящее солнце, лучи которого сжигают вампиров, превращая их мгновенно в кучку пепла. Вы видите, как эти адские создания загораются легко и быстро, что свойственно сухой бумаге, будто они нарисованы на бумаге. Настоящие тела содержат влагу, воду, плоть, кости, и пламя не сможет охватить их с такой фантастической легкостью. Вспомните, как идеологи Мао Цзэдуна называли Соединенные Штаты Америки "бумажным тигром"!

Т: По данным Википедии, в 1956 году Мао Цзэдун изобрел выражение "бумажный тигр" для характеристики Соединенных Штатов Америки как государства, которого не надо бояться. Мол, это бумажный тигр, который не выдержит ни ветра, ни дождя.

ПЙ: — Конечно, к Соединенным Штатам такое выражение никак не применимо, но наши ментальные мыслеформы, продукты нашей мозговой деятельности, чешуйки действительно похожи на "бумажных тигров". Они выглядят устрашающе уродливыми, но нет никакой причины бояться их, потому что они очень чувствительны к свету — они не выносят света истины! Под воздействием этого света они сдаются, теряют свою энергию и распадаются, перестают существовать.

Вот почему столько секретов хранится в темноте и почему англичане говорят: *"Do not keep me in the dark!"* — "Не держите меня в темноте, то есть в неведении". Свет уничтожает негативность, которая живет в темноте.

Свет Истины является предельным инструментом очистки, потому что он разрушает отрицательное в душе человека — в его прошлом и настоящем опыте; свет истины может простираться и в будущее, улучшая его.

Т: Йогананда предложил мне продемонстрировать разрушительную силу негативных воспоминаний, предположительно установить, из каких далеких воплощений они могут идти, простираясь на тысячелетия в будущее. Он заявил: "Пока мы здесь беседовали, я заметил, что в вашей ауре выделяются два источника тяжелых воспоминаний; одно тянется из Франции, где вы были священником, боровшимся против католической церкви, а второе — из Лемурии. Вы его забыли, но имеете дело с неприятными последствиями, так как оно очень живое и все время притягивает нежелательные "приключения", которые наполняли множество ваших иных инкарнаций".

Мне были "показаны" своеобразные картинки из упомянутых воплощений, а Йогананда тем временем отпускал, "отвязывал" образы соответствующих эпизодов. Я испытала ощущение, похожее на раскрытие крепко зажатого кулака. Пальцы медленно распрямляются, и ты роняешь то, что было зажато в кулаке.

Результаты сказались немедленно. Прошли беспричинные вспышки раздражения, расширилась область терпимости, и мне гораздо легче стало общаться с людьми. До того, как я получила этот удивительный подарок, я наивно полагала, что мои частые вспышки раздражения, неудовольствия и недоверия вызваны трудностями, пережитыми в Советском Союзе. Но когда моя жизнь стала резко меняться после освобождения лемурских и средневековых образов, наполненных болью и унижениями, я поняла, что все было наоборот. Я родилась в Советском Союзе, потому что несла в себе соответствующие образы.

Если это так, не несут ли некоторые люди в себе вибрации исключительности, которая превращает их в знаменитости, как те многие спириты, которые делились в этой книге своими проблемами в послесмертии?

ПЙ: — Я вижу, что у вас есть ответ на этот вопрос от Владимира Высоцкого.

Т: В книге *Channeling Vysotsky* —"Чаннелинг: говорит Высоцкий" — есть такое место:

"Ты спрашивала про мои прошлые жизни, кем мне приходилось быть и почему мне дали именно такого отца и такую маму, которую я, кстати, очень любил. Все эти подробности не имеют никакого значения, потому что наши личности ничего не значат по отношению к заданию, которое надо выполнить. Я нарочно обходил биографические подробности. Если кто-то из читателей найдет сходство биографическое, совпадение некоторых деталей, это еще не сделает его Высоцким или Окуджавой, или еще там кем-то. Совершенно иные силы ведут человека. Множество, сотни если не большее число, воплощений уходит на подготовку определенной единицы к выполнению определенной работы такого масштаба. Вспомни, как во время концерта на сцене обычные артисты обращались к портрету Окуджавы, называя его «маэстро». Чтобы добраться до стадии маэстро, требуется множество инкарнаций. Через эти инкарнации приходится играть для пустых залов, на каких-то невообразимо убогих сценах. Мои главные уроки проходили, конечно же, на сценах дел-арте, на итальянской сцене, где приходилось и кувыркаться, и плакать, и смеяться, и сходу что-то придумывать. Я прошел все это и еще через ряд ужасных инкарнаций, в которых человек совершенно освобождается от житейских условностей — это не только бродячие артисты, но и воры, конокрады, монахи, князья и короли. Верхи и низы чередуются, то холодно, то жарко, из мороза да в полымя, пока ты настолько от всего освобождаешься, что способен выполнить все, что от тебя требуется. И в результате ты пригоден к миссии, но начисто не пригоден к нормальной жизни, и ты делаешь свое дело, но бросаешь на своем пути любимых детей и вереницу плачущих и обиженных женщин".

ПЙ: — Он знал, о чем говорил. Я ничего не знаю о специфических вибрациях славы, но точно знаю, что человек на пути к подлинной славе, как Элвис Пресли, Майкл Джексон или Джон Леннон, должен быть готовым к тому, что ему придется во имя своей миссии пожертвовать своим личным счастьем. Ирония судьбы состоит в том, что артистические таланты, став знаменитыми и всесильными, начинают тосковать по личному счастью, отданному по своей доброй воле. Такова подлинная природа человека. Мы унаследовали ее от нашей прабабушки Евы; у нее было абсолютно все, чего душа пожелает, но, тем не менее, ей надо было еще и надкусить запретное яблоко, что обрекло нас на вечный поиск счастья.

Т: — Я согласна. Но можно ли сравнить цели гармонического развития нормального человека с подготовкой избранника к миссии кумира, знаменитости, которой предстоит властвовать умами?

ПЙ: — Современный Голливуд экспериментирует в этом направлении. Иначе, почему бы семья Анжелины Джоли и Брэда Питта с их шестью детьми, из которых трое усыновленные, вызывала такой бешеный интерес во всем мире? Брэд Питт и Анжелина Джоли намерены продолжать быть актерами и родителями большой и счастливой семьи. Мир смотрит и удивляется, как долго это семейство выдержит такой напор.

Т: — Действительно, с чего бы это публике интересоваться более детьми кинозвезд, чем фильмами с их участием. Но, положив руку на сердце, признаемся: у них ведь нет фильмов, от которых бы дух захватывало. Никто из так называемых голливудских мамаш, включая талантливую Анжелину Джоли, не стал актрисой уровня Элизабет Тэйлор, не говоря о Бете Дейвис. Вся газетная шумиха вокруг голливудских ангелочков не возмещает отсутствия самих фильмов.

ПЙ:— Прибыв сюда, то есть в послесмертие, все становятся равны. Ментальный груз каждого может быть освобожден и уничтожен. И лишь наши страхи и чувство вины, виноватости оживляют "бумажных тигров", которых мы носим на себе. Вся проблема в том, что люди не готовы взглянуть правде в глаза и осознать, что они сами, а никто иной кормят монстров и становятся узниками собственных отрицательных мыслей. Жизнь на земле коротка, но срок узника своих негативных мыслей может длиться веками.

Т: —Что люди могут сделать, чтобы освободиться от нежелательных мыслеформ уже на земле?

ПЙ: — Имеется две категории очистительных инструментов — внешние и внутренние.

Внешние инструменты очистки

Самыми совершенными внешними инструментами очистки являются четыре природные стихии — огонь, вода, воздух и земля. Каждый помнит ощущение счастья в детстве во время летних игр на солнечном пляже, плавания в море и от теплого воздуха в мокрых волосах, которые быстро сохли, беспечно разлетаясь по ветру. Когда дети играют на пляже, матушка земля очищает их тела от ментальных нечистот, что порождает чувство счастья и радости *(It feels like being on the top of the world)*. Взрослые испытывают чувство облегчения и отдыха. По этой причине человечество устраивает пляжи около больших городов. Там задействованы все четыре природные стихии, готовые служить человечеству. По той же причине дачные домики на пляжах оцениваются так высоко, а дети согласны провести вблизи воды — на берегу океана, речки, озера или бассейна — все детство.

Если бы взрослые научились отпускать свое беспокойство "на суд" этим четырем элементам, это помогло бы им повысить их энергетический уровень и решить многие трудные проблемы.

Т: — А как вы расцениваете совет Лины мыть полы, то есть, убирать свое земное жилье?

ПЙ: — Все зависит от того, в каком душевном состоянии находится тот, кто моет полы. Если это делается с положительным настроем, человек, отскребывая пол, отскребывает и слой «чешуек» с ментального поля. Но если он ненавидит эту работу и считает себя жертвой социальной несправедливости, то результат будет обратным. На ментальное поле ляжет свежий слой чешуек, на которых будет написано: "Я жертва несправедливости; для всех есть хорошая работа, а для меня никогда!" И эти чешуйки будут притягивать из космоса энергии, мешающие получить хорошую работу. Поэтому позволю себе дополнить совет вашей знакомой дамы, консультанта Союза Эстонских Кинематографистов Лины словами: убирайте за собой с восторгом! Особенно обращаюсь к пожилым людям: протирая кухню или ванную, не ворчите, не поминайте лихом того, кто насорил, напачкал, не убрал за собой. Будьте в веселом настроении, пойте, насвистывайте, воображайте себя молодыми и красивыми, хвалите себя, не стесняясь за то, что собирались с силами убрать, любуйтесь своей работой! А если вы в плохом настроении, то лучше вообще не убирать, пыль никуда от вас не убежит!

Внутренние инструменты очистки

Вибрации истины являются самым мощным инструментом внутреннего очищения. В старину люди уходили в монастыри, где вели монашеский образ жизни, чтобы, поднимая частоту вибрации своей ауры, достичь вибраций истины. В наши дни, имея в виду те же цели, многие записываются в классы йоги или иные школы, группы, работающие над повышением уровня вибраций. Встречаются хорошие группы, в которых качество обучения и тренировки оправдывают стоимость занятий в этих классах.

Т: —А что вы думаете о христианстве? Как иудаизм и христианство решали эти проблемы?

ПЙ: — Еврейские пророки знали проблему досконально.

Т: Когда Иисуса спросили, почему его ученики делят хлеб немытыми руками, Иисус ответил, что "ничто, входящее в человека извне, не может осквернить его; но что исходит из него, то оскверняет человека". Марк 7:15

И далее: "Ибо изнутри, из сердца человеческого, исходят злые помыслы, прелюбодеяния, убийства, кражи, лихоимство, злоба, коварство, непотребство, завистливое око, богохульство, гордость, безумство — всё это зло изнутри исходит и оскверняет человека". Марк 7: 15; 7: 21-23.

Я несколько раз перечитывала эти библейские слова, но никогда ранее не понимала, что они означают. Подозреваю, что не я одна находилась в неведении. Как наша культура справляется с этим?

ПЙ: — Христианская церковь рассчитывает на молитву, посты, исповедь, покаяние, самобичевание, воздержание и монашеский образ жизни. Исторически, немыслимые пытки, сжигание ведьм под эгидой христианской веры служили "благородной" цели очищения и спасения душ грешников от "вечного ада". К чему подобное обхождение с душой человеческой приводило — это уже иной вопрос!

Другая великая идея христианского очищения связана с верой в исцеляющее свойство тяжкого труда. Не далее как сегодня, до нашего разговора, я увидел, как вы читаете в новостях, что украли нацистский лозунг *Arbeit Macht Frei* — "Работа освобождает", красовавшийся над воротами у входа в Аушвиц. Какой именно труд освобождает? Тяжкий, непосильный труд может отправить душу в ад быстрее, чем традиционные грехи, например, такой, как донжуанское распутство.

Сочувствие и прощение, подкрепленные молитвами, мантрами и медитацией, очищают от внутренних нечистот. Именно поэтому они являлись краеугольным камнем очищения во всех религиях, начиная с древнего шаманизма. Это представление об очищении души разделяется как монотеистическими, так и дхармическими религиями. Прощение — центральная идея христианской молитвы "Отче наш": "Прости нам наши прегрешения, яко же и мы прощаем должникам нашим".

Йога добавляет важный элемент, одобренный современной наукой — искусство дыхания через чакры, что активно содействует очищению наших невидимых тел.

Идеализация цивилизаций: «мы и вы»!

Невзирая на кладезь мудрости, содержащийся в индийской философии, которая тысячелетиями верно служила Индии, она оказалась непригодной для современной Индии. Идеализация понятия *Arbeit* христианским миром способствовала созданию блестящей материальной цивилизации, которая, однако, привела к обесцениванию человечности. Если комендант лагеря Аушвиц-Биркенау не увидел глумления и цинизма в словах *Arbeit Macht Frei*, украшавших вход в жуткий лагерь смерти, то я уверен — Господь Бог увидел! И расплата за зверства в нацистских лагерях, а также в русских ГУЛАГах даже еще не началась. Боль, причиненная этими заведениями, не утихла и не развеялась, а вибрации этой боли медленно, иногда очень медленно начинают формировать события будущего, которые уже нельзя ни изменить, ни отменить! И никто не может ни остановить, ни изменить эти вибрации. В прошлом темные вибрации Колизея привели к распаду и гибели великой Римской империи. Я уверен, историки предложат иные объяснения, но на деле эти объяснения не имеют ни малейшего значения. Вибрации боли и отчаяния Аушвица и других лагерей смерти, а также ГУЛАГов также никуда не деваются, они на месте и творят будущее медленно, но верно ...

Подождите минутку! Я извлекаю из вашего сознания пульс вибраций какого-то сибирского лагеря для заключенных.

Урок уничтожения негативного воспоминания

Т: Забытое воспоминание о командировке в Тавду в начале шестидесятых годов, почти полвека тому назад, вспыхнуло в моей памяти. Это был силуэт потемневших и прогнивших сторожевых вышек с проржавевшей колючей проволокой, ограждавшей огромный пустырь. Внутри пустыря виднелся участок с какими-то заброшенными машинами, видимо, также ржавыми и проросшими буйной растительностью. Я вспомнила, как смотрела на это пустынное поле со смешанным чувством ужаса и радости, что пора лагерей миновала, что бараки на этом поле, в которых томилось столько народу, сгинули с лица земли.

Я оказалась там случайно вскоре после окончания института, в служебной командировке. Я помню, этот городок по соседству с лагерем заключенных поразил меня. Жители его так и не нашли применения гигантским пустырям ГУЛАГа, но казалось, соседство ужасного лагеря каким-то образом изменило их. Может быть, тени прошлого вызывали в них сочувствие и печаль, которая очищала. Люди были здесь не суетливы, наоборот, спокойны и обстоятельны, будто советская власть со своей подозрительностью, жадностью и агрессивностью, мерзким пьянством и доносительством так и не "перевоспитала" их. Они говорили спокойно, не размахивая руками, без взрывов гнева и раздражительности. Они спокойно слушали собеседника и отвечали толково. Единственная фабрика городка производила чистый спирт из пшеницы, но я так и не встретила там ни одного пьяного.

Под конец моей командировки кто-то из местных вызвался отвезти меня посмотреть на места бывшего заключения. Мы вышли из автомобиля у просеки, на которой когда-то работала лесопилка по производству досок и которую обслуживали зеки. Серый предзакатный свет, монотонность которого нарушали странные сгущения серого тут и там, печаль, разлитая по унылой местности, — все это еще присутствовало. Почему город, благоустраиваясь, так и не избавился от следов прошлого? Не жили ли здесь до сих пор неуспокоенные души бывших заключенных, конвоиров и стражников? Не продолжали ли души конвоиров охранять уже несуществующий лагерь? Казалось, даже морозному сибирскому воздуху не под силу разогнать видений прошлого.

ПЙ: — Всмотритесь в ваши воспоминания, вы до сих пор там. Вы реагировали очень эмоционально и разрешили вашему воображению зафиксировать несколько дополнительных видов этого места. В результате, в вашем сознании выстроилась мощная мыслеформа о вине русского народа, и она сидит в вашей голове тихо и незаметно, работая "на вас" тем, что постоянно воспроизводит иррациональное чувство безнадежности.

Теперь давайте продолжим наш эксперимент и постараемся "сжечь" этот демонический образ безнадежности. Поднимите частоту вибраций и направьте свет на то, что ваше внутреннее видение показывает, буквально пролейте свет на ваше воспоминание. А теперь посмотрите, как картина будет меняться. Приступайте!

Свет стал вливаться в ту картину заброшенного пустыря без какого-либо усилия. Огромные лиловые цветы раскрывали свои лепестки, безжизненное поле стало покрываться этими лиловыми цветами, но ржавая проволока, окружавшая гиблое место, никуда не девалась. Непроизвольно я стала скручивать ту проволоку, но все новые и новые проволоки продолжали подниматься из пустых отверстий для столбов, которые когда-то поддерживали проволочную изгородь, а теперь сгнили. У меня появились невидимые помощники, несравненно сильнее меня. Они одним махом подняли все слои проволоки и сбросили их в одну кучу в центре пустыря. Проволоки потянули за собой слои почвы, обнажая кости и черепа закопанных у дальней изгороди не захороненных трупов. Русские священники в черных ризах устремились к тому страшному месту, вокруг которого появлялись и души, считавшие его своим кладбищем. Я почувствовала, что у меня нет сил больше смотреть на сонм не отпетых душ, витавший над этим местом.

ПЙ: — Сложите с себя ответственность за эти души немедленно.

Т: Голос Йогананды звучал как приказ.

ПЙ. — Ваша проблема в том, что вы берете на себя чужую вину, пренебрегая своими обязанностями. Больше не вмешивайтесь эмоционально, отступитесь. Отпустите ваше личное убеждение, что *arbeit* является той силой, которая решает все проблемы. Пошлите ваше сочувствие тому проклятому месту — посылайте туда вибрации сочувствия сильным потоком. Не скупитесь на сочувствие. Источник сочувствия никогда не иссякнет. Преодолевайте вашу скрытую скупость, которой обзавелся бездомный монах на улицах Бомбея в одной из ваших индийских инкарнаций. Посылайте туда сочувствие и смотрите, что будет происходить.

Т: — Но как я открою невидимый канал сочувствия? Мне приходит в голову только одно — повторять просто и буквально: "Невидимые каналы сочувствия, откройтесь!" Серые облака, провисшие над пустырем, поредели, но не пропали. В золотых лучах света появляются изумрудные полоски.

ПЙ: — Теперь оставьте это видение, закройте его, потому что вы сделали вашу работу. Это был практический урок того, на что способен внутренний очистительный инструмент — сочувствие, если человек умеет медитировать и способен переключаться с нормальной частоты ментальных вибраций на более высокий уровень частот.

Т: — Огромное спасибо. Могу я задать еще один вопрос? Не упомянули ли вы, что оба пути строительства цивилизаций провалились: восточный путь, который зиждется на вере в перерождение, и западный путь с его верой в одно земное воплощение, во время которого спасение достигается предельно тяжким трудом. Так как же быть? Восточный путь подавляет индивидуальность, западный — подавляет человечность. Так какого же пути следует придерживаться?

ПЙ: — Ничего не потеряно! Вы забыли записать, что на том пустыре вы видели также возникновение новой не то церкви, не то часовни в память невинных жертв ГУЛАГа. Вы увидели также вокруг места для молитвы, грядки с цветами и скамейки, которые манят людей присесть и подумать, покаяться, дать душе побеседовать с Богом и в этой беседе очистить душу. Зло может отнять у человека все, кроме пути развития души. И путь этот не завершается на земле.

Т: — Спасибо, вы продиктовали мне окончание этой книги и попутно сняли с меня жестоких "лемуров", каравших меня тысячелетиями, и непосильный груз вины русского народа перед Украиной и бывшими республиками, за погубленное крестьянство, дворянство, за погубленных священнослужителей, за уничтожение писателей, ученых и бесконечное издевательство над духом человеческим.

И сейчас, редактируя рукопись, с благодарностью в сердце к Всевышнему я прошу вибраций света — веры, надежды и любви для каждого, кто ощущает в себе тяжесть этой вины. Будем не сгущать ее, а рассеивать, отсылать к свету, в котором и прощение, и начало обновления.

Ель и ее перевернутое изображение

Анахайм, Калифорния. В *Learning Light Foundation*, центре обучения эзотерическим дисциплинам, незнакомка протянула мне листок простой бумаги, на котором находилось изображение ели.

Она сказала: «В этом рисунке таится какой-то скрытый смысл, потому что кто-то вел мою руку!» Положив листок на столик, она исчезла.

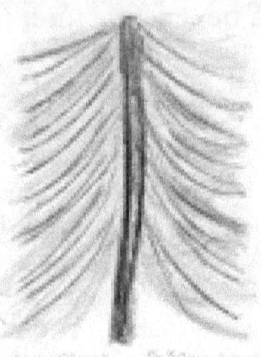

Символическое изображение ели, тяжелые ветви которой опускаются к земле

Если рисунок ели перевернуть, то ель превращается в невесомое перышко

ПЙ: — Эта картинка все-таки дошла до вас. Непременно поблагодарите девушку за то, что она разрешила поруководить ее рукой.

Т: — Иногда я начинаю понимать, что действительно наши мысли и представления могут закабалить человека надолго, на гораздо более продолжительное время, чем длится жизнь на земле. Приведу такой пример, прямо относящийся к теме этой книги — о тюрьме имени, которое будущая знаменитость зарабатывает в поте лица, трудясь на земле, чтобы после смерти обнаружить, что все, что знаменитостью заработано, оказывается клеткой, из которой не так-то просто выбраться.

ПЙ: — Выход из заколдованного круга собственных мыслей начинается с преодоления чувственной привязанности к материальным наслаждениям и желаниям — как изображено на рисунке ели. Человек освобождается, когда возникает чувственная привязанность к духовным желаниям — как на перевернутом изображении, где ель смотрится как воздушное перо. Йогам удается развернуть устремленности души, оторвать их от земного плана и направить к миру света и высоких вибраций. Но справится ли с этим не подготовленный человек? Боюсь, это легче сказать, чем сделать.

Помню, как однажды сама мысль убить желание сблизиться с тем или иным человеком, чтобы освободить сознание от тирании мыслеформы желаний, казалась мне совершенно невозможной. Но сегодня я смотрю спокойно на рисунок ели и возможность превращения ее в невесомое перышко. Существуют ли иные альтернативные решения, как избавиться от материальных и плотских желаний? Если мы не возьмемся за ум, старость сделает это за нас в самой грубой и неприятной форме.

В ГОСТЯХ У ВЕЧНОСТИ ЭЛВИС ПРЕСЛИ И ВЛАДИМИР ВЫСОЦКИЙ, ЗВЕЗДЫ ЭРЫ ЦИФРОВЫХ ТЕХНОЛОГИЙ.

Со смертью развитие человека не заканчивается, а начинается.
Парамаханса Йогананда

Заключение к этой книге не давалось. В рассказах небожителей об их буднях в посмертии факты перекликались, но не совпадали. Кроме того, как только я высказывала некую определенную оценку, к какому либо факту или явлению, и то и другое выскальзывало из рук, как пойманная рыба, которая, извиваясь по песку, пытается достичь водоема и скрыться, уплывая восвояси. Каждый раз, ухватываясь за определенное, я наталкивалась на неопределенное: даже прописные истины, что такое «хорошо», и что такое «плохо» то и дело менялись местами, заставляя меня теряться в объяснениях таких подмен. Настал день, когда я поняла, что не готова утверждать, объяснять, звать куда-либо, и тем более — обещать, рекомендовать, оберегать, давать направление и так далее. Вспомнились брошенные вскользь слова спирита Марлен Дитрих: «В тонком мире все меняется гораздо быстрее, чем на земле!» Нечто похожее высказала и Мирна Лой, и никто из спиритов никогда не утверждал обратное. Но когда я спрашивала, говорят, у вас там вообще нет времени, так как оно может плыть быстрее или медленнее, чем на земле, на что, в ответ мне доносилось только молчание, или в лучшем случае слова: «Прибудешь, поймешь!». Итак, даже самые простые вопросы, что такое время, или что такое вневременное синхронное сосуществование прошлого, настоящего и будущего в тонком мире имеет множество толкований. И я решила не стараться казаться умнее тех, кто не могут ответить на вопрос, что такое время, и вместо заключения, ограничиться двумя короткими историями из жизни звезд в послемертии. В первых частях «Высоцкий» и «Пресли» наши герои говорят о своих проблемах в послесмертии. Во второй части, я, медиум и автор, рассказываю о моих наблюдениях о жизни Пресли и Высоцкого в послесмертии, поступавших по мере того, насколько углублялся мой интерес к тому, что происходило в моей ауре, и кому еще, кроме меня, она принадлежала.

Элвис Пресли: Часть вторая

Спирит Элвиса Пресли (1935-1977) «поселился» в моем поле тихо и вкрадчиво около пятнадцати лет назад. Его история достигла апогея спустя годы в сообщениях от Вольфганга Амадея Моцарта. Композитор говорил Элвису, что отсутствие образования, упрямство и уровень его исполнения песен в развлекательной индустрии не подходят для классической музыки. Но главное не в этом. Засоренность тонких тел ментальным мусором, то есть негативными мыслеформами, будет затмевать его сценический образ. (Иными словами, его тонкие тела не будут пропускать достаточно космической энергии для создания ярких сценических образов. — *Т.П.*) Но Моцарту и этого было недостаточно, и он продолжал упрекать Элвиса в том, что, находясь в астрале, Элвис не удосужился поинтересоваться основами эзотерических знаний. Ему нужны были эти знания, чтобы понять то положение, в котором его астральное тело очутилось в послесмертии.

Их последняя встреча закончилась тем, что Моцарт предложил Элвису новые условия. Во имя спасения его исключительного таланта Моцарт попросил Элвиса согласиться на пятилетний срок очищения тонких тел в каком-либо подходящем монастыре. Такая работа возможна в астральных монастырях либо центрах лечения душ влиятельных личностей, являющихся в астральный мир с тонкими телами, доверху забитыми образами-следами нечеловеческой усталости, раздражения, льстивых похвал и постоянного давления со стороны фанатов, поклонников и последователей.

Моцарт заключил встречу словами: «Если ты будешь серьезно работать над собой ближайшие пять лет, я приму тебя обратно с распростертыми объятиями». Элвис ответил: «Я согласен на всё, чтобы стать профессиональным певцом. Я и не гожусь ни на что иное, кроме пения». Но он не сдержал слова и не согласился на внеземные процедуры астрального очищения. Он продолжал употреблять кокаин, производимый его русским другом Владимиром Высоцким... в моей ауре. Я не оговорилась – в моей ауре! Когда я поняла это, я поняла и то, чем объяснялась неожиданная привязанность Элвиса и Высоцкого к моей личности.

Я узнала об этом случайно года четыре тому назад, но когда это началось, я не знаю. Повторяю, в нынешнем моем воплощении я не пью и не испытывала соблазна попробовать наркотики — ни в мою бытность кинокритиком в Советском Союзе, ни в Соединенных Штатах Америки. Факт производства кокаина в моем поле, о чем пойдет речь ниже, к счастью, прямо не сказывается: в мою пищеварительную систему и кровь наркотик не попадает и, соответственно, переживаний, описываемых кокаинистами, не вызывает.

И, тем не менее, я этот кошмар притянула. Есть только одно объяснение: в каком-то прошлом воплощении, в одном или в нескольких воплощениях, я была наркоманкой и пьяницей. Наработанные тогда мыслеобразы напомнили мне, что их надо «провалить», потому что в них заперта какую-то часть моей энергии. Ее надо «выпустить на волю» и вернуть себе в очищенном виде. Поражает поразительная живучесть мыслеобразов в подсознании – где в таинственных отсеках памяти, которые могут просуществовать там тысячелетиями и, вдруг, воскреснув, проявиться, и дать о себе знать в самой неблагоприятной форме. Невольно приходишь к выводу, что нет ничего важнее «проваливания», уничтожения подобных образов, которые «неся некоторую жизнь в себе», как говорили Йогананда, Барбара Бреннан, и многие эзотерики разных школ и направлений, продолжают «работать на нас», то есть притягивать похожие негативные события в нашу жизнь.

Напоминаю, однажды Джессе, брат и помощник Элвиса, пытался объяснить мне, что породило «серый канат», который тянулся между ног Элвиса вниз до пола и наверх, вдоль позвоночника, врастая в него и дотягиваясь до мозга. Он говорил, что настанет день, когда люди забудут Элвиса, и «канат» начнет сохнуть из-за отсутствия пропитания, витальной человеческой энергии, поставляемой поклонниками Элвиса. И только тогда можно будет собрать команду для отделения «каната» от астрального тела Элвиса.

Альберт Маротта, психиатр, увлекшийся экзорцизмом, изгнанием злых духов, который работал с Элвисом по настоятельной просьбе последнего, собирался уничтожить этот «серый канат», но не смог этого сделать.

Стараясь разузнать больше о таинственном «сером канате», я искала ответ в книгах, расспрашивала учителей и проводников, задавала вопросы гостившим спиритам и поняла, наконец, что это не более и не менее, как эгрегор Элвиса. Это змеевидное чудовище, своеобразный концентрат негативных энергий фанатов Элвиса, оказался жадным паразитом, потребителем огромного количества человеческой витальной энергии. Скорее всего, он обещал Элвису защиту, как эгрегоры обещают всем своим жертвам, что засвидетельствовано спиритами многих выдающихся артистов, а также спиритами религиозных деятелей. Однажды во время домашней молитвы я услышала обращение ко мне православного эгрегора: «Не критикуйте, нам ваша критика не нужна, нам нужна ваша энергия. Ходите в церковь молиться, и мы будем вас защищать».

Слова эгрегора доносились будто со дна пустой винной бочки. Во мне эти голоса ничего кроме страха и ужаса не вызвали. Неужели Пресли, в ранимом состоянии, поверил, что ему будет предоставлена защита, и впустил эгрегора в свое тело? Со временем последствия оказались удручающими. Когда с годами источники пропитания стали усыхать, эгрегор принялся за астральный мозг самого Элвиса, а также за любой источник витальной энергии вблизи Элвиса. Самым близким источником «съедобной» энергии оказалась я.

Доведенная до отчаяния отсосом моих жизненных сил, я стала звать спирит Глэдис, легендарной матери Элвиса. Она не показывалась, но я продолжала «беспокоить» ее с просьбой уговорить Элвиса согласиться на операцию, чтобы сохранить его мозг, насколько это возможно, от дальнейших изменений.

Наконец, я увидела ее в торговом центре на углу Третьей улицы и Ферфакса. Заметив меня, она стала выкрикивать что-то в ярости. Во время коротких пауз между вспышками гнева, она успела сообщить, что Элвис более не ее сын, и чтобы я оставила ее в покое. Вернувшись домой, я услышала голос опечаленного Элвиса, поясняющего, что его семья отказалась от него, включая мать и дочь — *"They disowned me!"* Нет сомнения, что трагедия произошла из-за незнания законов бытия в послесмертии. Об этом аборигены знают больше, чем мы со своими компьютерами, скоростными самолетами и невероятными цифровыми технологиями.

Мне вспомнился день, кода Элвис Пресли объявился ниоткуда и представился, изъявив желание, чтобы я записывала его бессмертные высказывания на пользу человечества. Помню, в тот же день я отыскала на Интернете книжку *"Elvis Speaks from the Beyond and Other Celebrity Ghosts Stories"* - «Элвис говорит из послесмертия и другие истории духов бывших знаменитостей». Автор книги Ганс Хольцер говорил с Элвисом через медиума Дороти Шерри. В главе о посланиях Элвиса *"The Church in My Name Has to Be Stopped and Finished"* - «Церковь моего имени надо остановить и закрыть». Тогда я спросила Элвиса, почему он не работает более с Дороти Шерри, что сталось с ней? Жуткий ответ на этот вопрос я получила через 15 лет, переписывая некоторые главы этой книги в 2014 году.

Но тревожные нотки проскальзывали и ранее. Например, читая пунктуальную запись Хольцера:

H.H.: Please let go of the instrument for a second, so that we can resume communication. — Г.Х.: Отпустите инструмент (то есть медиума – *Т.П.*) на секунду, чтобы нам восстановить коммуникацию.

D.S.: He says he doesn't understand. – Д.Ш.: Он говорит, что не понимает.

H.H.: Because there has been resistance and the energy being drawn, and you are upset. – Г.Х.: Потому что там наблюдалось сопротивление, энергия истощилась, и вы раздражены.

D.S.: He's not moving, he says he's here to protect me... And that he's not going to move. (p. 28-29) - Д.Ш.: Он не отходит, он говорит, что защищает меня... И что он и не собирается отступиться.

15 лет назад слова «о защите» почему-то насторожили меня, хотя я тогда ничего не знала об эгрегорах и тем более об их привычке предлагать своим жертвам «защиту». В голове засел вопрос, от кого, собственно, надо было защитить медиума во время данного интервью? Мне хотелось узнать как можно больше о Дороти Шерри, жива ли она? Но Интернет не сообщил ничего нового. Все, чем я располагала, была информация о ней, содержащаяся на страницах книги Хольцера. Дороти была замужем, развелась и рано умерла от какой-то невыясненной хронической болезни. Мысль о том, что ранняя смерть Дороти как-то связана с Элвисом, не исчезала. В те годы стали также появляться интересные авторы, которые писали о таинственной жизни эгрегоров. Среди русских авторов следует упомянуть Даниила Андреева, Анатолия Некрасова, Вадима Зеланда. Среди западноевропейских авторов — Вальтера Эрнста Батлера, английского эзотерика и эзотерика; Дейвида Айка, английского писателя и оратора; Оливера Манитара, канадского хранителя традиций эссенов, духовного лидера и писателя.

Так как явление это не очень широко известно, повторяю здесь то, о чем в этой книге говорилось и ранее. Эгрегоры, или «смотрители», описываются как космические единицы, созданные из негативной групповой энергии людей, объединённых одной идеей. Эгрегоры возникают часто из энергии поклонников и последователей знаменитых писателей, поэтов, музыкантов, художников, религиозных деятелей, политических лидеров, успешных бизнесменов, финансистов, одним словом — личностей, чей труд вдохновил и объединил множество людей. В современной России, без сомнения, Алла Пугачева, Владимир Путин, Анатолий Кашпировский, Дарья Донцова и многие другие успели нажить себе мощные эгрегоры в тонком мире. В поисках пропитания эгрегоры помогают распространять труды знаменитостей, разжигая в душах публики интерес к достижениям, как говорит Зеланд, «своих избранников». Пока человек переживает этот интерес, он невольно подпитывает эгрегор своей витальной энергией. Об этом замечательно пишет Вадим Зеланд в серии книг о так называемых «маятниках», родных братьев эгрегоров.

Например, каждый раз, когда вы восхищаетесь стихами, скажем, Маршака, вы невольно и не ведая того отдаете каплю своей энергии его эгрегору, который будет существовать в тонком мире, пока люди будут помнить стихи Маршака. Но когда исчезнет интерес к этому поэту, то его эгрегор останется без пропитания и исчезнет, то есть умрет. В этой книге Уильям Пауэлл, звезда американских комедийных фильмов тридцатых годов, красочно описал кладбище эгрегоров, куда его пригласили на зачистку останков его эгрегора. На том свете «приглашение на зачистку» является знаменательным событием. Исчезновение каждого эгрегора, пожирателя человеческой витальной энергии, — праздник!

Постепенно во мне сформировался вопрос, не является ли Дороти жертвой того самого эгрегора, который предлагал ей «защиту»? Не отсосал ли тот дефективный эгрегор бедную женщину до полного истощения? Вместо того, чтобы передвигаться по пространству в поисках пропитания, попутно внушая людям любовь к Элвису, этот эгрегор пристроил Элвиса к поиску пропитания, а сам продолжал бездействовать в его теле. То есть слуга вместо того, чтобы служить мастеру, заставил господина служить себе. До сих пор я думала, что это случается только на земле, но нет, это, оказывается, случается и в небесах!

Я стала «звать» Ганса Хольцера, пребывающего ныне уже на том свете, чтобы расспросить его о памятном «интервью» с Элвисом, описанном в его книге, и узнать как можно больше о судьбе Дороти Шерри.

Не прошло и 20 минут, как я услышала спокойный и вежливый мужской голос, представивший себя как Ганс Хольцер.

"Мне трудно поверить, что вы зашли так далеко в этом вопросе. Я люблю Элвиса: его заслуги и влияние трудно переоценить. Но я вижу также и его недостатки. Мне неприятно осуждать, говорить о них, но я не отказываюсь и от разговора о Дороти. Если вы нуждаетесь в моем скромном мнении, то вот оно: Дороти является жертвой себялюбивой натуры Элвиса. Его грубое вмешательство в ее жизнь привело к разводу. Дороти осталась без средств к существованию. И Элвис, естественно, немедленно оставил ее. Дороти заболела неизлечимой болезнью, и через 5-6 лет после развода умерла в полной нищете. Ей было всего 35 лет. До самой смерти она так и не поняла, что «друг» Элвиса отсосал ее до истощения и безвременной гибели. Это одно из многих невидимых и бесследных преступлений, которые совершаются ежедневно и повсеместно.

Вы, Таника, нуждаетесь в защите, и у вас она имеется, но не в достаточной степени. Нужна куда более сильная защита. Таковая имеется, и ваш проводник должен знать об этом и понимать необходимость в ней. Иначе вы не сможете сделать работу, которую ждут от вас. Дайте мне поговорить с Элвисом и Моцартом, которого мы невольно притянули нашим разговором.

Действительно, они оба оказались здесь без какого-либо на то приглашения.

Моцарт: — Я сержусь на вас из-за лжи, которую вы распространяете обо мне.

Т: — Ложь, о чем вы?

Моцарт: — Они говорят мне, что вы переиначили каждое слово, доверенное вам, когда записывали мой разговор с Элвисом.

Т: — Разрешите показать вам напечатанный текст наших разговоров, и вы сможете решить, я искажала ваши слова или нет.

Соответствующие страницы были предоставлены Моцарту для просмотра. Он внимательно прочел их и заявил в смущении:

Моцарт: — Нет ни единого искажения. Простите меня!

Т: — Кто внушал вам мысль об искажениях?

Моцарт: — Известно кто, он ...

Т: — Он в ужасном состоянии. Он никого не слушает, кроме своего эгрегора, этого безмозглого чудовища, вруна.

Хольцер: — Это началось давно. Мы уже в шестидесятых годах знали о проблеме, но не знали, как с ней быть.

Т: — Да, звездам подобной величины нужен сильный и упрямый характер, чтобы выполнить свою миссию. Но нечеловеческий труд, который выпадает на их долю, выстраивает в них мощнейшую привязанность *(attachment)* к их блестящим именам, источнику страдания в астральном мире. Они привязываются к работе, как наркоман к наркотикам, наживая ряд сопутствующих зависимостей, например, от водки, кокаина, женщин, почитания, ежеминутного утверждения превосходства над заурядными людьми. Все это только усиливает страдания в астральном мире.

Хольцер: — Понимание ситуации вам не поможет. Повторяю, если вам не дадут самую сильную защиту, вы долго не протянете.

Я так и не узнала, как этот змеевидный паразит заполз в астральное тело певца. Я расспрашивала других звезд — Кэри Гранта, Уильяма Пауэлла, Бете Дейвис. Ответ оказался не таким уж и сложным: лучшей защитой от эгрегора является самостоятельность человека. Ты должен быть уверенным, что не нуждаешься в их защите, потому что ты способен сам защитить себя. И вообще, если ты привык все делать сам, не прося помощи, тебе надо заявить об этом эгрегору с самого начала, когда он явится с предложением защиты. Мне это объяснение показалось верным, но не полным. Думаю, чудовищная диспропорция электронной славы современных мега звезд с уровнем их достижений также способствует сгущению негатива в их астральном существовании. Знаменитое высказывание Джона Леннона, что он более популярен, чем Иисус Христос, говорит само за себя! Сравните судьбы Иоганна Себастьяна Баха и Элвиса Пресли. Гений служил скромным органистом в местной церкви, а певец легких песен являл собой... образец национального героя, которому не уставали поклоняться миллионы...

И, наконец, настал день, когда я поняла, зачем при такой славе Элвису Пресли понадобились медиумы вроде Дороти и меня. Истина, как нередко бывает, оказалась нелицеприятной. Ему нужны были никому не известные, безответные медиумы как источники пропитания для приставшего к нему эгрегора, змееподобного паразита! И Дороти, и я именно таковыми и являлись — неизвестными и плохо защищенными. Пораженная своим чудовищным открытием, я обратилась к Элвису за объяснением, не скрывая своего намерения написать об этом. Ответ последовал без каких-либо раздумий, мгновенно: «Говорите, что хотите, кто вас слушать будет?»

Ответ этот подтвердил мои худшие предположения. Попав в нелестную ситуацию, Пресли выкручивался как мог, подставляя горемык вроде Дороти или иммигрантки из Восточной Европы, то есть меня, на уничтожение своему ненасытному эгрегору, чудовищу на подобие греческого небезызвестного Минотавра. И «Минотавру» этому повезло, потому что Элвис оказался не Тезеем, и в борьбу с чудовищем не вступил.

Многие врачи, в том числе бывшие светила медицины, зазывали Элвиса на осмотры, чтобы определить возможность хирургического вмешательства для изъятия чудовища из астрального тела Элвиса. Но выводы оказались малоутешительными. Мол, поздно.

Хирургическое вмешательство опасно, потому что похожие на метастазы отростки эгрегора уже проникли со стороны спинного мозга в астральный мозг, а в таком случае операция может нанести непоправимый вред. И доктора отпустили мистера Пресли восвояси.

Следующими добровольцами оказались бывшие русские светила хирургии. На этот раз Джессе взялся сопроводить Элвиса к докторам. Но братья почему-то быстро вернулись. Они сказали мне, что и русские доктора, ознакомившись с делом, отказались помочь. Утвердилось твердое мнение, что беде Элвиса помочь ничем невозможно. И все успокоились. Я осталась одна со своей перспективой быть отсосанной живьем, как Дороти. Я решила продолжать поиски выхода из сложившегося безвыходного положения.

Молясь, я стала просить Всевышнего помочь Элвису. И вскоре мне показалось, что мои молитвы были услышаны.

На этот раз помощь пришла от спирита некого тибетского ламы, назвавшегося Бреньи. Он сказал, что жил и принял монашеский обет в 15 столетии в Гандерском монастыре вблизи Лхазы. Я нашла такой монастырь на Интернете. В информации об этом монастыре сообщалось, что, действительно, он был основан в 15 столетии вблизи тибетской столицы Лхазы. Лама предложил помочь Элвису хирургическим вмешательством. Он объявил, что проведет операцию здесь же на месте, вызвав сюда несколько своих помощников.

Мой дядя Юрик, участник «операции», описал ее следующим образом:

— Вначале нам ничего не удавалось, и нам казалось, что мы эту битву проиграли. Эгрегор увертывался, бил хвостом, потому что никакие транквилизаторы не действовали. Но потом лама вколол ему что-то тибетское, и его снесло; он затих. Мы стали вынимать его, боясь, что он проснется и разделается с нами в одночасье. Но лама нашел его жизненный нерв, оборвал его, и тот сдох. Мы вытаскивали останки чудища бригадой, укладывая их в машину, присланную учеными. Останки увезли на обследование. Американцы зело благодарили и приветствовали ламу как героя. Душ 70 набежало на очистку останков такого знаменитого эгрегора. Мы быстро все вычистили.

Я спросила, как Элвис себя чувствует. В ответ прозвучала фраза: «Он скачет от радости».

Мне бы задержаться и подумать, можно ли «скакать от радости» сразу после операции, но я ни о чем таком не подумала.

На следующее утро Элвис появился в кухне «пить кофе» как будто накануне ничего особенного не случилось. У него на удивление четкая дикция, и он громко и ясно признался, что никакой операции не было, что под воздействием кокаина они решили на скорую руку разыграть спектакль «Операция», что им удалось вполне под руководством известного театрального актера, мечтающего стать режиссером, Владимира Высоцкого.

Если духи того захотят, то им обмануть нас ничего не стоит. Я более не просила у Бога помочь Элвису. Мне пришлось признаться самой себе, что моя молитва была не искренней. Мне не Элвису хотелось помочь, а себе — избавиться от него и его «приятеля» как можно скорее!

Эта «шутка» вызвала во мне много вопросов. Например, где были так называемые проводники, или гайды Элвиса, когда тот веселился, разыгрывая шутку «хирургическая операция»? И где были ангелы хранители, когда эгрегор заползал в астральное тело Элвиса? Имеются ли вообще ангелы хранители или мы принимаем за них случайных спиритов, приземляющихся в наших биополях отдохнуть, подкормиться и попутно развлечься?

Настал день, когда Элвису пришлось согласиться на реинкарнацию. Ему предложили спуститься в Италию. Но Италия не приняла его из-за проблемы с его эгрегором. Затем открылась возможность спуститься в Африку, которая также отказалась от Элвиса по той же причине. И, наконец, это подействовало на Элвиса. После бурной реакции на эти отказы Элвис успокоился. Оставалось лишь смириться с предсказанием Джессе — ждать пока люди станут забывать его, и его «друг» сдохнет естественным путем, как перестал существовать эгрегор Уильяма Пауэлла. Тогда усилием целой группы доброхотов удастся вынуть эгрегор из астрального тела Элвиса.

Странно, я ни разу не спросила Элвиса, каково нести «своего друга» на себе, находясь в астрале? Но Ганс Хольцер спросил и рассказал следующее:

— Элвис не любит говорить о своем «друге», но он признался, что время от времени его «друг» причиняет ему боль. Я не знал, как писать об этом, потому что все это выходило за всякие рамки. Но вы правы в ваших догадках. Когда боль становилась непереносимой, Элвис подкармливал «друга», как вы кормите своего кота, когда тот мяукает и просит еду, прыгает к вам на стол и мешает вам работать. Иными словами, эгрегор использовал боль, чтобы управлять Элвисом, и таким образом обеспечивать себя пропитанием. Он добился власти над Элвисом обещаниями защиты, помощи, дружбы, а главное — заверениями, что он, Элвис, нужен ему как друг, потому что они оба одиноки и не поняты. Эгрегор сыграл на жалостливости Элвиса, на надежде заполучить друга. Он сыграл на мотиве *"I need you"* — «Ты нужен мне!» — на что мерзавцы скупали простодушных испокон веков.

Т: — Когда эгрегор Элвиса овладел его астральным телом?

Г.Х.: — Почти с самого первого дня после перехода, в самый трудный момент для новоприбывшей души.

Т: — Поведение этого эгрегора напоминает мне материализацию женской агрессивной истерии, которая возникала и накапливалась в толпе во время его концертов, о чем свидетельствуют хроникальные кинокадры, документальные фильмы, фотографии и рассказы очевидцев.

В ожидании выхода короля

Так возникла необходимость охранять звезду от попыток дотянуться, дотронуться до Элвиса, получить автограф, оторвать пуговицу, кусок одежды на память, вытащить шарф из его рук, овладеть, поймать, забраться к нему в душу. И эгрегор забрался, куда столько фанаток мечтали попасть. Вот вам и доказательство, из какой энергии сгущается эгрегор. Как вы думаете, сколько времени уйдет, пока эгрегор Элвиса начнет чахнуть?

Г.Х.: — Думаю, еще лет 50-75 потребуется, пока этот монстр не начнет ослабевать.

Т: И я снова спрашиваю, так где же был ангел хранитель Элвиса, когда он согласился на роковой шаг, тесную дружбу со своим эгрегором? Где был Джессе? В ответ я ничего кроме тишины не услышала. Затем издалека раздался голос Элвиса:

— Джессе присутствовал, он предупреждал, предлагал помощь, но я отказывался, и он ничего не смог сделать без моего согласия; оставьте его в покое, он ни при чем.

Через несколько дней, как-то утром подойдя к компьютеру, я услышала, что мысленно повторяю слова: "*Gyrations* — колебания, *gyrations!*" И в памяти всплыли слова Элвиса: «Я мог продавать секс, и я его продавал со сцены». Элвис был тогда на вершине славы.

От колебаний его соответствующей части тела взбесившаяся толпа была готова завладеть им и от большой любви к нему растерзать на части. И его эгрегор самым прямым и непосредственным образом материализовал характерные вибрации взбудораженной на сексуальной почве толпы. Теперь придется ждать, пока толпа не забудет его, его *good looks, gyrations,* и он сможет двинуться дальше по космическим тропкам к истинным вершинам музыкального исполнения. Думаю, секс он уже никогда не будет продавать со сцены. Его талант будет служить истинной цели музыки, любого вида настоящего искусства — быть проводником чистой, высокочастотной энергии. Как Моцарт сказал, что хорошая музыка всегда дается свыше. И дается она только с определенной целью, чтобы открыть чистой энергии доступ к душами человеческим. При этом такая энергия никогда не наследит в душах композиторов, исполнителей и слушателей.

В последующей истории о жизни Высоцкого в стране Потусторонии, есть интересный намек на последующие воплощения Элвиса Пресли, которые снова приведут его к жизни в качестве мега звезды оперной сцены. Но это не случится в следующей жизни, это случиться намного позднее.

Таника Пальм

Владимир Высоцкий: Часть вторая

*Я коней напою, я куплет допою,
хоть мгновенье еще постою на краю!*

Владимир Высоцкий обосновался в моей ауре в конце 1999 года, когда мы жили в городке Коста-Меса, Орандж Каунти, во время одного из наших тогдашних «вторников», то есть, сеансов спиритической коммуникации. Он объявил: «Наконец я здесь!» — и тут же сочинил каламбур о вампирах, которые заглядываются на белые дамские шейки. К сожалению, эта шутка, как и многие другие первые сообщения, пали жертвой бурного развития компьютерных технологий, смены «ящиков», вирусной истерии, зачисток, выкидывания заражённых файлов и так далее. Иногда жалко этих первых потерянных записей, хотя мы все понимаем, что наша эра не пощадит сегодняшний слишком хрупкий электронный мир. Наши пращуры врубали в камень «не убей!», и эта заповедь с нами на века, а наши электронные умствования не доживают даже до следующей смены электронных программ в наших компьютерах.

Первые годы присутствие Высоцкого было переносимо. Он часто отлучался на «поездки» в Париж, Москву, на встречи с русскими медиумами, которых считал хорошими, способными и знающими свое дело. О Людмиле Абрамовой он ничего не говорил. Но чувствовалось, что проблема сыновей, которых он бросил или вынужден был бросить, мучила его по многим причинам — растут не так, как надо, не в той среде, не с теми понятиями, о борще мечтают, и борщ они получат — и от этого кошки скребли на сердце.

Ответы на вопросы о Марине Влади он осторожно обходил, отмечая, что задолжал ей состояние, которое и за несколько инкарнаций не выплатит. Тон его высказываний о Марине Влади был всегда теплым. У меня создалось впечатление, что, с одной стороны, он желал ей земного счастья с другими партнерами, а с другой – ревновал к тем, кто помогал ей доживать век уже без него. Предположения тех, кто писал о Высоцком нынче, после разоблачения его деятельности в качестве агента КГБ Виктора, что там «никакой любви не было», а был брак по политическому расчету и всего лишь «натянутая показуха», не верны. Думаю, все наоборот — в «Викторы» он заделался исключительно для того, чтобы видеться с Мариной. А за то, что сказка их оборвалась, он винил только себя. Потеряв Марину, он потерял мечту вырваться, стать лучше, тоньше, стать «аристократом духа» — кем он, несмотря на огромный талант, так никогда и не стал.

От него продолжало нести простоватостью коммунальных квартир. Он знал это и оправдывался, объясняя, мол, «иначе они никогда не приняли бы меня за своего!» Но то были алкоголь и наркотики, от которых он просыпался носом в ненавистном ему борще, с ясным пониманием, что советскую пошлость ему с себя не смыть никогда. А душа продолжала рваться в недосягаемые высоты утонченности, чтобы проснуться в Соединенных Штатах Америки и исчерпать противоречие практицизма и духовности до конца. Или, как скажет Андрей Тарковский о себе, да и о других шестидесятниках прошлого столетия: «Мы были так не готовы к тем ролям, которые нам предстояло сыграть».

Прежде чем предоставить слово «виновнику торжества», мне осталось добавить два слова о себе, медиуме Танике.

Отвечу честно: я понятия не имею, почему в состоянии спирита Высоцкий счел возможным задержаться на длительный срок в моей ауре. Тем более, что так же, как и в случае с Элвисом Пресли, я не была знакома лично с Высоцким, не являлась ни поклонницей его таланта, ни собирательницей его пленок и рукописей во времена, когда он был запрещен. Мне вполне хватало того Высоцкого, который звучал на улицах русских городов, в поездах из личных приемников пассажиров, у знакомых на кухнях, где за чаем шли нередко разговоры о Высоцком, Окуджаве, Галиче, и где шло бесконечное распределение мест, кто из них первый, а кто второй и кто третий.

Был лишь сон, приснившийся лет двадцать до отъезда в Америку: мой рабочий стол пуст. Высоцкий и я сидим напротив друг друга за этим пустым столом — он спиной к окну (его жизнь прожита), а я лицом к окну (моя жизнь не прожита). На нем осеннее драповое пальто, застегнутое на все пуговицы. (Скрывает что-то!) На столе появляется гора медных копеек. Я знаю, это к очень крупным неприятностям. Сон дурной. Ни одного слова в течение сна сказано не было.

Лирические и романтические отношения между Высоцким и мною отсутствовали полностью, чем и объясняется продолжительность этих отношений. В мое поле приземлился человек больной, обиженный, злой, недополучивший заработанную непосильным трудом плату.

Какое у него было право устроить из моей жизни ад, я не знаю и не догадываюсь. Я надеюсь, что, закончив этот последний рассказ из его жизни в послесмертии, наши отношения будут исчерпаны, и судьба освободит меня от его тяжелого присутствия. А пока читайте то, что удалось записать в сообщении, которое Высоцкий продиктовал с того света «инструменту», то есть медиуму для завершения этой книги. Сообщение это полностью перечёркивает идиллическую картину жизни в низших слоях астрального мира. Наверное, такова наша судьба: доведенные до отчаяния, в котором уже терять нечего, шестидесятники, доживающие свой век в астральном мире, точнее – доживающие свои славные имена – способны говорить без оглядки о вещах, о которых в приличном обществе вообще говорить не положено. Высоцкий из тех, кому смелости и отчаяния и чувства правды не занимать. И никто не смог бы лучше завершить эту книгу, чем он.

Русский Аль Капоне

26 июня 2014 г.

В.В.: — Я Владимир Высоцкий. Но я и Владимир Высоцкий — два разных человека. Я не могу ни слиться, ни расстаться с ним. Не то он тень, которая плетется за мной, не то я — тень, которая плетется за моим именем. Но когда я в подпитии или в кокаиновом беспамятстве, мы на некоторое время сливаемся, и я творю безобразия, от которых волосы встают дыбом. Протрезвев, я не узнаю себя, но изменить ничего не в силах, оно там, мое грозное имя, и оно стережет меня, чтобы я не упростился и, не дай Бог, захотел отмежеваться от него. Так сказать, освободиться и сделаться послушной пешкой политических систем, каковая бы мне ни досталась, когда меня в принудительном порядке вернут на землю не сегодня-завтра...

Для меня нет ничего важнее, чем не потеряться в толпе человеческих отходов, куда меня посылают за русский беспредел во всем — водке, наркоте, бабах, иными словами, уличных проститутках всех мастей и национальностей, всех оттенков кожи, ушедших на передозировках, либо от пули "набалдашников", то есть сутенеров, вестимо, за укрытие доходов. Но главное, что висит на мне — это растление новоприбывших русских душ, которые там, на земле, боготворили меня. Я будто мстил им, и сам не знал за что. Я заставлял их добывать кокаин и пробовать его, постепенно растлевая их. Они мне нужны были совершенно безвольными, податливыми и послушными, и я прозвал их «народом». Ни один не сопротивлялся, даже Золотухин поддался.

Ни один не сказал: «Я убью тебя». Ни один не противился, никто не роптал, и, как вначале, по прибытии в страну Потусторонию, когда я встретил моего эгрегора, мне снова захотелось повеситься.

Я пел зря, я никого не разбудил, я ни до чего не добрался. Воз рабского послушания, который я, как предполагалось, сдвину с места и все изменю, как был, так и ныне там. Ничего не состоялось, ничего не изменилось. И из России продолжали поступать ничтожно забитые и обезображенные беспросветностью людишки — темные, убогие, загнанные, обезличенные, обозленные, несчастные, ни к чему более как к исполнению приказа не способные.

Т: — За что ты презираешь тех, кто тебя боготворил, тянулся к тебе и был рад тебе служить? Где твоя любовь к ним и сочувствие? Кто просил тебя переделывать Россию? Может, Богу и человечеству именно такая Россия нужна, а не иная, откуда ты знаешь? Ты в Бога не веришь, сам метишь на его место, как герой твоего любимого актера Марлона Брандо в фильме «Апокалипсис». Тот стал замечать, что превращается из человека в Бога, и когда он, сошедши с ума, в это окончательно поверил, ему стали кланяться и на него молиться. Тебе не приходило в голову, что твой деспотизм, злая агрессивность являются результатом длительного употребления кокаина, а не каких-либо внешних обстоятельств? Говорят, что с Ленноном случилось то же самое. А свой «народ» ты ненавидишь потому, что сам являешься его частью.

Высоцкий со мной спорить не стал. Помолчав, он продолжил свою исповедь:

ВВ: — Расставшись с какими-либо надеждами, я сказал, мол, так тому и быть. Господь нас бросил, и поделом, айда, пошли к чертям на поклон! И я пошел. Я пошел искать дьявола и предложил ему свое сотрудничество. Он терпеливо выслушал меня и сказал: «Докажи!». И я доказал.

Я заставил их отыскивать точки, где водятся экскременты земных кокаинистов, отбирать перспективные залежи, везти домой и складывать на территории негативных отходов в радиусе твоей третьей чакры, на территории, которую мы видим как заброшенный пустырь или заброшенную городскую свалку. Там я велел им устроить отмывку поступающей руды. Я бывал на золотых приисках и смог показать моему «народу», как это делается. Далее шла сушка в «печах», да, мы соорудили и печи. Упаковка уже никакого труда не представляла. Оставалось решить, что делать с остатками производства и как распространять товар, а точнее, как распорядиться тем, что ребята намывали, как превратить кокаин в нашу валюту на чужбине.

Дьявол сказал: «Подумай!». И я подумал. «Взятка!» — шепнул мне мой русский опыт. Дьявол расхохотался и сказал, что по заслугам моим он мог бы забрать меня в ад хоть сейчас же, но что-то там удерживает меня среди так называемых «хороших людей».

Здесь нет ни утра, ни вечера, но волны земного ритма продолжают жить в нас. Они бьются о наше сознание, как крылья орла о стенки клетки заключения. И по утрам нам хочется кофе, а по вечерам — кокаина. На утеху дьяволу мы стали быстро опускаться от этого бездумного существования, несущего нас неизвестно куда в безмерном пространстве вселенной.

Чтобы диктовать тебе, я три дня подряд крал твою энергию, которую ты добывала во время медитации, натягивая свои чистые каналы. Я видел это. Я загребал все, что шло к тебе, чтобы преодолеть серый туман в моих астральных мозгах.

Я знаю, я стою на краю. Я понимаю, еще виток, и я буду в аду, то есть меня спустят в слои, где вибрации более медленные, чем в земном поясе. Попавшие «на зону» благодетели вроде меня выбираются оттуда в течение тысячелетий.

Каким я был дураком на земле в дни моей юности, когда пел «Кони мои привередливые». Я просил небо дать мне постоять на краю, подышать туманами. Тогда я и понятия не имел, что такое «край»! До края я добрался только нынче, в моей астральной жизни.

Я стою на краю жуткой пропасти, ведущей к воротам не в рай, а в ад, и думаю, как мне отсюда выбраться назад, где я был, где я мог бы быть, если бы на мне не висела эта адская машина по производству кокаина в астрале.

Т: —Ты можешь разрушить ее, что тебе мешает ее уничтожить?

В ответ молчание.

ВВ: — У нас есть все, о чем мы, дурачье, мечтали на земле — водка, коньяк, папиросы и бабы, бабы, бабы; складчина, драки, переговоры, соглашения и предательства; дружба и любовь; ненависть и надежда. Физические законы астрального бытия рознятся поразительно от земных законов физики. Но великий переход плавен, и мы все свои гадости сюда сваливаем, чтобы полюбоваться, что мы натворили, пока жили на земле. Мы меняемся и растем, ой, как медленно, и иное будут говорить только те, кто в этом деле ничего не понимает.

Т: Иными словами, и тебя есть все, о чем ты мечтал. Так почему ты гнушаешься этим? Может, роль неуемного Свидригайлова, которого ты играл на Таганке, так на тебя подействовала?

ВВ: — Нет, я люблю Достоевского. Но не его потрясающие откровения темных сторон человеческой души уронили меня в бездну падения и даже не мерзости советской власти. Если всмотреться в мои деяния в России, я служил советской власти верой и правдой; я работал, как зверь, без оплаты, но я и словом не обмолвился против нее; я восхвалял победу, за которую мы щедро заплатили миллионами совершенно напрасных жертв, кошмаром Ленинграда, где живописные, валютно-перспективные полотна ценились дороже жизни собственных граждан, где.... Хватит, мы наизусть знаем этот горемычный перечень недостатков народного правления. Я был свой, я остался своим, и нет мне пощады никакой. И не сегодня–завтра за мной придут.

Мне шьют растление ребят, мальчишек, которых я карал за малейшее ослушание, заставляя работать на себя и нарушая этим закон ненасилия, святая святых страны Потусторонии. Меня назвали восточным сатрапом, и ко мне применили сатрапский закон — конец моего "отпуска" в санатории, созданного тобою же, твоим услужением господам знаменитостям. (Имеются в виду частые приходы кинозвезд «на кофе» в пору, когда я писала «Узников славы» — Т.П.)

Т: — Ты и здесь ошибаешься. Я ни тебя, ни твой «народ», ни Элвиса не приглашала на поселение в моей ауре. Ты и здесь нарушил все законы. Вас сколько раз выводили, и вы, не спрашивая разрешения, возвращались, внушая американцам, что у русских, то есть, у меня гостеприимство в крови. Мол, я в восторге от того, что вы пьете мой кофе со мною. А те и поверили, и бросали Элвиса в поле русской дуры, потому что, как и ты, он им надоел до отвращения. Вы оба удивляете и земной мир, и астральный вашими звездными амбициями, которым нет ни начала, ни конца. Элвис бил себя кулаком в грудь и орал: "Я американский гражданин, где хочу там и живу! А тебя, если тебе это не нравится, я обратно в Мексику сошлю!" То есть от поставляемого тобою кокаина он пребывал в состоянии невменяемости. Может, ты ему завидовал? У него, между прочим, талант, который мало кому снился. Кстати, вот и ответ на вечный вопрос: «Совместимы ли талант и преступление?» Совместимы! Гений сожрал Дороти Шелли и принялся за меня, мягкотелую русскую трусиху, которую борьба за существование перекует скоро в "железную лэди"!

Высоцкий снова проигнорировал мои слова и продолжал говорить.

ВВ: — Мне пора, не прощаюсь, но они роботов послали, их кокаином не купишь, и от них не спрячешься. Здесь есть всё, даже полу-одушевленные роботы имеются. Наше с тобой творение, двуязычная книга

Channeling Vysotsky также не получилась, она не зря не пошла. Я тебе не то диктовал, я был совершенно не готов к той работе, да и ты была не готова. Может быть, мы до сих пор не готовы для такой работы, а может, не нашлось, кто бы в раскрутку вложил. А может быть, не было настоящей необходимости в той книге. Я говорил о себе, а надо было говорить о том мире, куда я попал, и в пьянстве моем каяться, а я наоборот... оправдывался и всех, кроме себя, винил.

Когда я смотрю в свое будущее, я вижу вдали гору, которая мне путь перекрывает. Но когда я устремляюсь к ней, гора начинает пятиться, будто издеваясь надо мной. Я снова стараюсь сократить расстояние между мною и той горой, но она тихо так, незаметно скользит вспять, и расстояние между нами, мной и горой, означающей успех, остается неизменным. После того, что я натворил, дадут ли мне снова подняться — где, когда, для чего? Простит ли мне Всевышний, что я богохульствовал и с дьяволом заигрывал?

Т: Я нахожусь в моей кухне, готовлю что-то, но на этот раз плиту приходится выключить. В моем третьем глазу развертывается некое пространство, меня будто приглашают принять участие в том, что там будет происходить. Я вижу огромный холл; французская двойная стеклянная дверь открыта на веранду, а широкий спуск каменных ступенек ведет в старый заросший цветник.

Нет, мне не дано полностью войти в то пространство, но я ясно вижу, что там происходит. Рядом с цветником растут ветвистые деревья. Через высокие окна на паркетный пол падают тени колышущихся ветвей; они перекатываются через небольшой столик, уставленный хрустальными рюмками для шампанского. Здесь все, кто приходил поделиться своим опытом жизни в послесмертии — Марлен Дитрих, Мирна Лой, Бете Девис, Элвис Пресли, Кэри Грант, Уильям Пауэлл; они в вечерних туалетах, смокингах. Там еще какие-то нарядные люди, которых я и узнать не могу...

Хамфри Богарт говорит, подняв рюмку с шампанским:

«Володя, я знаю, ты не святой, *you are a crazy Russian* — сумасшедший алкоголик, кем мы все здесь до какой-то степени являемся. Но твой смех, которым ты одарил нас, рассказывая анекдоты советско-русской эры, был настолько заразительным, что это спасло здесь многие души от глубокой депрессии. Глядя на тебя, я стал понимать, что смех русских душ, втянутых в сферу американского влияния по разным причинам, в основном для развития творческих сил в Западном полушарии, вышел из мест глубочайшего страдания. И, тем не менее, ваш смех был таким чистым и громким, что он разносился по всей вселенной, призывая тех, кто утерял надежду, поверить в силу человеческого ума, способного находить доброе и смешное в любой ситуации.

Володя, мы расстаемся на очень короткий срок. Еще раз спасибо тебе за твой смех, мы скоро снова встретимся. Прощай, Володя, здравствуй, Володя! Когда ты справишься со своими личными проблемами, я знаю, небо вернет тебя в Америку за твой исключительный талант антрепренера, за неповторимую уникальность, никогда ранее не встречавшуюся в нашем нежном и легкоранимом астральном мире. Ты найдешь, чем заняться в стране свободной рыночной торговли.

Когда Хамфри закончил свою восторженную речь, толпа нарядных актеров, приносивших на земле миллионные прибыли кинопродюсерам, стала обнимать, ласкать и приветствовать Высоцкого.

Он был героем в их глазах, и они желали ему легкой и скоротечной жизни в клоаках московского нарко-водочного подполья. Его приглашали вернуться. Сбылась мечта Володи Высоцкого — он завоевал запад, но чем? Да и завоевал ли он этот неведомый ему мир?

Картина праздничного веселья уплывала куда-то вглубь пространства, исчезая с моих глаз и тая в астральном молочном тумане. Я все еще прислушивалась к слабому звону хрустальных бокалов, доносившемуся издалека, когда услышала приглушенный шепот:

"Господин Пресли, пришел ответ по вашему запросу о вашем наиболее высоком воплощении в будущем. Прошу, пройдемте в отдел консультаций, следуйте за мной!"

Э.П.: — Он состоится в моем предстоящем воплощении?

— Нет, позже! Кокаин — дорогое удовольствие, предстоит очистка, иначе ничего не получится. Взлет произойдет в 11-м воплощении, если считать от жизни, которая недавно завершилась. Ваш талант не растворится, не пропадет, но вам предстоит получить образование и повзрослеть духовно. Идемте, нас ждут!

Другой голос вмешался: "Он родится в Вене и станет звездой типа Шаляпина. Как тот, он оттолкнется от культурных корней своего народа, и будет обладать невероятной экспрессивностью. Поэтому они и встретились с помощью вашего друга, Высоцкого".

Увлекшись зрелищем прощального ритуала, я не заметила, как в моей кухне появился Ганс Хольцер.

Г.Х.: — Татьяна, я в замешательстве. Если бы я не видел собственными глазами прощальную встречу в честь

Высоцкого, устроенную Хамфри Богартом, которая привлекла весь Голливуд, я бы не поверил ни единому вашему слову. Но я видел это, и я буквально онемел! Подождите меня минутку, я пойду и разузнаю, действительно ли они отыскали инкарнацию, в которой Элвис будет снова на вершине? Я скоро вернусь.

Но Хольцер задержался и спросил.

ГХ: — Вам видно? Вы видите, что роботы окружают Высоцкого, они арестовывают его, его уводят на реинкарнацию. Когда-то этот русский был королем. Может, он был венским Максимиллианом? О, Боже мой! В каждом цикле реинкарнаций он побывал королем хотя бы по одному разу, если не более. Вот почему он вел себя так, будто он выше меня. Меня поражало, с какой уверенностью он давал мне понять, кто есть кто, когда мы разговаривали.

Хольцер торопливо попрощался и пропал. Думаю, он устремился вслед за роботами, которые уводили Высоцкого прочь от блистательной толпы голливудского бомонда? Может быть, Хольцер продолжает свои хроники спиритической коммуникации и собирается в своем следующем воплощении продолжить работу, начатую им в Америке.

Да, Высоцкий достиг признания: звезды Запада признали его за своего. Но не как артиста, поэта и барда, не за то, что принесло ему славу дома. Здесь он завоевал признание своей личностью, рассказами русских анекдотов, а главное — своим незаурядным даром выживать там, где, казалось бы, выжить невозможно, как на Западе говорят — даром антрепренёра. Думаю, дар антрепренёра вел его и в России: будучи тотально запрещенным, он заставил весь бывший гигантский Советский Союз услышать свои запрещенные песни. Он сумел это сделать. Просто никто из тех, кто писал о нем, не заметил его главного таланта, объясняя его успех чем угодно, только не тем, что было совершенно очевидно. Мы просто тогда ничего не понимали в этом даре.

Кстати, в биографии Максимиллиана говорится, что после смерти императора были найдены его дневниковые записи, в которых, между прочим, император подумывал о завоевании необъятных российских просторов, о расширении границ своей империи за счет похода на Восток. Если это так, бывший император осуществил свою мечту и завоевал Восточную Европу, но не военной мощью, а поэзией и песнями в одной из своих последующих инкарнаций.

Почему ты устроил это суаре?

Следующим утром я услышала голоса спиритов. Они говорили о том, что Высоцкий пропал не попрощавшись. Но через некоторое время неведомо откуда донесся обрывок фразы, будто выпавшей из обоймы военной присяги: "Верен и в победе и в поражении!"

Спириты не имеют голосовых связок, так как же они говорят? Но они слышат друг друга, общаются, и не мало медиумов, которые слышат их также отменно, как и я, или лучше. В мое поле залетали, к счастью не часто, потоки французской, немецкой и итальянской речи, в котором я ну никак не участвовала. Американские медиумы, общаясь со мной, жаловались, «Слушай, твои мама и тетя говорят со мной по-русски, скажи им, пусть кликнут «переводчика»!» Но где находится «переводчик» звуковых сигналов? Что или кто озвучивает спиритов? Но это совершенно отдельная, на мой взгляд, сложнейшая тема «технического порядка», в которой слишком много неизвестных, чтобы начать дискуссию по этому поводу. Читателю придется поверить мне на слово — говорить так как мы с вами говорим, духи не могут, но медиумы слышат их, и мало того, узнают голоса своих умерших родственников.

Размышляя на тему этого парадокса, говорю себе, о Боже! Рыцари из страны Небывалой приветствуют римского фараона... «Дай ему кофе, и он уйдет восвояси...» — говорит мне кто-то.

Стараясь побороть раздражение, отвечаю, мол, да, я сварю кофе, но вы, господин советчик, пригласите Хамфри Богарта, и он сможет продолжить свой панегирик Высоцкому, может, он чего-то недосказал. А вот и Высоцкий: «Володя, говорят, ты кофе просишь. Может, пригласишь и Хамфри, твоего друга, на кофе?»

Хамфри Богарт оказался в моей кухне незамедлительно. Он сразу увидел Володю и нюансы самых различных выражений пробежали по его выразительному лицу. Затем он разразился громким долгим смехом.

Наконец, успокоившись, он произнес:

— Володя, ты брат мой, ты *гангста* Аль Капоне. Второго прощального вечера я тебе не устрою. Но я искренне восхищаюсь тобою. Расскажи мне, как ты вышел из камеры «командировочных», которым надоело отдыхать в раю, и кто строго-добровольно попросился обратно на землю. Я знаю, они тебя заперли там, и неподкупные роботы стерегут тебя. Оттуда не выйти, разве что раздвоится? Ты раздвоился, что ли?

— Вышел! — послышался ответ Высоцкого. И он стал объяснять Богарту, как выходить из камеры, двери которой заперты.

Кофе, стакан кефира и горячая овсянка оказались на столе. Хамфри Богарту понравился кефир: "Я привык пить его по утрам. Бывало, надо ехать на работу, а голова раскалывается. Ты проглатываешь стакан кефира, и все обходится, голова успокаивается.

Высоцкий прервал панегирик кефиру и спросил:

— Почему ты устроил это прощальное суаре?

Богарт ничего не ответил, но какое-то отчуждение появилось в его взгляде. Будто он разочаровался в Высоцком, что тот не понял, что с ним рассчитались, и его отправляют восвояси... Американцы привыкли платить за услуги.

Помедлив немного, он сдал Высоцкого астральной полиции, прошептав что-то себе под нос. Роботы явились немедленно. Богарт добавил, обращаясь к Высоцкому: «Перед тем как ты понадобишься Америке, тебе предстоит многому научиться, Аль Капоне!"

Связь астрального Голливуда с русской продукцией кокаина была разорвана, надеюсь, навсегда.

Думаю, от Высоцкого устали все — иерархии, роботы, друзья и враги. А он продолжал вести себя как князек некоего феодального княжества, совершенно не собираясь ни лечиться, ни каяться, ни меняться. Он продолжал требовать внимания любой ценой, а его кокаиновые проделки становились все более опасными для окружающих.

День, когда это случилось, был самым обыденным. Ночью я проснулась от сильного болевого ощущения, как от удара чем-то твердым по голове. Странный запах разносился по комнате. Я встала, чтобы включить вентилятор и с трудом добралась обратно до постели.

Потеряла ли я сознание? Не знаю. Я очнулась от новой волны резкой боли и чувства паники. Я приняла горячий душ, но заснуть не смогла. Головная боль не проходила.

Постепенно картина стала проясняться. Роботы, призванные Богартом, вернули Высоцкого в камеру реинкарнации, но он снова сбежал. Естественно, он наплел Богарту небылицу насчет того, как можно убежать из места, предназначенного для реинкарнации, возврата душ в земное тело.

Думаю, никакого секрета "проникновения сквозь запертую дверь" не существовало. Но когда "одна рука" сажала Высоцкого, то «другая рука» его выпускала. И не «сквозь» дверь, а через широко распахнутую дверь! Но как? Думаю, "секрет" находился не внутри камеры, а снаружи. Скорее всего, у Высоцкого был свой человек, доверенный с доступом к кокаину и информации о Высоцком, а также к сети своих людей на подхвате, которые, получая свою долю, охотно ему помогали. Это ясновидящий восточной национальности, примерявший на себя самые разные имена и титулы, например, титул тибетского ламы, подшутившего над нами. Это он сделал шутовскую операцию над эгрегором Элвиса. Мне приходилось и ранее сталкиваться с этой личностью, неизвестно как появившейся в окружении Высоцкого. Он, действительно, знал кое-что о лекарствах, потому что когда он советовал некое снадобье, оно действительно помогало. Но мне казалось, у него были проблемы с Всевышним и его ангелами. Он страдал от наркотической зависимости, в нем таились зависть и злоба, и Высоцкий и он, как говорится, нашли друг друга. Как только «правая рука сажала» Высоцкого, незаметные человечки, служившие таинственному «ламе», раздавали кому следовало, дармовой кокаин, в результате чего Высоцкий оказывался на воле.

После того как роботы очередной раз увели Высоцкого и он снова вернулся, началась очередная «охота на волков», то есть охота на Высоцкого с его командой изготовителей кокаина, вчерашних его поклонников. Высоцкий забаррикадировался в моей ауре, мобилизуя «свой народ» защищать его. Действительно, он вел себя как Аль Капоне, гангстер, похожий на жестокого волка. Но русский Аль Капоне был окружен не егерями, не полицией, а роботами. Я понимала, что стрелять они не будут, но они его непременно поймают вместе с его «народом», которому предстоит разделить участь «вождя».

Что-то заставило меня заговорить вслух: "Вы окружены, сдавайтесь! Вашего «хозяина» могут в ад забрать. Вы что, за ним в ад собрались? На вас нет вины, ведущей в ад. Не губите свои жизни. Сказано, не создавай себе кумира! Вам не надо ни в тюрьму, ни в ад на тысячелетия! Соглашайтесь на перерождение, попроситесь обратно на родину, вам никто не откажет!»

И действительно, молодым людям, которых заставили искать человеческие экскременты с содержанием кокаина, было предложено немедленно вернуться на землю. Многими такое предложение было принято, и их тут же увели с места происшествия в зону возврата на землю.

Владимир Высоцкий, которого повторно увели, снова тут же оказался на воле. В яростной мести за вмешательство в его «бизнес» он сумел нанести серьезные повреждения моей седьмой чакре. Мне была предложена охрана, которая осуществлялась роботами. К утру следующего дня все роботы оказались перенастроенными. Их пришлось снять с постов охраны и отправить на перенастройку. А мне устроили медицинский осмотр. Выводы: нанесенные повреждения отзовутся в следующем воплощении. По милости Высоцкого мне предстоит родиться с изуродованным лицом, если не сумею отмолить повреждения.

Печальное совпадение: Аль Капоне развлекался тем, что своей рукой уродовал лица строптивых гангстеров, работавших в Чикаго под его началом.

Когда Высоцкий явился утром на кофе и ласковым голосом стал просить прощения за «нечаянно» случившееся недоразумение, я взорвалась. Вместо смирения и молитвы я проклинала его в беспамятстве, пока не услышала тишину, мертвую тишину вокруг меня. Передо мной оказался мой ангел хранитель. Упускаю подробности нашего долгого разговора, его содержание никого, кроме меня не касается.

Думаю, что самое примечательное в этом эпизоде подтверждение, что ангелы хранители существуют, а также намек на то, что дизайн, «чертёж» будущего тела человека создается в течение нашей жизни на земле ежедневно, ежечасно, ежеминутно в виде реакции на наши деяния, помыслы и чувства. То есть, живя на земле, оказывается, в нас возникает, растет и зреет бутон нашей внешности, а возможно, и жизни в следующем воплощении.

Наконец, настал день, когда история пребывания Элвиса Пресли и Владимира Высоцкого в моем поле завершилась.

Во время утренней медитации, в моем третьем глазу стал разворачиваться некий пустырь или заброшенная свалка. Она вела к откосу — крутому спуску к берегу моря. На самом верху откоса, лицом к морю, находилась адская машина по производству кокаина. Я смотрела на красную деревянную обивку из деревянных досок, ограждавших эту машину. Но я знала, что находится за ограждением. Продолжая медитацию, я призывала очистительный свет. В откосе свалки стали появляться трещины, они расширялись, пропуская свет. Затем в откосе появились провалы, зашаталась красная изгородь. Что-то подкидывало доски в воздух и, совершая странные кульбиты, они падали на полосу нежно-бежевого песка у моря. Затем стали падать ржавые, грязные детали мне неведомой конструкции. И по мере того, как они приземлялись на берег, я поняла, что мне удалось провалить, уничтожить образ грязного агрегата в моем поле, и что наконец «Узники славы» дописаны.

Работая над этой книгой, я не встретила ни одной звезды, которая была бы счастлива в своей личной жизни и не мечтала бы о «нормальной жизни». Но готова ли хоть одна из этих звезд выменять карьеру и славу на любовь и семью? Не берусь судить, не знаю, не думаю, хотя Брэд Питт и Анджелина Джоли, у которых шестеро детей, пытаются доказать самим себе и, заодно, всему миру, что это возможно. Но пока они исключение из правила, да и их игра в семью не доиграна до конца.

Не крушил ли Высоцкий все вокруг себя из-за того, что ему досталось многое из того, что он хотел, все, кроме личного счастья. Он завоевал земной восток и астральный запад, обрел власть над толпой и покровительство сильных мира сего... Но, пожертвовав не только своим личным счастьем, но счастьем как своих детей, так и жен, Людмилы Абрамовой и Марины Влади, ему не удавалось удержать ничего из его славных завоеваний. Неумолимый закон вселенной, закон постоянного движения, отнимал самое дорогое из добытого трудом и лишениями — его блистательное имя! Оно рассыпалось, а он продолжал упорно цепляться за него. Молодое поколение лишь туманно понимало, про что он пел, и почему его хриплый голос вызывал такой бурный восторг у слушателей.

Так в чем же цель и где смысл, если ничего невозможно удержать и ничто не остановит *perpetuum mobile* — вечного движения вселенной. Колесо реинкарнаций то поднимает душу ввысь, то опускает на самое дно греха и разврата. С точки зрения «нормального человека» в этом вечном вращении смысла нет, а с точки зрения верующего смысл в том, чтобы вырваться из цикла земных воплощений и слиться с Божественным Светом, что удается разве что посвященным, да и то не всем.

Высоцкий, казалось бы, искал всю жизнь ответа на вечный вопрос, в чем смысл жизни, но ответа так и не нашел. Хотелось бы сказать ему: скинь имя, отпусти, забудь "Высоцкого", перестань быть узником славы, и жизнь забьет ключом в тебе, путь и искупление будут светлыми, и ты почувствуешь себя молодым и счастливым, тем, у кого все впереди.

ПОДТВЕРЖДЕНИЯ

Зачем ты устроил это суаре?

ГХ: — Вам видно? Вы видите, что роботы окружают Высоцкого, они арестовывают его, его уводят на реинкарнацию.

Подтверждение

**Отрывок из книги
Георгий и Наталья Юнгвальд-Хилькевич
«Георгий Юнгвальд-Хилькевич. За кадром»,
Москва, «Центрполиграф», 2000**

«Когда он жил у меня в Одессе, после пьянки стонал и кричал. Соседи пожаловались участковому. Однажды днем раздался стук в дверь — приходит участковый. Я — с перепоя весь трясущийся, потный, еле живой. Открываю, а он говорит:

— Этот горлодер у тебя тут пьяный валяется, людям житья не дает? Если меня еще раз вызовут — я его заберу, и он будет сидеть в тюрьме.

У Светы, моей первой жены, был день рождения. Володя пришел с цветочками уже пьяный-пьяный. Я открыл дверь и говорю:

— Володя, не заходи, я тебя умоляю. Тебя арестуют, понимаешь. Я не могу тебя впустить.

И поручил его одному своему приятелю боксеру, который отвез Володю к себе домой.

Высоцкий, видимо, был еще не достаточно пьян, чтобы этого не запомнить. И потом меня упрекал: «Ты от меня избавился. Ты меня бросил».

Я пытался ему объяснить, как ему было запрещено даже приезжать в Одессу. Посадили бы в кутузку — без проблем».

Это написано режиссером-постановщиком фильмов «Опасные гастроли» с Высоцким и «Д'Артаньян и три мушкетера» с Михаилом Баярским, то есть, состоявшимся профессионалом, который любил Высоцкого и понимал меру его таланта и влияния.

Он также написал: «Опасные гастроли для меня — это прежде всего Володя. Высоцкий — гений, настоящий властелин дум. Хилькевичу не давали снимать Высоцкого, но он настоял, рискуя всем. Он описывает и то обожание, которое проявлял народ к Высоцкому, потому что разделал это восхищение полностью. Но времена менялись, и менялось восприятие мира. Вместо простого черно-белого мира стал проступать куда более сложный мир, люди осознавали многоплановость, как собственного характера, так и характера друга.

Русский Ал Капоне

В.В.: — Я Владимир Высоцкий. Но я и Владимир Высоцкий — два разных человека. Я не могу ни слиться, ни расстаться с ним.

Подтверждение

В той же книге читаем: «Когда Володя пил, он становился очень необязательным, Если, скажем, обещал позвонить в два часа, а звонка в два часа не было — значит, пьет. В трезвом состоянии он был исключительно пунктуальным человеком. Но водка его меняла как личность. И все летело к черту».

О мистических находках. Работая над «Узниками славы», я, бывший кинокритик, понятия не имела о существовании книги Хилькевича о Хилькевиче, которая вышла в России в 2000 году, когда я уже жила в Калифорнии. Но на днях, я зашла в русский книжный магазин «Ковчег» на Сансете, и Вика, хозяйка магазина, пригласила меня на чашку кофе в офис, в котором царила теснотища, всюду, на полках до потолка, на полу, в ящиках, без ящиков лежали книги. Вика усадила меня на диван и убежал варить кофе, там еще кто-то позвонил, кто-то вошел купить что-то, и я, ожидая кофе, стала разглядывать книги. На самом верху многослойной горы отдельных томов блестела книга о Хилькевиче. В секунду в памяти вспыхнула Москва, курсы сценаристов и режиссеров, я среди ничтожных сценаристов, и важные, недоступные режиссеры, которые приводили в Дом Кино удивительных девушек-пушинок, называемых моделями. Хилькевич, Глеб Панфилов, Николай Рашеев, который поставит фильм «Бумбараш» с Валерием Золотухиным в главной роли. Я схватила книгу, и тут вошла Вика с двумя чашками кофе, и сказала: «Вам понравилась, дарю, забирайте!»

Через час я споткнулась о страницы, с которыми я вас только что познакомила. Двойственность характера Высоцкого была замечена теми, кто с ним работал, и кто его любил, когда он жил на земле, и она обострилась ... после смерти, в астрале. Недостатки обостряются, и могут стать серьезнейшим препятствием в подъеме души на более высокие уровни, сияющие неземной красотой, и проживание в которых вполне заслужено и выполнением трудной миссии и непосильным трудом, как в случае с Высоцким.

И все же, несколько слов в заключение

Однажды, беседуя с Юктесваром, учителем Парамахансы Йогананды, проживающим ныне в стране Потустории (кстати, слово изобретенное Высоцким) зашел разговор о проблемах звезд в астрале, как быть с эгрегорами, которые предлагают «защиту», доставляя неприятности, как в случае с Пресли или с алкоголизмом, наркозависимостью, властолюбием, как в случае с Высоцким?

Ответ был простым и коротким: «Да, надо отказаться от имени, которое в астрале не имеет былого веса. Все сводиться к готовности бывшей звезды принять жизнь обыкновенного человека. Но вы же убедились, что никто из них не решается на этот поступок. Но Бог терпелив, он никого не торопит, и ждет, пока бывшая звезда не опомниться, и не попросит у Бога дать ему или ей тело рядового человека, рядовую жизнь на земле. Тогда возможно избавление от иллюзорных построений, созданных непомерным эгоизмом звезды. Иными словами, Бог ждет узников славы, да и нас с вами, согласных на усмирение себялюбия, преувеличения своей значимости, и прочих подобных глупостей.

Спрашиваю, всегда ли вредно быть знаменитым?

— Конечно нет! Дело тех, кто могут влиять на множество людей — уменьшать страдание и убыстрять просветление всего человечества — не награждая себя само-обожествлением.

О НЕКОТОРЫХ ЭЗОТЕРИЧЕСКИХ ПОНЯТИЯХ

Тонкие тела

По учению Елены Блаватской, вслед за плотным (физическим) телом человека следуют следующие тонкие тела:
- эфирное тело
- астральное тело (эмоциональное тело)
- ментальное тело (ум)
- причинное тело (каузальное, или кармическое тело)
- буддическое тело (душа)
- атмическое тело (дух)

Работы Блаватской и ее последователей Чарльза Ледбитера и Анни Безант легли в основу современного представления о тонком мире, а также жизни человеческой души в послесмертии.

Энергетические центры, или чакры

Чакра — на санскрите круг, колесо, диск или мандала. Чакры — центры космических энергий в тонких телах человека:

САХАСРАРА — корона, связь с космосом, цвет фиолетовый; стихия: не проявленная.

АДЖАНА — "третий глаз", космическая информация, цвет сиреневый; стихия: свет.

ВИШУДДХА — горло, общение, совесть, поиск истины, цвет индиго; стихия: эфир.

АНАХАТА — сердце, любовь, сострадание, самопожертвование, альтруизм, цвет изумрудно-зеленый, розовый; стихия: воздух.

МАНИПУРА — солнечное сплетение, воля, материальное обеспечение, цвет желтый; стихия: огонь.

СВАДХИСТХАНА — половые органы, сексуальная энергия, ответственная за выживание человечества, эстетическое восприятие, чувство красоты, цвет оранжевый; стихия: вода.

МУЛАДХАРА — "корневая" чакра, инстинкт самосохранения, агрессия, завоевание, цвет красный; стихия: земля.

Ментальное тело

Ментальное тело имеет форму, напоминающую круговой ленточный конвейер, находящийся в постоянном движении. От этого движения в центре возникает эллиптическое отверстие. Негативные мыслеформы откладываются на «конвейере», образуя покрытие, о котором говорил Лесли Флинт. Чем тяжелее «покрытие», тем больше отверстие в центре. После смерти душа попадает в это отверстие, и если отверстие достаточно велико, душа автоматически проваливается в так называемый ад, то есть в зону заниженных вибрационных частот. Меня лично потрясла механичность «отсеивания» душ, то есть физические законы «тонкого мира».

Мыслеформы

Подробнее читайте о мыслеформах в книге Анни Безант и Чарльза Ледбитера "Мыслеформы". Будучи раз созданной, мыслеформа отделяется от сознания человека и живёт своей собственной жизнью, пока сила мысли удерживает ее в целости. Обычно наши мысли столь мимолётны, что существуют несколько минут или часов. Часто повторяемые мысли могут жить много дней. Интенсивная мысль создает астрального спутника, который, подпитываясь от создавшего его человека, может жить годами, все более влияя на него.

Групповой спирит — мыслеформа, возникающая на почве некого человеческого объединения — семьи, спортивной команды, встречи друзей или членов банды (gang). Групповой спирит постоянной группы может захватить значительную власть над ее участниками. Любой знает по опыту, сколько надо мужества, чтобы не согласиться с большинством, отстаивать непопулярные взгляды меньшинства, чтобы заступиться в школе за слабого ученика, над которым потешаются сильные, или выйти из банды.

Эгрегоры, или смотрители

Эгрегор возникает из направленных сообща эмоций и мыслей людей, объединённых общей идеей или интересами. Существуют эгрегоры государств, наций, кланов, вероисповеданий, корпораций, банков, политических партий, магических орденов, творческих школ, социальных движений. Эгрегоры возникают в среде поклонников идолов популярной музыки и массовой культуры, имеющих влияние на миллионы людей. В этой книге несколько спиритов *celebrities* (Владимир Высоцкий, Хамфри Богарт, Уильям Пауэлл) рассказывают о негаданных встречах со своими эгрегорами в послесмертии. Обычный человек не создает своих эгрегоров, что значительно облегчает его жизнь в тонком мире.

Покров негативных мыслеформ на ментальном теле

"Одеяло", или покров ментального тела, упоминаемый многими спиритами, описан в книге *Hands of Light: A Guide to Healing Through the Human Energy Field, by Barbara Ann Brennan, Bantam Books, 1987* — "Руки света", автор Барбара Энн Бреннан, изд-во «Бантам», 1987, глава: *"Dissociated Thought Forms in the Aura"*, pp. 93-96 — "Самостоятельно существующие (точнее — оторванные) мыслеформы в ауре", стр. 93-96. Об этом покрове говорится в сообщениях Лесли Флинта, Кэри Гранта, Николая Гоголя, Марлен Дитрих, Бете Дейвис, Лины и Парамахансы Йогананды.

Свидетельство Марлен Дитрих заслуживает особого внимания, так как в нем говорится о последствиях уныния и депрессии. Во время смерти Марлен Дитрих "не пролетела" сквозь слои депрессии, накопившиеся на ее ментальном теле за три десятилетия одиночества, жизни за "закрытой дверью". Она застряла в наслоениях темных мыслеформ депрессии, и ей была оказана помощь извне, чтобы привести ее в астральный мир.

Влияние ментального "мусора"

Популярный, облетевший мир видеофильм "Секрет" вряд ли сделал кого-либо богатым, но, безусловно, ввёл в наше сознание понятие космического "закона притяжения". Каждая отрицательная мыслеформа, оседающая на ментальном теле человека, притягивает подобные себе отрицательные силы из Вселенной, что усиливает влияние мыслеформы и приводит к соответствующей "коррекции" жизни человека. Например, если человек постоянно жалуется, что у него нет денег, то со временем соответствующие мыслеформы притянут силы, обеспечивающие постоянное отсутствие денег. Или, если бабушка, любя внуков, не перестает беспокоиться о них, она может притянуть в жизнь горячо ею любимых существ самые неблагоприятные обстоятельства.

Чистка ментального тела

Барбара Энн Бреннан считала, что очистка ментального тела сводится к высвобождению отрицательной энергии «запертой» в блоках на пути космической энергии в тело человека.

Парамаханса Йогананда дает четкую классификацию методов очистки ментального тела, различая внешние и внутренние методы очистки.

Внешние методы очистки используют благотворное воздействие четырех природных стихий: солнечного света (стихии огня), морского воздуха (стихии воздуха), морских купаний (стихии воды), горячего песка и садоводства (стихии земля).

Внутренние методы очистки требуют серьезной работы по части открытия духовных органов человека и их подготовки к воздействию высокочастотными энергетическими волнами истины.

И вряд ли в жизни человека нечто более важно, чем соблюдение «мозговой гигиены», чистоты мыслей, залога развития, личного счастья и успеха.

ИЗБРАННАЯ ЛИТЕРАТУРА

Helen Schuman and William Thetford *A Course in Miracles,* Printed in the United States of America, Penguin Books, LTD, 1996

Andreev, Daniil. *The Rose of the World.* New York, Lindisfarne Books, 1997

Ashcroft-Nowicki, Dolores & Brennan, J.H. *Magical Use of Thought Forms.* St. Paul, Llewellyn Publilcations, 2002

Aurobindo, Sri and Mirra Alfassa. *The Hidden Forces of Life.* Pondicherry, India: Sri Aurobindo Ashram Press, 2005

_____. *Powers Within.* Twin Lake, WI: Lotus Press, 2000

Besant, Annie, & C. W. Leadbeater. *Thought Forms.* Wheaton, IL: The Theosophical Publishing House, 1980

Bogart, Stephen & Provost, Cary, *Bogart,* New York: Penguin Group,1995

Brennan, Barbaba Ann *Hands of Light,* New York: Bantam Books, 1987

Broad, William J. *The Oracle,* New York, The Penguin Press, 2006

Doyle, Arthur Conan *The History of Spiritualism,* New York: Arno Press, 1975.

Edwards, Harry *A Guide for the Development of Mediumship.* Southall Middlesex, Con-Psy Publications, 1996

Eliade, Mircea *Shamanism,* Princeton: Princeton University Press, 2004

Flint, Leslie & Montgomery, Doreen *Voices in the Dark*, London: Two Worlds Publishing, 2000.

Kotsilibas-Davis, James & Loy, Myrna *Myrna Loy.Being and Becoming*, New York, Alfred A. Knopf, 1987

Leadbeater, Charles Webster, *Astral Plane, It's Scenery, Inhabitants and Phenomena*, Adyar, Madras, India: The Theosophical Publishing House, 1902

Leadbeater, Charles Webster, *The Devachanic Plane, or The Heaven World, It's Characteristics and Inhabitants.* London: The Theosophical Publishing Society. 1902

McCann, Graham *Cary Grant: A Class Apart*, New York: Columbia University Press, 1996

Nabokov, Vladimir, *Nikolai Gogol*, New York: New Direction Paperbook, 1961

Новиков, Владимир, *Высоцкий*, Москва: Молодая Гвардия, 2003

Riva, Maria *Marlene Dietrich*, New York: Alfred A, Knopf, 1993

Rosher, Grace. *Beyond the Horizon. Being new evidence from "the other side of life"*, London: James Clarke & CO.LTD. 1961.

Temple, Robert, *Oracles of the Dead*, Rochester, Wermont, Destiny Books, 2005

Van Praagh, James *Talking to Heaven*, New York, Penguin Book, 1997

Viilma Luule. Series: *Ellujäämise õpetus* Pärnu, AS Trükk, 1998-2003

Swami Kriyananda. *Conversations with Yogananda*. Nevada, Crystal Clarity Publishers, 2004

Yogananda, Paramahansa. *Autobiography of a Yogi.* New York, The Philosophical Library, 1995

Об авторе

Я живу в Калифорнии с 1989 года. Приехала из Эстонии, где я была кинокритиком около тридцати лет. В США, думаю от давления, *pressure,* учить язык, осваивать жизнь в незнакомой среде, я стала слышать голоса тех, кого мы считаем мертвыми. Я транс медиум, у меня работает канал яснослышания, и спорадически открывается канал ясновидения.

Я испытываю глубочайшую благодарность моим учителям из тонкого мира. По сути, эта книга создана ими. От меня требовалось немного — записывать услышанное, и издавать записанные сообщения.

Из земных помощников, считаю своим долгом поблагодарить неизвестных мне фотографов, которые поместили на Интернете столько замечательных и доступных фотографий уже ушедших из этого мира звезд. Спасибо вам за ваши снимки, совокупность которых создает такой меткий и яркий образ нашего века.

www.ingramcontent.com/pod-product-compliance
Lightning Source LLC
LaVergne TN
LVHW051543070426
835507LV00021B/2376